KB071486

TRANSITION OF
EDUCATION CONCEPT IN
MODERN KOREA

함용진 편저
강성훈 · 김자중 · 이명실 · 조문숙 · 최승현 공저

근대한국
교육 개념의 변용

교육개념사 1

학지사

편저자 서문

이 책은 근대 시기 우리나라에 들어온 서구적 '교육' 개념이 어떻게 수용되고 변화되었는가를 살펴보기 위해 그동안 발표된 연구성과를 정리한 것이다. 각각의 연구자들은 자신의 관심 주제를 중심으로 따로 또 같이 비슷한 고민을 논문으로 발표하였고, 이러한 연구들을 하나로 묶어 책자로 발간할 필요가 있음에 의견의 일치를 보게 되었다. 이 책이 갖는 특징은 다음 몇 가지로 정리할 수 있다.

첫째, 이 책은 시간적 관점에서 교육개념을 이해하려는 것으로, 단순히 어떠한 교육현상이 있었는가를 살펴보는 '교육사(敎育史)'라기보다 오히려 '교육학사(敎育學史)'에 더 가깝다고 할 수 있다. 즉, 인류 문명사 속에서 교육행위가 어떻게 형성되고 변화·발전되어 왔는가를 확인하는 것을 교육사라고 한다면, 교육학사는 학문으로서 '교육학의 역사'라는 점에서 교육 및 교육 관련 용어나 이론이 어떻게 형성되고 수용·전파되며 또한 변용되어 왔는가를 확인하는 작업이다.

그런 의미에서 개념사적 관점에서 교육 관련 용어들의 개념적 변화를 확인해 보고자 하였다. 원래 '개념사(槪念史, conceptual history)'는 독일의 역사학자 라인하르트 코젤렉(Reinhart Koselleck)을 비롯한 몇몇 사람들이 제창한 것이다. 이들은 개념을 가변적인 것으로 보고 그러한 변화를 개념과 실천, 실천과 개념 간의 상호관계 속에서 분석하고 있다. 즉, 역사행위자는 개념을 수용하고 이를 통해 현실을 해석하는 존재임과 동시에, 개념을 재정립하고 이를 통해 현실을 변화시키는 존재로 규정된다.

　　19세기 말 이래로 우리나라는 개화기와 일제 강점기, 미군정기와 해방·독립 등 사회 전반적으로 격변기를 겪으면서 언어나 문자 생활 등에 큰 변화가 나타났다. 이는 당연히 사람들의 사고방식과 교육현장에도 반영되었다. 서양의 경우 코젤렉이 1750년에서 1850년의 100년간을 '말안장의 시기(문턱의 시기)'라 하여 전통적 용어들이 근대적 개념으로 변화되었다고 하였는데, 우리나라의 경우에는 아마도 19세기 중반 이후 해방될 때까지 100여 년이 이에 해당한다고 할 수 있을 것이다. 쇄국에서 개국으로, 서양 열강과의 통상조약을 맺으며 영어와 불어, 독어, 러시아어 등 새로운 외국어학교가 생겨나고, 이후 식민지 경험과 해방, 산업혁명을 통한 경제발전과 정치적 민주화 과정을 겪으면서 많은 용어가 번역·수용되거나 기존 용어라도 새롭게 의미 규정되며 사용되었다. 근대 교육과 관련된 용어들 역시 지금 우리가 사용하는 것과 100여 년 전 사람들이 사용하는 개념이 동일하다고 보기는 어렵다. 따라서 이러한 변화 과정을 고려하며, 현재 우리가 사용하는 용어들이 원래 어떤 의미로 사용되었는가를 확인하는 작업은 오늘날 우리가 사용하는 용어의 개념적 이해를 보다 풍부하게 하는 일이기도 하다.

　　둘째, 여기에 실린 연구논문들은 상당수의 표를 포함하고 있다. 기존의 교육사·교육철학 논문들이 개념적 논리성을 중시하였다고 한다면, 이 연구물들은 컴퓨터 정보검색 서비스를 이용한 다양한 수치화 작업을 도입하였다. 그 출발은 이미 『국역 조선왕조실록』이 CD-ROM으로 출간된 1995년부터였다. 예전 연구자들이 『조선왕조실록』의 한자 원문을 일일이 읽어 가면서 단어 목록 카드를 작성하여 엄청난 시간과 정성을 들여 일생 작업으로 해당 논문을 작성하였다면, 1995년 이후의 연구자들은 한글로 번역된 『조선왕조실록』을 토대로 컴퓨터 단어 검색 기능을 통해 상대적으로 손쉽게 과거 사료에 대한 양적 통계조사가 가능하게 되었다. 단어검색을 통해 특정 자료들만을 선택적으로 골라 집중적으로 읽어볼 수 있게 됨으로써 과거에는 개인적으로 해내기 어려웠던 연구 과제를 새로운 연구방법론을 통해 실현할 수 있게 되었던 것이다. 본 연구의 상당 부분은 『조선왕조실록』을 비롯하여, 국사편찬위원회의 한국사데이터베이스(http://db.history.

go.kr/), 한국교육학술정보원(www.keris.or.kr/)에서 제공하는 학술연구정보서비스(http://www.riss.kr/), 그리고 일본 국립국회도서관 전거(典據)데이터 검색·제공서비스(http://id.ndl.go.jp/auth/ndla/) 등 다양한 정보검색 서비스의 도움을 받아 이루어진 것이다. 향후 빅데이터 분석방법이 발전되면 더욱 다양하고 폭넓은 연구방법론이 도입될 수 있을 것으로 기대된다.

셋째, 이 책의 핵심 주제가 되는 개념사 연구는 2013년 한국연구재단의 중견연구자 지원사업으로 시작된 "근대 '교육' 개념의 수용에 관한 개념사적 고찰"이라는 3년 과제에서 비롯된 것이다. 학부에서부터 교육학을 전공하면서도 여전히 "교육학은 무엇인가?"라는 질문을 놓지 못하고 있다. 대학원 시절 박사학위를 받는 선배가 지도교수에게 "교수님, 교육학이 뭐지요?"라는 질문을 하였고, 지도교수는 그저 미소를 보내 주었다고 한다. 고등학교 교사생활을 오래 하였던 그 선배가 박사학위 논문을 다 쓰고 던진 질문에 대하여 지도교수의 미소는 아마도 "드디어 자네도 이제 교육학이 무엇인가에 대하여 진지한 고민을 하게 되었군."이라는 격려와 동지애를 보여 주었던 것은 아닐까. '염화시중의 미소'처럼… 이 책의 주제인 교육개념사 연구를 하면서 개인적으로는 교육과 교육학에 대한 관심이 더욱 높아지게 되었다. 그리고 이 책이 향후 교육학을 전공하고자 하는 사람들의 전공에 대한 진로 고민에 보탬이 되고 길잡이가 되었으면 좋겠다.

최근 출판업계는 e-book의 등장과 복사기술의 발달, 그리고 단순히 수업교재가 아닌 전문서적의 간행여건이 점점 어려워지고 있는 상황이다. 그럼에도 흔쾌히 이 책의 출판을 맡아 주신 학지사의 김진환 사장님과 부족한 원고를 정성껏 다듬어 준 편집부 여러분의 노고에 심심한 감사의 마음을 전한다.

2020년
집필자들을 대표하여
만공(萬公) 한용진

차례

제1부

'교육'의 개념사적 접근

제1장

근대 '교육' 개념의 수용

　이 장에서는 우리나라에 서구의 근대적 교육개념이 어떻게 수용되고 있는가를 개념사적 관점에서 살펴보고자 한다. 서양에서 에듀케이션(education)이라는 단어가 사전에 처음 등장하게 된 것은 16세기인 1527년이었고, 18세기 후반부터 에듀케이션에는 '보편적인 인간의 형성'이라는 계몽주의적 관념과 정치경제적으로 '유용한 능력의 습득'을 강조하는 서로 다른 개념이 포함되기 시작하였다. 서양어 에듀케이션이 한자어 '교육(敎育)'으로 번역되어 우리나라에 처음 소개된 것은 중국에 선교사로 온 바뇨니(P. A. Vagnoni)의 『동유교육(童幼敎育)』(1620)에 의해서이다. 그러나 19세기 후반 에듀케이션의 번역어로는 '교도(敎導)' '교학(敎學)' '발육(發育)' '이업(肄業)' '교양(敎養)' '교훈(敎訓)' '이습(肄習)' 등 다양한 표현이 있었지만, 점차 '교육(敎育)'으로 수렴하게 된다. 그리고 고종 시대에 수용되는 교육개념은 전통시대의 인격 형성이나 서양의 계몽주의적 개념보다는 실용주의적으로 '유용한 능력의 습득'에 초점이 맞춰지고, 이는 국가 독립·보존을 위한 방침에서 부국강병과 교육입국(敎育立國)의 측면에서 교육의 기능적 정의가 더 주목받게 되었다.

주제어 교육, 개념사, 고종 시대, 바뇨니(Vagnoni), 동유교육(童幼敎育)

1. 머리말

오늘날 많은 사람들은 자신의 삶을 통해 교육을 실제적인 것으로 경험해 왔기에, 교육이 어떤 것인지 당연히 알고 있다고 생각하는 경향이 있다(田中智志, 1999: i). 그러나 우리들이 평소 알고 있다고 확신하는 것일수록, 즉 자명(自明)하다고 생각하는 것일수록 그 개념을 명확하게 확정하기가 어려운 경우가 있으며, 이는 교육개념에 대해서도 적용될 수 있는 말이다. 일반적으로 우리가 알고 있는 '교육(教育)'이라는 단어는 지금으로부터 2,300여 년 전 『맹자』라는 책의 「진심편(盡心篇)」에 처음 등장한다. 즉, '군자의 세 가지 즐거움[군자삼락(君子三樂)]' 중 세 번째로 언급되는 "천하의 영재를 얻어 이들을 교육한다[득천하영재이교육지(得天下英才而教育之)]"라는 문장에 '교육'이라는 용어가 처음 나타난다. 비록 이 문장에서는 과연 영재를 어떻게 교육하는지, 무슨 내용을 가지고 교육하는지 등은 나타나 있지 않다. 다만 영재를 얻어 함께 교육할 수 있는 상황이 군자에게는 즐거움이 될 수 있음을 이야기하고 있을 뿐이다.

또한 교육학개론 책에서는 교육의 개념을 한자의 훈(訓)에 의거하여 "가르치고[교(教)] 기른다[육(育)]"로 풀거나, 영어 education의 어원인 라틴어 educo에 입각하여 "밖으로(e) 끄집어낸다(duco)" 혹은 pedagogy의 어원인 paidagögos를 기준으로 "어린이(paidos)를 이끈다(agögos)" 등(한용진 외, 2007: 21-24)으로 풀어 주기도 한다. 미국에 유학하고 돌아와 19세기 후반 일본 교육계에 지대한 영향을 끼친 노세 사카에(能勢栄)는 『통신교수교육학(通信教授教育學)』(1886)에서, 교육을 "조물자가 부여하신 바인 사람의 능력을 이끌어 내고 끌어내는 것"으로 정의하였다. 임태평 역시 "모든 교육은 도덕교육이다."라는 피터스(R. S. Peters)의 주장과 관련하여, 피터스의 교육개념은 "아동중심적인 이데올로기의 옹호자들이 만들어 낸 교육의 어원인 educere = '기르다' 혹은 '양육하다'와 관련이 있기보다는 오히려 educare = '끌어내다'와 관련이 있는, 즉 밖으로부터 부과보다는 안에 있는 것의 개발로 향한 개념에서 나온 것"이라 하였다(임태평, 1991: 109). 이 글에서 임태평은 피터스가 교육의 개념과 관련하여 세 가지 기준으로 제시한 것은, 첫째 가치 있는 활동(성취어로서 기준), 둘째 무기력하지 않는 지식과 이해, 인지적 전망(성취어로서 기준), 그리고 셋째 자발성 혹은 의도성(과업어로서 기준)으로 정리하였다. 이렇게 본다면, 교육의 개념은 크게 세 가지로 정리해 볼 때, ① educare의 입장에서 잠재적 능력을 '끌어내는 것'뿐만 아니라, ② educere의 입장에서 가르치고[교(教)] 부여하여[수(授)] 기르기[육(育)·양(養)], 그리고 ③ 자발적 과업 성취의 입장에서 스스로 배우고[학(學)] 익히는[습(習)] 모습도 포함된다고 할 수 있다.

결국 오늘날 우리가 사용하고 있는 교육이라는 용어는 『맹자』에서 기원한 것이지만, 동시에 서양의 education(에듀케이션)[1]이라는 단어의 번역어로 채택된 것이기도 하다. 이 경우, 한자어 '敎育(교육)'과 에듀케이션의 번역어인 '교육'이 과연 동일한 개념이라 할 수 있는지에 대해서 의문을 가져 볼 필요가 있다. 같은 단어라 하더라도 시대와 공간을 달리할 경우, 그 의미가 완전히 같을 수는 없기 때문이다. 특히 번역어가 번역되기 전의 원어(原語)를 얼마나 제대로 의미 전달하고 있는가도 문제이지만, 번역어로 채택되기 이전부터 사람들이 사용하고 있던 단어일 경우, 과거부터 사용하던 단어가 번역어로 선택되었을 때 두 용어는 개념적으로 동일할 수 없으며, 단지 당시의 어떤 상황적 필요성에 의해 번역어로 채택되었다고 보는 것이 타당할 것이다.

게다가 어떤 단어든지 시간의 흐름과 사회적 환경 변화 속에서 그 개념이 달라지기도 한다. 그런 의미에서 맹자 시대의 '교육'이라는 단어가 16세기 이래 서양의 에듀케이션의 번역어로 채택되는 상황을 비롯하여, 서양에서 에듀케이션의 등장과 개념의 변화, 그리고 전통시대 우리나라에서 교육과 관련된 용어들과 100여 년 전 근대 시기에 우리나라에서 사용되던 '교육'이라는 개념이 어떤 것인지를 살펴봄으로써, 현재 우리가 사용하는 '교육'이라는 개념에 대한 이해의 폭을 넓혀 보고자 한다. 문제는 개념의 의미가 불변적인 것이 아니라 가변적인 것이라는 점이며, 가변적 개념에 대한 인식 없이 어떤 문제를 풀고자 하는 것은 모래 위에 집을 짓는 것처럼 매우 위태로울 수밖에 없다는 점이다.

---

1) 때로 페다고지(pedagogy)의 번역어로도 교육이 사용되지만, 여기서는 에듀케이션(education)에 한정하여 논의하고자 한다. 이하 본문에서 에듀케이션이라는 표기는 서양어 education을 의미하며, 특별한 경우에만 원어로 표기하고자 한다.

독일의 역사학자 라인하르트 코젤렉(Reinhart Koselleck) 등이 제창한 '개념사 (conceptual history)'에서는 개념을 가변적인 것으로 보고 그러한 변화를 개념과 실천, 실천과 개념 간의 상호관계 속에서 분석하고 있다. 즉, 역사행위자는 개념을 수용하고 이를 통해 현실을 해석하는 존재임과 동시에, 개념을 재정립하고 이를 통해 현실을 변화시키는 존재로 규정된다. 개념사는 개념을 연구의 대상으로 삼는데, 이때 '개념'은 '가변적'이며, '실재의 지표이자 요소'로서 현실을 반영하는 지표일 뿐만 아니라 동시에 현실을 변화시키는 요소로도 작용하며, 또한 항상 '다의적'이며 서로 다른 시간적 지속성을 갖는 '중층적인 의미구조'로 이루어져 있다 (나인호, 2011: 34-67).

이러한 문제의식을 바탕으로 이 글에서는 개념사적 관점에서 조선에 근대적 교육개념이 어떻게 수용되고 있는가를 밝히고자 한다. 달리 말하면 서양어 에듀케이션의 번역어로서 '교육'이라는 단어가 우리나라에 수용되는 앞뒤 맥락을 통해 교육개념에 대한 새로운 이해를 도출해 보고자 한다. 그런 의미에서 본 연구는 교육학사적으로 근대적 서구 교육의 개념을 살펴보는 것이며, 서구의 근대적 교육개념이 전통적 교육개념과 경합하는 과정에 주목하여, 이러한 근대적 교육개념이 우리나라에 정착되는 과정을 보는 것이기도 하다.

먼저 제2절에서는 우리나라에 서구적 교육개념이 소개되는 과정으로, 바뇨니 (P. A. Vagnoni)의 『동유교육(童幼敎育)』(1620)과 서구의 에듀케이션이라는 용어의 사전적 이해를 통해 교육의 개념에 대하여 먼저 살펴보고, 제3절에서는 『조선왕조실록』에 나타난 교육 관련 용어들에 대한 빈도 분석과 개념사라는 관점에서 『고종실록』에 등장하는 '교육'이라는 단어의 용례와 개화기 서구적 교육개념의 수용 과정에서 볼 수 있는 각종 번역출판물들을 통해 개념적 이해를 시도하고자 한다. 즉, 근대 교육개념의 수용에 관한 개념사적 고찰을 위하여 이 시기 중국과 일본을 비롯하여 한자 문화권 속에서 외국 도서의 한문 출판이나 번역, 그리고 이러한 서적에 자극받아 나타나는 근대 교육개념들이 당시 우리 사회에서 어떻게 수용되어 왔는가를 살펴봄으로써, 현재 우리가 당연히 알고 있다고 믿는 교육개념을 근본에서부터 다시 생각해 보고자 한다.

2. 근대적 교육개념의 등장

1) 바뇨니의『동유교육』과 육(育)·학(學)

우리나라에 서구적 교육이 처음 소개된 것에 대하여 김귀성은 중국에서 활동하였던 예수회 선교사 바뇨니(P. A. Vagnoni)의『동유교육(童幼敎育)』(1620)과『제가서학(齊家西學)』(1630), 그리고 알레니(G. Aleni)의『서학범(西學凡)』(1623) 등(Aleni, 1623: 20; 김귀성, 2009a)을 들고 있다. 특히 다른 책들과 달리『동유교육』에서는 '교육'이라는 용어를 직접 사용하고 있으며,『서학범』보다도 3년 앞서 서양의 교육을 소개하고 있다. 이 책이 비록 중국에서 간행되었음에도 불구하고, 조선시대 우리나라에도 소개되었음을 확인시켜 주는 것은 바로『외규장각목록』(1782)이다. 김귀성은『외규장각목록』에『동유교육』을 포함한 다른 한역(漢譯) 서학자료(총 9종)가 함께 소개되어 있다(2009b: 23)고 하였다. 1776년에 규장각이 설립되었고, 그로부터 5년 후인 1781년에 정조가 왕실 관련 서적을 보관할 목적으로 강화도에 규장각의 부속도서관으로 외규장각을 설치하였다. 이 외규장각의 도서목록에『동유교육』을 비롯한 서학 관련 서적들이 포함되어 있었다는 것은 적어도 정조 시절인 18세기 후반에 규장각을 관리하는 관료들 사이에 서양의 '교육'이 소개되어 있었고, 이는 일정 부분 사대부 계층에 서구 교육개념이 알려졌음을 의미한다.

그렇다면 이 당시의 교육개념은 어떠한 것이었을까? 먼저『동유교육』은 상·하 두 권의 필사본(26cm×18cm)으로 각권 10개 항목씩 총 20개 항목으로 구성되어 있으며, 총 26,352자 분량이다(김귀성, 2009a: 159). 이 책의 목차는 다음 〈표 1-1〉과 같은데, 기본적으로는 어린이 교육의 출발점을 부부의 결혼에서부터 보고 있다는 점이 특징이다.

〈표 1-1〉『동유교육』(상·하권)의 목차(주제와 내용)[2]

상권: 주제	내용	하권: 주제	내용
① 교육지원(敎育之原)	부부의 혼인	① 함묵(緘黙)	말하지 않기
② 육지공(育之功)	보모 관련 내용	② 언신(言信)	신실하게 말하기
③ 육지주(育之主)	부모의 역할	③ 문학(文學)	글 배우기
④ 육지조(育之助)	교사론	④ 정서(正書)	바르게 글쓰기
⑤ 육지법(育之法)	기르는 방법	⑤ 서학(西學)	서구교육
⑥ 육지익(育之翼)	상벌의 균형	⑥ 음식(飮食)	적절히 먹고 마시기
⑦ 학지시(學之始)	배움의 시작	⑦ 의상(衣裳)	적절히 옷 입기
⑧ 학지차(學之次)	배움의 순서	⑧ 침상(寢牀)	적절히 잠자기
⑨ 결신(潔身)	몸을 깨끗이 하기	⑨ 교우(交友)	교우관계
⑩ 지치(知恥)	부끄러움을 알기	⑩ 한희(閒戱)	놀이

　또한『동유교육』에서 확인할 수 있는 것은 어린이의 교육을 논하기 위하여, 육(育)과 학(學)을 순차적으로 설명하고 있다는 점이다. 다시 말하면, 어린이의 교육의 핵심사항으로 부모의 혼인과 더불어 '보모' '부모' 그리고 '교사'라는 교육의 세 주체를 육(育)의 공(功)·주(主)·조(助)라는 항목에서 먼저 다루고 있다. 이는 마치 조선후기 여성 실학자인 이사주당(李師朱堂: 1739-1821)의『태교신기(胎敎新記)』에서 "아비의 낳음과 어미의 기름과 스승의 가르침은 한가지라. 그러므로 의술 잘하는 자는 병들기 전에 다스리고, 가르치기 잘하는 자는 낳기 전에 가르친다."(사주당 이씨, 1801: 385)고 하여, 두 책 모두 교육의 출발점으로 부모를 언급하고 있다. 물론『태교신기』에서는 보모에 대하여 논하고 있지 않지만, 기본적으로는 부와 모 그리고 스승을 동등하게 생각하고 있는 데 반해,『동유교육』에서는 부모의 역할을 기름의 주된 것[③ 육지주(育之主)]으로 보고, 교사는 기름의 보조[④ 육지조(育之助)] 그리고 보모의 공로[② 육지공(育之功)]도 인정하고 있다.

---

2) 이 표의 내용은 김귀성의 연구(2009a: 160)에서 인용한 것이다. 다만, 김귀성은 상권 ⑤ 육지법(育之法)을 '교육의 방법', ⑨ 결신(潔身)을 '순결교육', ⑩ 지치(知恥)를 '부끄러움 교육'이라 하였고, 하권의 ① 함묵(緘黙)은 '침묵(언어)', ② 언신(言信)은 '신의', ④ 정서(正書)는 '바른 책', ⑥ 음식(飮食)은 '섭생', ⑦ 의상(衣裳)은 '의복', ⑧ 침상(寢牀)은 '취침 교육'으로 의역하였는데, 연구자는 가급적 교육이라는 용어 대신에 학생이 학습할 내용 혹은 교사가 가르칠 내용으로 적어 보았다.

그리고 상권 5장과 6장은 '육지법(育之法)'과 '육지익(育之翼)'으로 기르는 방법과 상벌의 균형에 대하여, 7장과 8장은 배움[학(學)]의 시작과 순서를 논하고 있다. 이후 상권 9장·10장과 하권 나머지 10장 모두는 교사가 학생에게 가르칠[교(敎)] 내용이며 동시에 학생 스스로 배울[학(學)] 내용을 나열하고 있다. 전반적으로 어린이의 교육을 말하면서, 보모나 부모, 교사 등 주변 사람들에 의한 기름[육(育)]을 먼저 말하고, 그 이후에 무엇을 배울[학(學)] 것인가에 대한 12개 교육과정(敎育課程)을 설명하고 있다.

결과적으로 『동유교육』에서 교육의 개념은 부모, 보모, 교사가 힘을 합쳐 어린이를 잘 기르는 '육(育)'에 관한 사항과 배워야 할 내용과 관련된 '학(學)'이 중심을 이루고 있다. 그러나 배워야 할 내용은 곧 가르치는 입장에서는 '교(敎)'이기도 한데, 교육내용으로서 12가지 사항을 삼육론에 입각하여 정리해 본다면, 첫째는 '몸에 관한 것'[상권: ⑨ 결신(潔身), 하권: ⑥ 음식(飮食), ⑦ 의상(衣裳), ⑧ 침상(寢牀)], 둘째는 '덕에 관한 것'[상권: ⑩ 지치(知恥), 하권: ① 함묵(緘黙), ② 언신(言信), ⑨ 교우(交友), ⑩ 한희(閒戱)], 그리고 셋째는 '지식에 관한 것'[하권: ③ 문학(文學), ④ 정서(正書), ⑤ 서학(西學)] 등이다. 서론에서 살펴본 교육의 개념과 관련해서는 다시 보아도 "끌어내기, 끄집어냄"의 뜻은 찾아보기 어렵다.

2) '에듀케이션' 용어의 등장과 개념의 확대: 지덕체의 삼육(三育)

바뇨니가 이탈리아 출신의 가톨릭 선교사인 점을 고려한다면, 당시 유럽에서 에듀케이션이라는 단어가 언제부터 어떻게 사용되게 되었는가를 확인해 보는 것은 근대 교육의 개념사적 이해에 도움이 될 것이다. 우리는 어떤 단어의 개념을 이해하기 위하여 종종 어원을 찾지만, 실제로 대부분의 단어는 그 개념이 고정된 것이 아니며, 처음 생겨났을 때로부터 현재에 이르기까지 시간과 공간의 변화 속에서 그리고 사람들의 언어 습관 속에서 꾸준히 그 개념이 확장되거나 변화되고 있다. 이미 서론에서 본 바와 같이 일반적으로 에듀케이션의 어원은 라틴어에서 기원하는 것으로 알고 있기에, 우리는 당연히 중세 이전부터 에듀케이션이라는 단어가 존재하는 것으로 생각하게 된다. 하지만 모리 시게오(森重雄)는 폰 발트 부르크(W. Von Wartburg)의 어원사전을 인용하여 "education이라는 단어가 등장한 것은 1527년부터"(森重雄, 1999: 74)라 하였고, 이는 16세기의 인문주의적 교육, 즉 일반적 교양의 사회적 필요성이 증대되면서 에듀케이션이 나타나게 되었다는 것이다. 모리 시게오는 "라틴어 educit obstetrix(산파가 끄집어내기)나 educat nutrix(유모가 기르기)"라는 표현에서 알 수 있는 바와 같이 educit이나 educat은 우리가 교육(education) 개념에서 흔히 말하는 '개성이나 능력'을 이끌어 낸다고 하는 추상적인 의미는 전혀 없고, 단지 산파가 '끄집어내고', 유모가 '기르는' 매우 구체적인 행위를 나타내는 것(森重雄, 1999: 73-74)이라 하였다. 즉, 초기 교육의 개념에는 앞 절에서 다룬 바뇨니의『동유교육』의 제2장에서 육지공(育之功)으로 설명되어 있는 것처럼, 보모에 의한 '기르기[육(育)]' 개념이 나타나 있는데, 점차 16세기 이래로 인문주의적 교양이 추가되면서, 에듀케이션이라는 용어가 사전에 등재되었고 이로부터 93년이 지난 시점에 중국에서 간행된 바뇨니의 책에서는 기존의 '기르기[육(育)]' 개념 이외에 인문주의적 교양 교육이라는 '배움[학(學)]'의 관점이 추가된 것이라 할 수 있다.

사실 16세기 이래 에듀케이션이라는 단어의 개념을 시기별로 확인할 수 있는 것은『옥스퍼드 영어사전(Oxford English Dictionary: OED)』[3]이다. 이 사전에는 다양한 문장 용례에 연도를 적시함으로써, 해당 단어가 시기별로 어떤 개념을 갖고 있었는지를 확인해 볼 수 있기에 개념사적으로 매우 유용하다. 기본적으로 에듀케이션에 대하여 크게 다음 4가지 정의를 나열하고 있다.[4]

첫째는 "1. 성격 형성이나 매너 · 행동을 익히는 것과 관련하여 어린이를 양육

---

3) 영국 옥스퍼드 대학교 출판부에서 출간하는 영어사전으로, 2000년부터 온라인 사전을 제공하고 있다. 2013년 말까지는 무상으로 단어 검색이 가능했으나, 2014년에 들어와 회원제로 변경되었다. http://www.oed.com/

4) 1. The process of bringing up a child, with reference to forming character, shaping manners and behaviour, etc., 2. The process of looking after a person or animal with respect to food and other physical needs, 3. The culture or development of personal knowledge or understanding, growth of character, moral and social qualities, etc., 4-a. The systematic instruction, teaching, or training in various academic and non-academic subjects given to or received by a child, typically at a school, 4-b. The training of animal, 4-c. Instruction or enlightenment as imparted by a particular thing, circumstance, etc.

하는 과정"이다. 둘째는 "2. 음식이나 다른 물질적 필수품을 제공하여 인간 혹은 동물을 돌보는 과정"이다. 그 사례로는 "특별히 양잠(養蠶)"(spec. The rearing of silkworms, 1888년 용례)을 들고 있어, 에듀케이션의 대상이 어린이뿐만 아니라 어린 동물이나 곤충들까지도 포함되고 있음을 알 수 있다. 셋째는 "3. 개인적 지식 또는 이해력을 배양하거나 개발하기, 성품과 도덕성 그리고 사회적 자질 등을 키우기"이고, 마지막 넷째는 "4-a. 일반적으로 학교에서 아이들에게 주어지는 혹은 아이들이 받는 다양한 학구적-비학구적 과목의 가르침이나 교수, 혹은 훈련" "4-b. 동물의 훈련" "4-c. 어떤 특정한 물건이나 환경 등에 의해 전해지는 가르침이나 계몽"이라 하였다. 그리고 최근에 둘째 의미는 줄어들고, 4-a로 개념이 옮겨 가고 있다고 하였다.

그런데 모리 시게오는 1999년에 간행된 책에서 OED 사전 의미로 "젊은 사람이나 동물을 돌보는 일"이라는 뜻이 가장 먼저 설명되어 있고, 그 사례로 1540년과 1542년, 1651년의 용례가 함께 적혀 있다고 하였다(森重雄, 1999: 75). 이러한 의미의 순서 변화는 적어도 모리 시게오가 책을 간행한 1999년의 시점에 OED의 에듀케이션 항목의 개념적 우선순위가 지금과는 달리 "젊은 사람과 동물을 돌보는 일"이었고, 2013년 시점에는 "성격 형성이나 매너 · 행동을 익히는 것과 관련하여 어린이를 양육하는 과정"이지만, 전반적으로 개념적 변화는 현재 둘째로 나열되어 있는 "젊은 사람과 동물을 돌보는 일"에서 넷째의 "… 다양한 학구적-비학구적 과목의 가르침이나 교수, 혹은 훈련"으로 변해 가고 있음을 보여 주는 것이라 할 수 있다.[5] 즉, 오늘날에도 교육이라는 개념에서는 도덕적 인격 형성보다 특정 과목의 가르침이나 교수와 동일시하려는 사회적 분위기를 볼 수 있는데, 16세기에서 18세기까지는 인격 형성 이전에 양육(혹은 사육)의 의미가 더 컸음을 보여 주는 것이다.

이를 입증하는 사례로 프랑스어 éducation의 1495년 용례는 "야생 동물을 사람이 주는 모이를 받아먹는 데까지 길들임"이었고, 독일어 Erziehung도 고어에서는 "짐승을 사육하기"라는 뜻을 갖고 있었다고 하며, 오늘날 교육이 사육이 되어 버

---

5) 연구자가 2013년에 확인한 OED 사전의 네 가지 의미 순서가 모리 시게오의 주장과 다른 것은 OED 사전의 내용 자체도 시기적으로 변화되고 있음을 방증하는 것이다.

린 것이 아니라, 원래부터 교육은 사육(飼育)으로 시작하였다(森重雄, 1999: 75)고
모리 시게오는 주장하고 있다.

이러한 에듀케이션 개념의 등장과 변화는 필립 아리에스의 주장을 통해서도
확인할 수 있다. 아리에스는 중세까지도 프랑스어에 l'éducation이라는 단어는
존재하지 않았다고 하며, "에듀케이션은 어린이에게 '학문(學問)'과 '좋은 습속(習
俗)'을 동시에 제공하기 위하여 어른들의 사회로부터 어린이들을 떼어 놓는 양식"
이라 보면서, "사회생활에의 초급입문이나 직업 혹은 역할에 대한 준비 등과 구
분되는 고전 교양에 의한 보편적인 인간의 형성이라는 관념은 나중에 점차 명확
하게 되었다."고 하였다(森重雄, 1999: 74에서 재인용). 결국 18세기 중엽에 교육에
대한 관념이 확대되었다는 것인데, 이는 바로 루소의 교육소설인『에밀(Emile ou
de l'éducation)』이 간행된 1762년과도 시기를 같이하고 있음을 알 수 있다. 이는
개념사적 입장에서 코젤렉이 1750년에서 1850년까지, 즉 18세기 중반에서 19세
기 중반까지를 이른바 '말안장의 시기(Sattelzeit)'라 하였고, 말년에는 '문턱의 시기
(Schwellenzeit)'라고 은유적으로 명명한 시기와도 통한다(나인호, 2014). 즉, 정치
혁명과 산업혁명은 개념의 혁명적 변화를 '가속화'했고, 동시에 개념(언어)의 혁명
은 정치혁명과 산업혁명의 과정을 '촉진'했다는 것이다.

18~19세기 교육개념의 확장을 보여 주는 또 다른 사례는 바로 미국과 영국
이다. 1740년대 영국의 식민지인 북미대륙에서 프랭클린은 교육이 경제적 · 정
치적으로 유용한 '능력(能力)'을 형성하는 것(田中智志, 2005: 59)이라 보았다. 즉,
1749년에 발표된「펜실베이니아주의 젊은이 교육에 관한 제언」에서, 프랭클린
은 업적(merit) 지향의 교육개념을 보여 주고 있는데, 이를 실제에 연관시켜 주는
것은 유용한 지식(useful knowledge)이었다. 그리고 이러한 '유용한 지식'에 대한
관심은 영국인 허버트 스펜서(Herbert Spencer)의『삼육론(Education: Intellectual,
Moral, and Physical)』(1860)에서도 찾아볼 수 있다. 이 책은 그가 서론에서 밝히
고 있는 것처럼, 본래 1854년부터 1859년까지 학술잡지에 기고했던 교육에 관한
네 편의 논문을 묶어서 펴낸 책인데, 제1장 '어떤 지식이 가장 가치 있는가?(What
Knowledge is of Most Worth?)'는『The Westminster Review』의 1859년 7월호에 실
렸던 같은 제목의 논문이었다. 그리고 제2장 '지육(Intellectual Education)'은『The

North British Review』의 1854년 5월호의「교육의 기술(The Art of Education)」을[6], 제3장 '덕육(Moral Education)'은『The British Quarterly Review』의 1858년 4월호의「아이들의 도덕적 훈육(The Moral Discipline of Children)」을, 제4장 체육(Physical Education)은 1년 뒤 같은『The British Quarterly Review』의 1859년 4월호의「신체 훈련(Physical Training)」을 각각 약간 수정해서 실은 것이다. 이 책은 영국에서만 5만 부가 팔렸으며 간행 이후 20년간 일본을 비롯해 16개국 언어로 번역됐을 정도로 영국뿐만 아니라 세계 각국의 교육사상과 교육실천에 큰 영향을 미쳤다. 그런데 여기서 주목하게 되는 것은 스펜서가 삼육의 각각에 해당하는 용어들을 초기 원고에서는 각기 'art of education(교육의 기술)' 'moral discipline(도덕 훈육)' 그리고 'physical training(신체 훈련)'으로 표기하여, 용어상 교육(education)과 훈육(discipline), 훈련(training)을 구별하여 사용하였다는 점이다. 그러나 1860년 책이 간행될 때에는 모두 에듀케이션으로 용어를 통일하였다. 이는 1860년 영국에서 에듀케이션이라는 단어가 덕육의 훈육(discipline) 및 체육의 훈련(training)이라는 개념까지도 포섭하게 되었음을 의미하는 것이라 하겠다.

특히 스펜서는 구교육의 대표적인 사례로 암기교육과 규칙에 의한 교수를 들고 있으며, 새로운 교육의 사례로는 원리에 의한 교수나 관찰, 그리고 고통이 아닌 즐거움을 통한 지식의 습득을 제시하면서, 새로운 교육의 공통적 특징을 '자연의 방법(method of nature)'에 의한 교육이라고 명명하였다(Spencer, 1860: 95-103). 즉, 그의 전체 사상을 지배하고 있는 두 가지 원리는 '진화'와 '자유'인데, 먼저 '진화의 원리'는 당시 유행하던 생물학의 원리인 발생반복설에서 착안하여 개개 인간 정신의 발달이 인류 문명의 발달을 반복한다는 것이며, 후자의 '자유의 원리'는 아동의 자발성과 흥미에 대한 중시에 적용하였다(赤塚德郎, 1993: 126-127). 이러한 두 원리는 덕육과 체육에도 그대로 적용되었는데, 스펜서의 '덕육' 개념에는

---

6) 아카쓰카 도쿠오(赤塚德郎: 1919-1992)에 의하면, 제2장은 처음에 '교육에서의 방법(Method in Education)'이라는 주제하에 작성되기 시작했는데, 이후 학술잡지에 게재됐을 때 제목이 '교육의 기술'로 바뀌었으며, 저서의 한 장이 되었을 때 다시 제목이 '지육'으로 바뀌었다고 한다(赤塚德郎, 1993: 50).

이전 시기부터 강조된 어린 시절의 '습관 형성'에 생물 진화 원리에 기초한 '자연의 반작용'이라는 원리가, 그리고 '체육'에는 에너지보존법칙에 기초해서 로크 등의 강요된 '단련주의'를 비판하고, 또한 당시 유행하던 체조보다는 자연적이고 자발적인 운동을 강조하였다.

이상의 내용을 정리해 보면 16세기 이래 구미에서 '에듀케이션(education)'이라는 단어가 처음 나타나기 시작하였는데, 그 대상은 단지 어린이 혹은 인간뿐만 아니라 어린 동물이나 곤충까지도 포함하는 것이었고, 그 내용은 생물학적으로 기르고, 돌보고, 먹이는 등의 구체적인 행위로서의 '육(育)'에서 비롯하여 점차 사회생활에의 초급입문을 위한 사회화로서의 가르침과 배움을 포함하게 되었다는 점이다. 즉, 16세기에서 18세기까지는 추상적 인격 형성이라는 의미보다는 양육(혹은 사육)의 의미가 더 컸으나, 18세기 후반 무렵부터 한편으로는 인문학적 교양에 의한 '보편적인 인간의 형성'이라는 계몽주의적 관념이 추가되었고 다른 한편으로는 식민지 미국에서 정치경제적으로 '유용한 능력의 습득'을 강조하게 되면서, 19세기 영국을 중심으로 지덕체의 삼육 개념으로 정리되었음을 알 수 있다. 물론 삼육 개념의 구체적인 내용에 들어가 보면, 시기나 지역별로 각각의 개념은 각국 상황에 맞게 다양한 의미로 수용·전개되고 있다(한용진·김자중, 2014; 한용진·최정희, 2014 참조). 그리고 이러한 스펜서의 삼육 개념은 헤르바르트의 교육학과 아울러 19세기 이래 학교에서의 체계적 가르침이나 교육개념 형성에 중요한 패러다임을 형성하게 되었다.

3. 개화기 근대적 교육개념의 수용과 형성

1)『조선왕조실록』에 나타난 교육 관련 용어들

조선시대 전통적으로 인간의 성장·발달과 관련된 기르고, 가르치고, 배우는 교육 관련된 용어나 개념들을 찾아 정리해 보면, 〈표 1-2〉와 같이 교육이라는 단어보다는 오히려 교화(敎化)나 보도(輔導), 보양(輔養), 덕화(德化), 수기(修己), 수신(修身) 등과 같이 인간의 자기 수양과 관련된 용어들이 더 많이 사용되었고, 이 밖에도 교도(敎導), 교회(敎誨), 교양(敎養), 보양(保養), 강습(講習), 양육(養育), 무육(撫育), 이습(肄習), 계몽(啓蒙), 학습(學習) 등 기르고 가르치고, 익히고, 인도하는 용어들을 볼 수 있다. 이 같은 표현들은 전통시대의 교육실천의 성격을 반영한 것으로, 그 의미는 오늘날 우리가 사용하는 각각의 개념과는 어느 정도 차이가 있을 수 있다. 즉, 전통시대의 '배움[학(學)]과 가르침[교(敎)]'이라는 교육실천은 공적 공간인 학교보다는 가족이나 문중과 같은 사적 공간에서 주로 이루어졌고, 그 교육 목적은 지식의 습득이나 졸업장의 획득보다는 인격적 자기 수양과 성인(聖人)이나 군자를 지향하고 있었다는 점이다. 따라서 그 실천 과정도 비록 스승의 '가르침'[교(敎), 훈(訓), 회(誨)]의 행위가 전제되지만, 스스로 '배우고'[학(學)], '익히고'[강(講), 습(習)], '닦고'[수(修)], '묻는'[문(問)] 형태가 중심이 되기에 그 변화 성장의 과정은 개개인의 내적 자율성에 근거하게 되는 것이다. 이는 앞 장에서 살펴본 바와 같이 서양의 에듀케이션 개념이 어린이나 동물 등을 '기르기'라는 '육(育)(양육 혹은 사육)'에서 출발하여 인문학적 교양과 유용한 능력 형성이라는 지덕체 삼육 개념으로 나아가는 것과는 또 다른 관점이다.

〈표 1-2〉는 서울시스템 한국학DB연구소에서 제공하는 『조선왕조실록』(태조~철종) 및 『고종·순종실록』과 국사편찬위원회에서 제공하는 『조선왕조실록』(태조~순종)에 등장하는 교육 관련 용어들의 빈도를 조사한 것으로, 각각 한자(원문)와 한글(번역문)로 검색한 결과이다. 검색엔진의 차이 때문인지 두 기관의 단어 검색 수치에는 교화(敎化)처럼 동일한 경우도 있지만, 교회(敎誨)나 교육(敎育)처럼 상당한 차이가 나타나는 경우도 있다. 게다가 '교육'이라는 단어를 한자로 원문 검색할 때, 28회/216회, 한글로 번역문 검색할 때에는 555회/47회로 두 기관에서 제공하는 내용에 그 차이가 매우 크다는 것을 알 수 있다. 기본적으로 한글 검색의 경우 번역문 및 제목 등에 등장하는 '교육'이라는 단어도 포함시켜 빈도를 조사하기 때문에 그 숫자는 기관에 따라 달라질 수 있다.

하지만 한자 원문 검색에서 차이가 나는 것은 검색엔진의 문제라 생각된다. 다만 있는 것을 확인하지 못하는 검색오류가 날 수는 있지만 없는 것을 있다고 검색할 수는 없다는 점에서 더 많은 수치를 따라야 할 것으로 생각된다. 어느 경우든 한글 번역문보다는 한자 원문으로 검색한 수치가 『조선왕조실록』의 본래 성격을 제대로 반영하고 있는 것이라 하겠다. 특히 주목할 점은 서울시스템의 경우, 한자로 검색할 때에는 28회(17위)에 불과하였던 '敎育'이라는 단어가 한글로 검색할 때에는 무려 555회(7위)로 증가하고 있다는 점이다.

〈표 1-2〉 조선왕조실록 및 고종 · 순종실록의 용어

교육 관련 용어		서울시스템 『조선왕조실록』[7]								국사편찬위원회 편 『조선왕조실록』[8]			
		태조~철종		고종 · 순종		태조~순종 소계				태조~순종			
한자	한글	한자	한글	한자	한글	한자	순위	한글	순위	한자	순위	한글	순위
敎化	교화	591	717	31	15	622	1	732	5	622	2	732	1
輔導	보도	457	1408	2	81	459	2	1489	1	714	1	486	2
輔養	보양	278	752	19	43	297	3	795	3	517	4	331	4
德化	덕화	245	469	13	88	258	4	557	6	137	16	318	5
修身	수신	225	1017	3	33	228	5	1040	2	289	7	336	3
敎導	교도	210	327	6	11	216	6	338	10	334	6	245	6
敎誨	교회	179	202	0	5	179	7	207	12	528	3	186	7
敎養	교양	165	355	3	17	168	8	372	9	366	5	172	8
保養	보양	145	752	0	43	145	9	795	3	187	14	160	9
講習	강습	113	323	0	6	113	10	329	11	267	9	121	10
養育	양육	80	430	0	7	80	11	437	8	189	13	83	11
撫育	무육	76	77	0	0	76	12	77	15	76	17	79	12
肄習	이습	34	39	0	0	34	13	39	17	274	8	45	15
啓蒙	계몽	33	41	0	0	33	14	41	16	260	10	66	13
修己	수기	31	116	0	5	31	15	121	14	158	15	41	16
學習	학습	22	159	4	16	26	16	175	13	199	12	36	17
敎育	교육	17	443	11	112	28	17	555	7	216	11	47	14
敎學	교학	13	17	0	0	13	18	17	18	31	18	16	18

기본적으로 국사편찬위원회에서 검색한 216회를 제대로 반영하지 못한 탓도 있겠지만, 이는 한글로 번역하는 경우, 전통적 교육 관련 용어들조차도 현대적 관점에서 '교육'으로 일괄 번역하는 경우가 많았기 때문으로 보인다. 게다가 서울시스템의 경우에는 『조선왕조실록』(태조~철종)에서 『고종·순종실록』을 따로 구분하여 놓았는데, 고종·순종 시기에 한자 검색으로는 교육이 3위(11회)에 불과하였음에도 불구하고, 한글 검색으로는 교육이 압도적인 1위(112회)를 차지하는 것을 볼 수 있다. 이는 고종 시대 이래로 근대적 교육개념이 본격적으로 수용되고 사용되게 되었음을 의미한다고 하겠다.

2) 『고종실록』에 나타나는 '교육' 개념

1894년 갑오개혁을 통해 조선은 근대적 개혁에 박차를 가하게 되지만, 이미 1880년대 초부터 해외에 유학생을 파견하고 서양 열강들과의 통상조약을 체결하면서 서구 열강 및 해외 교육에 대하여도 많은 관심을 보이고 있었다. 특히 1889년에 미국주재 전권대신으로 있다가 돌아온 박정양은 고종에게 미국 실정을 보고하면서, "교육에 대한 문제를 나라의 큰 정사(政事)로 삼기 때문에 인심이 자연 순박합니다."[9]라고 하여 교육의 효과로 인심이 순박하게 되었다는 의견을 내고 있다. 이후 1893년에는 대신들이 학문을 고양시키는 방법과 성균관 유생의 과거 문제 등을 아뢰면서, "월과를 만약 옛 규례를 거듭 밝혀 시행한다면 영재를 교육하고 인재를 진작시키게 될 것이니 국가가 인재를 얻는 성대함이 장차 어떠하겠습니까"[10]라고 하여 '교육'이라는 용어를 사용하며 국가가 필요한 인재 양성의 수단으로 교육을 논하고 있다.

그리고 1894년 6월 갑오개혁의 일환으로 의정부 이하 각 아문의 관제를 개혁

---

7) 서울시스템 한국학DB연구소, 『CD-ROM 국역 조선왕조실록』(http://www.koreaa2z.com/sil99/index.html)

8) 국사편찬위원회, 『조선왕조실록』(http://sillok.history.go.kr/main/main.jsp)

9) "敎育一事, 爲國之大政, 故人心自爾淳實矣", 『고종실록』 고종 26년(1889) 7월 24일.

10) "月課若申明舊規, 則敎育英才, 作成人材, 國家得人之盛, 將何如乎?" 『고종실록』 고종 30년(1893) 2월 7일.

하면서 교육은 학무아문(學務衙門)의 업무로 편제되었으나[11], 같은 해 12월의 「홍범14조」에서는 교육이 군무아문(軍務衙門)에 속하는 군제(軍制)의 한 항목으로도 설명되고 있다. 즉, 「홍범14조」의 내용 중에서 교육과 관련되는 사항으로는 이제까지 열한 번째의 "1. 나라 안의 총명하고 재주 있는 젊은이들을 널리 파견하여 외국의 학문과 기술을 전습받는다."[12]만을 주목하여 왔지만, 열두 번째의 "1. 장관(將官)을 교육하고 징병법(徵兵法)을 적용하여 군사 제도의 기초를 확정한다."[13]라는 문장 속에 오히려 '교육'이라는 용어가 분명하게 사용되고 있다. 여기서 교육의 대상인 '장관'이란 바로 무관 계급인 대장, 부장(副將), 참장(參將)들로, 교육은 곧 군사훈련 분야에서도 중요한 의미를 갖고 있었다.

교육이 학무(學務)와 군무(軍務)의 모두에 관여되는 것임을 보여 주는 사례는 1895년 3월 '아문'을 '부'로 개칭하며 「의정부관제」를 「내각관제」로 바꾸어 제정된 「학부관제」와 「군부관제」에서도 확인할 수 있다. 먼저 「학부관제」(칙령 제46호, 1895. 3. 25)[14]에서는 제1조 "학부대신(學部大臣)은 학교 정책과 교육에 관한 사무를 맡아 처리한다."라고 되어 있고, 제2조 "대신관방(大臣官房)에서는 관제 통칙에 든 것 외에 다음의 사무를 맡는다."라고 하여 "2. 교육의 검정(檢定)에 관한 사항이다."라고 규정되어 있다. 기본적으로 오늘날 우리나라에서 교육의 업무를 담당하는 국가부서가 '교육부'인 점을 고려한다면, 당시에는 학무아문이나 학부대신이라는 용어에서 볼 수 있듯이 '교육'이라는 용어보다 '학무' 혹은 '학'이라는 용어가 더 대표성을 갖고 있었다고 할 수 있다. 참고로 메이지 시대 일본은 문부성(文部省)과 교부성(敎部省)이 있어 각기 교육과 종교를 관장하였다.

또한 「학부관제」가 반포된 바로 다음 날인 1895년 3월 26일에 「군부관제」(칙령

---

11) "학무아문(學務衙門): 1. 학무아문에서는 국내 교육, 학무 등에 관한 행정을 맡아본다.(學務衙門: 一, 學務衙門, 管理國內敎育學務等政)." 『고종실록』 고종 31년(1894) 6월 28일.

12) "一, 國中聰俊子弟, 廣行派遣, 以傳習外國學術技藝." 『고종실록』 고종 31년(1894) 12월 12일.

13) "一, 敎育將官, 用徵兵法, 確定軍制基礎." 『고종실록』 고종 31년(1894) 12월 12일.

14) 勅令第四十六號, 學部官制, 裁可頒布
   第一條, 學部大臣은 學政敎育에 關한 事務를 掌理홈
   第二條, 大臣官房에서는 官制通則에 揭한 者外에 左開事務를 掌홈:
   一, 公立學校職員의 進退身分에 關한 事項 二, 敎育의 檢定에 關한 事項 『고종실록』 고종 32년 (1895) 3월 25일.

제55호)가 반포되었는데, 여기에도 교육과 관련된 부서를 두고 있다.[15] 군무국의 군사과와 마정과 그리고 경리국 등에서 '교육'이라는 용어를 사용하고 있는데, 이때 교육은 어떠한 인격적 가치보다 실용적인 업무 능력의 숙달·습득을 중시하고 있다. 특히 마정과의 경우, 말의 위생이나 사육 등의 용어가 보이지만, 서구에서의 에듀케이션이 갖고 있던 동물을 '기르기'라는 의미는 전혀 없고, 다만 전의(戰醫), 편자공의 훈련과 관련하여 교육이라는 용어를 사용하고 있다.

　　제8조 군무국 군사과에는 참모 영관을 과장으로 두며 아래에 열거한 사무를 맡는다.
　　　1. 평시와 전시의 대오 편성 기안에 관한 사항이다.
　　　2. 평시와 전시의 동원 계획에 관한 조목별 규정의 기안과 운수, 교통의 조사 및 계획과 병기 재료, 탄약 구비의 심의에 관한 사항이다.
　　　3. 작전 계획, 부대 배치, 요새 위치의 조사에 관한 사항이다.
　　　4. 출전 준비와 계엄, 징발에 관한 사항이다.
　　　5. 군대의 근무, 교육 연습과 검열에 관한 사항이다.
　　　6. 여러 학교에 관한 사항이다.[16]
　　제9조 군무국 마정과에는 기병과 치중병과의 영관을 과장으로 삼고 아래에 열거한 사무를 맡는다.
　　　1. 말의 보충, 보존, 육성, 위생, 사육 및 징발과 목장에 관한 사항이다.
　　　2. 전의 편자공과 그 인원 교육에 관한 사항이다.[17]
　　　　　　　　　　　　　(중략)

---

15) 勅令第五十五號, 軍部官制, 裁可頒布『고종실록』고종 32년(1895) 3월 26일.
16) 第八條, 軍務局軍事課는 參謀領官으로써 課長에 充ᄒ야 左開事務를 掌홈: 一, 平戰兩時團隊編成의 起案에 關ᄒ 事項. 二, 動員計劃, 平戰兩時諸條規의 起案과 運輸交通의 調査及計劃과 兵器材料, 彈藥具의 審議에 關ᄒ 事項. 三, 作戰計劃, 團隊布置, 要塞位置의 調査에 關ᄒ 事項. 四, 出師準備及戒嚴, 徵發에 關ᄒ 事項. 五, 軍隊諸勤, 務敎育演習及檢閱에 關ᄒ 事項. 六, 諸學校에 關ᄒ 事項. 七, 禮式, 服裝에 關ᄒ 事項. 八, 兵役召集及解兵에 關ᄒ 事項. 九, 各兵科將校와 補充에 關ᄒ 事項.『고종실록』고종 32년(1895) 3월 26일.
17) 第九條, 軍務局馬政課는 騎兵及輜重兵科領官으로써 課長에 充ᄒ야 左開事務를 掌홈: 一, 馬匹의 補充, 保續, 育成, 衛生, 飼養及徵發竝牧場에 關ᄒ 事項. 二, 戰醫, 蹄鐵工及其人員敎育에 關ᄒ 事項.『고종실록』고종 32년(1895) 3월 26일.

제15조 경리국 제1과에는 감독을 과장으로 두고 아래에 열거한 사무를 맡는다.

1. 일체의 예산, 결산과 회계에 관한 사항이다.

2. 모든 급여 및 회계 규정의 심사에 관한 사항이다.

3. 회계 장부의 검사에 관한 사항이다.

4. 감독부(監督部)와 군사부(軍司部)의 교육에 관한 사항이다.[18]

시기적으로 약간 늦은 1907년 상황이지만, 군부에 교육국장이라는 직위를 두었음을 보여 주는 실록기사도 있다.[19] 또한 왕실교육을 담당하는 궁내부의 수학원에서도 왕족의 교육[20]에 대하여 논하고 있다.

『고종실록』에서 또 하나 주목하게 되는 교육 관련 기사는 바로 1895년 2월 2일(음력)에 반포된 관리와 백성들에게 내린 고종의 「교육강령」(일명 「교육입국조서」)이다.[21] 신창호는 이 글의 핵심을 "① 보국론: 교육은 국가 보존의 근본이다, ② 실용론: 교육은 시대정신에 맞는 실용성을 띠어야 한다, ③ 삼강령론: 교육은 덕양(德養)·체양(體養)·지양(智養)의 세 가지 강령을 바탕으로 한다, ④ 인재양성론: 교육은 학교 설립을 통해 인재 양성에 적극적으로 기여한다."(신창호, 2007: 85-86) 등으로 정리하고 있다. 고종의 「교육강령」 속에 '교육'이라는 단어는 무려 11회나 나오고 있다. 고종이 사용하는 교육의 정의는 기능적·도구적으로 근본 이념을 국가주의에 두며, 실용적 교육내용을 강조하고, 그 방법으로 덕·체·지의 삼양(三養)을 강조하고 있다. 그리고 인재 양성을 위한 학교 설립을 권장하고 있다.

---

18) 第十五條, 經理局第一課는 監督으로써 課長에 充ᄒ야 左開事務를 掌홈: 一, 一切豫算決, 算竝會計에 關호 事項. 二, 諸給與及會計規定의 審査에 關호 事項. 三, 會計帳簿의 檢査에 關호 事項. 四, 監督部及軍司部의 敎育에 關호 事項. 『고종실록』 고종 32년(1895) 3월 26일.

19) 육군 보병 정령 노백린을 군부(軍部) 교육국장(敎育局長)에 보임하였다(陸軍步兵正領盧伯麟補軍部敎育局長). 『고종실록』 고종 44년(1907) 6월 7일(양력).

20) 궁내부 대신 이재극 아뢰기를, "수학원 사무를 실시하고 있는데 교육과 관련한 사무가 몹시 번다하여… (宮內府大臣李載克奏: "修學院事務實施, 而敎育事務繁劇…). 『고종실록』 고종 44년(1907) 6월 1일(양력).

21) 「교육입국조서」라는 표현은 이만규의 『조선교육사』(1947/상권)에서 처음 유래하는 것으로 보인다. 하지만 이 책에서는 국사편찬위원회 『조선왕조실록』 번역문의 표제어에 기반하여 「교육강령」으로 표기한다. 『고종실록』 고종 32년(1895) 2월 2일.

이미 스펜서의 삼육론이 수용되고 있다는 점에서 인격적 감화를 통해 자발적으로 변화된다는 교화(敎化)로서의 전통적 교육개념 혹은 인문학적 교양습득의 계몽주의적 교육개념보다는 유용한 능력의 습득을 통해 국가부강을 위한 실용적 인간 형성이라는 근대적 교육개념이 수용되고 있음을 알 수 있다. 그리고 여기서 또 하나 주목하게 되는 것은 고종이 굳이 삼육이라는 용어 대신에 삼양을 사용한 것을 보면, 당시 조선에서 기를 육(育)보다 기를 양(養)을 더 선호하였던 것은 아닐까 생각된다. 이는 당시 교육을 담당하는 부서가 교육부가 아니라 학부였다는 점과 맞물려, 스스로 배운다는 '학'을 가르칠 '교'보다 우선하였고, 기를 '육'보다 기를 '양'을 우선하였음은 「교육강령」에서 인재를 '육성(育成)'하는 것이 아니라 '양성(養成)'한다고 표현하는 것에서도 알 수 있다. 개념적으로도 양은 자양(自養)이나 양생법(養生法)처럼 스스로 자율적으로 이루어지는 것을 강조하는 데 반해, 육은 육영(育英)이나 육아(育兒)처럼 성인에 의해 보살핌을 받고 길러지는 것을 의미한다.

3) 개화기 서구적 교육개념의 수용

전통시대에는 잘 사용되지 않았던 '교육'이라는 용어는 1878년 일본의 프랑스법학자인 미쓰쿠리 린쇼(箕作麟祥)가 『체임버스 백과사전(Chambers's Encyclopaedia)』의 한 항목인 education의 번역어로 교육을 채택하면서 근대적 개념으로 전용되었다. 그러나 미쓰쿠리 린쇼 자신도 1873년에는 education을 '교도(敎導)'로 번역할 정도로, 1880년대까지 에듀케이션의 번역어로서의 '교육'의 위상은 그리 공고하지 않았던 것으로 보인다. 또한 보수적 성향의 모토다 나카자네(元田永孚)는 1879년에 일왕의 교육방침을 「교학성지(教学聖旨)」라는 제목으로 제출하였고, 이에 대한 반박으로 개혁적 성향의 이노우에 고와시(井上毅)는 「교육의(教育議)」라는 제목의 글을 썼다. 즉, 같은 상황에 대해 각기 교학과 교육을 사용하였다. 또한 후쿠자와 유키치(福沢諭吉)는 "교육이라는 글자는 매우 온당치 않으며 오히려 발육(發育)이라고 불러야 한다."라고 주장하였다(森川輝紀, 2002: 356-359). 한편, 중국에서는 스펜서의 책 『Education』을 안영경(安永京: 1838-

1898)이 『이업요람(肄業要覽)』(1882)으로 번역·출판하며, '이업'이라는 용어를 사용하였다.

우리나라의 경우, '교육'이라는 개념은 1880년대에 이미 일본·중국의 언론·출판 자료나 시찰단, 유학생을 통해 수용되고 있었지만, 앞의 『조선왕조실록』의 분석에서도 알 수 있는 바와 같이 고종시대 초기까지도 그다지 자주 사용되지 않았던 것으로 보인다. 예를 들면, 원산학사(元山學舍)를 설립한 정현석(鄭顯奭)은 1883년에 고종에게 올린 장계에서 그 설립목적을 '교양(敎養)'이라는 개념으로 설명하였다. 또한 정부는 1886년에 육영공원을 설립하면서 그 절목에서 교사의 역할에는 '교훈(敎訓)', 학생의 역할에는 '이습(肄習)'이라는 용어를 사용하였다. 1880년대 간행된 관보인 「한성순보(漢城旬報)」나 「한성주보(漢城周報)」에는 '교육'이라는 개념이 산발적으로 등장하지만, 그것이 본격적으로 사용됐던 것은 역시 1890년대 중반이었다. 즉, 1894년 갑오개혁 당시 "국내 교육을 관리하는[管理國內敎育]" 학무아문이 설치되고, 1895년 2월에는 고종의 「교육강령」이 반포되고, 이어서 한성사범학교의 교육과정에 '교육'이 포함됐으며, 그 교과서로 기무라 도모지(木村知治)의 『신찬교육학(新撰敎育學)』이 간행되면서부터 교육이라는 용어는 급격히 확산되기 시작하였다.

조선의 지식인들은 중국과 일본의 교육 관련 서적이나 신문·잡지 등을 읽는 과정에서 에듀케이션의 번역어로서의 '교육'이라는 개념을 접하게 되었고, 부분적으로는 외국인 선교사들이 간행한 사전의 영향도 받았던 것으로 보인다. 개화기 우리나라에서 외국인들의 사전편찬사업으로 보는 『개념과 역사, 근대 한국의 이중어사전』에 의하면, 에듀케이션이라는 단어는 "교훈, 교양(Underwood, 1890), ᄀ르치다, 훈학하다(Scott, 1891)"(황호덕·이상현, 2012: 177)로 되어 있고, 교육(敎育)이라는 단어는 "department of education=학부(學部) [In Japan 문부성(文部省)], Military education=군ᄉ교육(軍事敎育) (Jones 1914), 교육(敎育) (Gale, 1924), 가르침, 교훈(敎訓), 교양(敎養), 교육(敎育) (Underwood, 1925)" 등으로 나타나고 있다. 즉, 1890년 언더우드(H. G. Underwood)에 의해 만들어진 『한영ᄌ뎐(A Concise Dictionary of the Korean Language)』에 에듀케이션은 교훈, 교양이었고, 1891년의 스코트(James Scott)의 『English-Corean Dictionary: Being a Vocalbulary of

Corean Colloquial Works in Common Use』에서는 ᄀᄅ치다, 훈학하다로 표현되던 것(황호덕·이상현, 2012: 64)이, 1914년 존스(George H. Jones)의『英韓字典=영한ᄌ뎐(An English-Korean Dictionary)』에서는 학부와 군사교육으로 설명되고 있고, 이후 1920년대에 들어와 게일과 언더우드에 의하여, 교육·가르침·교훈·교양 등으로 폭넓게 쓰이게 되었음(황호덕·이상현, 2012: 66)을 알 수 있다.

　　이미 1890년대 말부터「독립신문(獨立新聞)」「황성신문(皇城新聞)」「제국신문(帝國新聞)」등의 언론에서 자주독립과 부국강병의 수단으로 근대 교육체제의 도입을 본격적으로 제창하기 시작하였는데, 1900년대에는 애국계몽운동과 출세를 위한 근대지식의 수요 확대에 수반해서 여러 학회와 다양한 근대적 학교들이 설립되면서 교육에 대한 사회적 역할과 기대는 더욱 커지게 되었다.

4. 맺음말

　　이 글은 독일의 역사학자 라인하르트 코젤렉 등이 제창한 개념사적 관점에서 근대 시기 조선에 서구적 교육 개념이 어떻게 수용되고 있는가를 살펴보는 것이 목적이다. 개념사는 역사행위자가 개념을 수용하고 이를 통해 현실을 해석하는 존재임과 동시에 개념을 재정립하고 이를 통해 현실을 변화시키는 존재로 규정하고 있다. 2,300여 년 전『맹자』의 진심편 "천하의 영재를 얻어 이들을 교육한다."에 등장하던 교육이라는 용어가 '영재'만을 대상으로 하였음에도 불구하고 19세기 후반 서양어 에듀케이션의 번역어로 채택되면서, 기존의 '교육'이라는 개념에는 서양의 에듀케이션의 의미가 반영되었다고 할 수 있다. 어떤 단어가 개념적 확장을 하게 되는 과정과 그것의 현재적 의미를 탐구하려는 개념사의 입장에서 19세기 후반 새롭게 의미 확장된 '교육'은 오늘날 우리 사회의 교육 문제를 이해하는 데에도 매우 중요한 용어이다. 특히 서양어 에듀케이션의 어원 educare에서 추론되는 '끌어내다'는 한자로 된 교육(敎育) 개념에서는 찾아보기 어려운 것이지만, 에듀케이션의 어원 educere에서 추론되는 가르치고[교(敎)] 기르는[육(育)·양(養)] 개념이 번역어로 선택되는 과정에 작용한 것으로 보인다. 이미 자명하게 알고 있다고 생각되는 '교육'이라는 용어에 대하여 그 개념이 시대적·사회적 상황 변화와 번역어로 수용되는 과정에서 이전의 개념과 달라질 수 있음을 살펴본 이 연구에서 밝혀진 내용을 정리해 보면 다음과 같다.

첫째, 에듀케이션이라는 단어가 사전에 처음 등장하게 된 것은 1527년, 즉 16세기이다. 특히 『옥스퍼드 영어사전(OED)』에 나타난 용례를 통해 그 개념을 살펴보면, 단지 어린이 혹은 인간뿐만 아니라 어린 동물이나 곤충까지도 포함하는 것이었고, 그 내용은 생물학적으로 기르고, 돌보고, 먹이는 등의 구체적인 행위로서의 '육(育)'에서 비롯하여 점차 사회생활에의 초급입문을 위한 사회화로서의 가르침과 배움을 포함하게 되었다.

둘째, 이탈리아 선교사로 중국에서 활약한 바뇨니의 『동유교육』(1620)의 목차를 통해 확인할 수 있는 교육개념은 보모와 부모, 교사에 의한 '육·학' 중심의 활동이었고, 이러한 교육의 출발점은 바로 부부의 결혼에서부터 시작된다는 점이다. 바뇨니의 책은 강화도에 설치된 『외규장각목록』(1782)에서 확인된다는 점에서 이미 우리나라 사대부들에게도 서구의 교육개념이 소개되었다고 볼 수 있다. 또한 내용상으로는 18세기 후반 우리나라에서 간행된 이사주당의 『태교신기』에서 '아비와 어미 그리고 스승'을 교육의 세 주체로 보는 관점과 비교해 볼 때 보모가 추가되어 있는 것은 교육의 대상이 귀족에 한정되었음을 보여 준다.

셋째, 18세기 후반부터 서양에서는 에듀케이션을 인문학적 교양에 의한 '보편적인 인간의 형성'이라는 계몽주의적 관념과 정치경제적으로 '유용한 능력의 습득'을 강조하는 서로 다른 개념으로 확장하게 된다. 특히 19세기 영국을 중심으로 지덕체 삼육 개념으로 발전한 교육 패러다임은 사회진화론에 힘입어 동아시아 교육에 계몽주의적 관념보다 '유용한 능력의 습득'이라는 교육의 기능적·도구적 측면을 더욱 강조하게 되었다.

넷째, 19세기 후반 동아시아에 소개되는 에듀케이션의 번역어로는 '교도'(教導: 미쓰쿠리 린쇼, 1873), '교학'(教學: 모토다 나가자네, 1879), '교육'(教育: 미쓰쿠리 린쇼, 1878; 이노우에 고와시, 1879), '발육'(發育: 후쿠자와 유키치, 연도미상), '이업'(肄業: 안영경, 1882), '교양'(教養: 정현석, 1883), '교훈'(教訓: 육영공원 절목 중 교사의 역할, 1886), '이습'(肄習: 육영공원 절목 중 학생의 역할, 1886), '교훈·교양'(Underwood, 1890),

'ㄱㄹ치다 · 훈학하다'(Scott, 1891) 등 다양한 표현이 있었는데, 대체로 1890년대 중반부터는 '교육'이라는 용어로 정리되고 있다.

　　다섯째, 『조선왕조실록』 특히 『고종실록』을 통해서 확인할 수 있는 교육개념은 국가 보존을 위한 실용주의적 삼육론으로, 학무아문(⇒ 학부)과 군무아문(⇒ 군부)의 인재양성과 관련된다. 또한 전통시대의 인격 형성과 관련된 다양한 교육관련 용어는 근대화 과정에서 점차 배제되거나 의미가 축소 · 전이되고, 실무능력을 강조하는 국가주의적이고 실용적인 개념으로 '교육' 용어가 보다 많이 사용되게 되었다.

　　결국 전통적 교육실천의 공간이 점차 협소해짐에 따라 어떤 용어들(교육, 학습, 강습 등)은 근대적 교육개념의 번역어로 차용됐지만, 어떤 용어들(교회나 무육, 격몽, 훈몽 등)은 점차 사용되지 않게 되었고, 교화나 수신 등은 개화기–일제 식민지기를 거치며 본래의 진면목을 잃고 세뇌 혹은 공민과의 과목명으로 의미가 전이되었다. 인간의 성장과 발달에 관련된 세 가지 핵심용어로서 '기름'[육(育), 양(養)]과 '배움/익힘'[학(學), 강(講), 습(習)] 그리고 '가르침'[교(敎), 훈(訓), 회(誨)]을 고려할 때, 전통적으로 교학(敎學) 혹은 육학(育學)이 중심이었으나, 계몽주의적 교양을 거쳐 근대 실용주의적 교육 개념이 학교 제도 속에서 확립되면서, 상대적으로 학생 중심의 배움/익힘은 약화되고 교사 중심의 가르침/기름이 중시되었다.

　　그리고 그 가르침과 기름은 고전 교양에 의한 보편적인 인간의 형성이라는 개념보다 국가보존을 위한 실용적 인재양성을 위한다는 명목하에 '유용한 능력의 습득'에 초점을 두게 되었다. 오늘날 교육이라는 개념이 이상적으로는 인격 수양이나 인성과 지성의 조화를 논하면서도 현실적으로는 여전히 경쟁사회에서 살아남기 위한 유용한 능력의 습득, 특히 학교교육에서 이루어지는 지적 능력 전수에 치중하며 사교육에 매달리게 되는 원인(遠因)도 개화기 근대 교육개념에서 찾아볼 수 있는 것은 아닐까. 그런 의미에서 근대 시기에 우리나라에 수용되는 교육개념은 학습자보다 교수자를 우선하며 우승열패의 사회진화론적 국가 경쟁에서 살아남기 위한 교육에 주목한 것이지만, 이제 21세기에는 맹자가 말하는 교사와 학생이 함께 만들어 가는 '가르치고 배우는 상보적 행위의 즐거움'이라는 전통적 의미의 교육개념도 다시 돌아봐야 하는 것이 아닐까 생각된다.

🗂 참고문헌

김귀성(2009a). "〈자료해제〉 바뇨니(P. A. Vagnoni) 저,『童幼敎育』".『한국교육사학』31(1).

김귀성(2009b). "P. A. Vagnoni 著『童幼敎育』에 나타난 아동교육론".『교육문제연구』35.

나인호(2011).『개념사란 무엇인가: 역사와 언어의 새로운 만남』. 서울: 역사비평사.

나인호(2014).『개념 사용의 역사, 개념 변화의 역사』. 고려대학교 개념사 세미나 자료.

사주당 이씨(1801),『태교신기』. 김신근 편(1988).『한국과학기술사자료대계: 의약학편』
    33권. 서울: 여강출판사.

신창호(2007). "開化期 교육에서 儒學은 어떤 位相을 지니는가-白巖 朴殷植의『學規新論』
    분석을 중심으로-".『동양고전연구』26, 75-103.

이사주당 원저, 강헌규 언해(1995).『태교신기언해』. 서울: 삼광

임태평(1991). "Richard S. Peters와 道德敎育".『교육철학』9, 106-136.

전민호(2014). "근대 삼육론의 전개와 한국적 수용".『한국학연구』48, 197-220.

한용진(2012). "개화기 사범학교『교육학』교재 연구".『한국교육학연구』18(1).

한용진 외(2007).『교육학개론』. 서울: 학지사.

한용진 · 김자중(2014). "19세기 영국에서의 '삼육' 개념의 형성과 전개".『교육철학연구』
    36(1).

한용진 · 최정희(2014). "일본 메이지기 삼육 개념의 도입과 전개".『비교교육연구』24(1).

황호덕 · 이상현(2012).『개념과 역사, 근대 한국의 이중어사전1』. 서울: 박문사.

赤塚德郎(1993).『スペンサー教育学の研究』. 東京: 東洋館出版社.

田中智志 編(1999).『〈教育〉の解読』. 横浜: 世織書房.

田中智志(2005).『人格形成概念の誕生-近代アメリカの教育概念史』. 東京: 東信堂.

森重雄(1999).「近代と教育」. 田中智志 編(1999),『〈教育〉の解読』. 横浜: 世織書房.

森川輝紀(2002).「第七章 立身出世主義と近代教育」. 辻本雅史 · 沖田行司 外 編著(2002).
    『教育社会史(新体系日本史 券16)』. 東京: 山川出版社. 이기원 · 오성철 역(2011).『일
    본교육의 사회사』. 서울: 경인문화사.

Aleni, G.(1623).『西學凡』. 김귀성 역(2001).『17세기 조선에 소개된 서구교육』. 서울: 원
    미사.

Spencer, H.(1860). *Education: Intellectual, moral, and physical*. New York: D.
    Appleton and Co..

국사편찬위원회『조선왕조실록』, http://sillok.history.go.kr/main/main.jsp.

서울시스템 한국학DB연구소『CD-ROM 국역 조선왕조실록』, http://www.koreaa2z.com/
    sil99/index.html.

옥스퍼드 영어사전(OED), http://www.oed.com/.

제2장

통합적 교육개념의 형성

　이 장에서는 1895년 2월 고종의 「교육강령」의 등장을 전후하여 조선시대에 존재했던 다양한 교수-학습 관련 개념이 '교육'이라는 단일 개념으로 통합되어 가고 있는 현상을 살펴보고자 한다. 조선시대에는 일반 민중들을 대상으로 한 사대부들의, 넓게는 민중과 사대부 전체를 대상으로 한 군주의 교육행위를 일반적으로 '교화'로 지칭하였는데, 「교육강령」에는 화자인 고종이 백성과 사대부 전체를 대상으로 하는 교육행위로서 '교화'만이 남고, 사대부들의 민중에 대한 '교화'는 사라진 것으로 보인다. 한편, 사대부들 사이의 '교수-학습'을 의미했던 '교육' 역시 신민 전체의 과업이 됨과 동시에 그 내용과 목적 역시 달라진다. 특히 「교육강령」의 청자인 사대부와 신민들에게는 스스로를 키우는 '덕양(德養)·체양(體養)·지양(智養)'이 곧 '교육'이었다. 그렇다면 발표자의 명의만 확인될 뿐 집필자가 특정되지 않은 「교육강령」의 작성에는 누가 관여하였을까. 당시 조선정부는 2차 김홍집 내각 하에서, 박영효, 유길준, 박정양 등 개화파 간에도 갈등이 고조되던 시기였다. 그럼에도 불구하고 「교육강령」의 작성 및 발표와 관련된 갈등이 없었다는 것은 이들이 모두 메이지 유신을 거치며 형성된 일본의 교육개념을 수용하고 있었으며, 이를 통해 자신들의 국체개혁 방안을 표현하고 있었기 때문으로 보인다. 결과적으로 「교육강령」의 등장은 갑오개혁 이전 상당수의 조선 지식인이 일본의 근대적 교육개념을 수용하고 있었다는 사실을 방증하는 것이라 할 수 있다.

주제어 교육강령, 교화, 박영효, 유길준, 박정양

1. 머리말

최근 들어 한국에 근대적 교육개념의 형성사를 연구하는 것이 교육사 분야에 서 주요한 경향을 형성하고 있다. 아울러 이 연구들은 공통적으로 고종 시기, 특 히 「교육강령」의 발표를 전후하여 조선의 개념세계에 극적인 변화가 발생했다는 사실에 주목한 바 있다. 강성훈(2016)은 이와 관련하여 기존의 한 연구에서 고종 이전 시기 조선의 개념세계에 유가철학에 근거한 다양한 '교수–학습' 관련 개념 이 존재했음을 분석한 바 있다(본서 제6장). 「교육강령」의 발표를 전후하여 발생 한 주목할 만한 변화 중 하나는 바로 다양한 '교수–학습' 관련 개념이 '교육'이라 는 단일 개념으로 통합되어 가고 있었으며, 아울러 '교수'적 의미만을 가지고 있 던 '교육'이 '학습'의 의미까지 포섭해 가게 되었다는 점이다.

자세히 볼 때 「교육강령」은 이중의 구조를 가지고 있는데, 즉 화자가 청자에게 교육이 무엇인지를 교육하고 있는 구조를 이루고 있는 것이다. 여기서 표면적으 로 드러나는 「교육강령」의 화자는 고종이며 청자는 신민인 바, 일단 고종은 신민 들이 해야 할 일로서 덕양, 체양, 지양을 명하고 있다. 이 신민들 스스로의 덕양, 체양, 지양이 곧 '교육'이다. 아울러 신민에게 그것이 교육임을 가르치는 고종의 행위를 지시할 만한 「교육강령」의 개념은 '교(敎)' 혹은 '훈(訓)' 등 동사적 표현을 제외한다면 '교화'로 보인다. 그리고 신민의 교육을 위해 학교를 짓는 등의 정부 정책 역시 교육으로 표현되고 있다. 강성훈의 연구에서 분류한 '교수–학습' 관련 개념들 중 이상 세 가지와 관련된 것을 언급해 보면 일단 사대부들 사이의 교수– 학습행위가 존재하였던바, 이때의 교수행위는 '교육'으로 지칭되었다. 그리고 사 대부들의 교수–학습행위를 물리적으로 지원해 주는 군주의 행위가 있었던바, 이 는 '교양'으로 지칭되었다. 일반 민중들을 대상으로 한 사대부들의, 넓게는 민중 과 사대부 전체를 대상으로 한 군주의 교육행위가 있었는데 이는 일반적으로 '교 화'로 지칭되었다. 이를 「교육강령」에 나온 교육들과 비교해 본다면 일단 일반 민 중들에 대한 사대부의 '교화'는 사라진 것으로 보인다. 이는 아마도 갑오개혁을 통해 양반과 상민의 신분차별을 철폐한 결과일 텐데, 식자에 의한 민중들의 교화는 '덕양'의 형태로 신민 내부의 자체과업이 되었음을 알 수 있다. 이에 반해 민중과 사대부 전체를 대상으로 한 군주의 행위는 그를 지칭하는 개념까지 그대로 '교화'로 유지되고 있다. 아울러 사대부들 사이의 '교수-학습'을 의미했던 '교육' 역시 신민 전체의 과업이 됨과 동시에 그 내용과 목적 역시 달라진다. 성리학에서 사대부들 사이의 교육은 군주를 교육하여 선정을 베풀도록 하는 것[1]이었다. 그러나 「교육강령」에 등장하는 신민들 사이의 교육에는 그러한 목적이 전혀 포함되어 있지 않다. 사대부들의 교육을 지원하는 것으로서의 교육, 즉 교양은 여전히 강조되고 있으나 그것을 지칭하는 개념이 '교육'으로 바뀌어 나타나고 있다.

　결과적으로 다양했던 조선의 '교수-학습' 관련 개념들이 신분제 및 국체에 대한 사유의 변화를 통해 점차 하나의 개념으로 통합되어 가는 모습을 「교육강령」을 통해 확인 가능하다고 말할 수 있겠다. 여기서 특기할 만한 것이 교수행위만을 의미했던 '교육' 개념이 점차 '학습'의 의미까지 포함해 가는 모습을 「교육강령」에서 발견할 수 있다는 점이다. 일반적 차원에서 보았을 때 교수와 학습은 변별적 행위로 간주하는 것이 타당하며, 유가의 사상체계 역시 이를 구분하는 것은 여타의 사유들과 차이가 없다. 이와 관련한 유가의 특수성이 있다면 양자의 관계를 학습의 기본적 성격을 강조하는 형태로 사유해 왔다는 점일 것이다. 아울러 두 행위를 통합적으로 지칭하는 개념은 '교학(敎學)'이라는 단순 명료한 것이었다. 그런데 현대 한국의 개념체계 속에서 '교학'은 교수자의 행위만을 의미하는 '교육'으로 거의 대체되었거나, 그렇지 않은 경우에도 학습이 '피(被)교육'으로 규정되는 경향이 매우 강하다.

　이는 '교육' 개념이 현대적으로 사용된 원형태로 보이는바, 따라서 이러한 형태로의 변화가 무엇에 기인한 것인지, 그러한 변화는 언제부터 시작되었는지, 「교육강령」의 출현은 그러한 변화의 원인인지 결과인지를 규명하는 것은 교육과 관련된 사유의 역사를 조망하는 것과 관련하여 매우 중요한 과제로 여겨진다. 본 연구는 앞에서 말한 개념 변화의 경향성이 발생한 시기와 이유를 대략적으로 밝혀 보려는 목적으로 기획된 것이다. 이를 위해 연구자들이 선택한 방법은 그러한 경

---

1) 이는 주로 '보양(保養)'으로 지칭되었다.

향성이 명시적으로 확인되는 「교육강령」의 집필자를 가능한 범위에서 특정하고, 「교육강령」 집필을 전후하여 그들의 사유체계에서 발생한 교육개념과 관련된 인식변화의 정도를 확인해 보는 것이다. 그리고 그 변화의 원인을 추적해 보았다.

2. 「교육강령」과 통합적 교육개념

1) 「교육강령」의 등장 배경

한국에서 근대적 의미의 교육개념이 언제 도입되고 정착되었는가에 대한 연구들이 최근 활발히 수행되고 있다. 대표적으로 한용진(2014)의 경우 그 어의의 변화에 집중된 연구를 수행한 바 있고, 오성철의 연구(2015)는 그와 더불어 유길준이라는 근대 사상가의 사유 속에서 '교육'을 포함한 교수-학습과 관련된 개념들이 어떤 의미를 획득하고 있는지를 분석한 것이다. 본 연구는 그와 같은 선행연구들의 성과들 위에서 그처럼 의미 변화된 개념들이 어떠한 경로를 통해서 보편적인 것으로 받아들여졌는지를 살피고자 한다.

그를 위해 연구자들이 분석대상으로 선택한 것은 「교육강령」이다. 현재까지 우리 학계에서 이루어진 「교육강령」에 대한 연구들은 대개 그 안에 포함된 교육사상에 대한 해석에 집중되어 있다. 이는 크게 두 가지 유형으로 진행되어 온 바 있다. 우선 「교육강령」의 의도를 실용적 근대 교육을 통하여 부국강병을 달성하고자 하는 고종 혹은 개화파들의 의지가 반영된 결과물로 해석하는 경우다(이경희, 1995; 신창호, 2007). 반대로 「교육강령」의 자주독립 및 부국강병의 의지를 부정할 수는 없으나, 그 배후에 존재하는 일본의 조선경략 의도를 보다 중요하게 고려하는 경우다. 특히 일본 학계의 경우 「교육칙어」(1890)와 「교육강령」(1895)의 연관성 및 유사성에 주목하여 그와 같은 해석을 끌어냄과 동시에, 그 내용 차원에서의 전제군주적 성격 또한 주요한 해석의 대상으로 간주(駒込武, 1996; 古川昭, 2002)하는 경향이 강하다.

반면, 서론에서 언급한 바와 같이 본 연구가 「교육강령」에서 주목하는 것은 다양한 교수개념들을 통합함과 동시에 학습의 의미까지를 점차 포섭해 가는 '교육' 개념이 명시적으로 등장하고 있기 때문이다. 따라서 이는 이 문서의 집필자가 가지고 있던 '교수-학습' 관련 행위 및 그를 지시하는 개념들에 대한 인식 정도를 반영한다고 할 수 있다. 그러므로 그 인식 정도에 대한 분석이 당대의 사유세계에서 '교수-학습'에 대한 인식 정도를 조망해 볼 수 있는 하나의 수단이 될 것으로 보인다. 그러나 잘 알려진 바대로 「교육강령」은 그 작성과정과 집필자가 명확하게 밝혀져 있지 않은 문서이다. 아마도 이를 특정하는 작업은 여러 가지 경로가 있을 것인데, 본 연구는 일단 그것이 가진 「교육강령」으로서의 성격에 주목하여 그에 연관된 객관적 사실들을 살펴보는 것으로 이 작업을 시작하겠다.

「교육강령」이 포고된 것은 1895년 2월 2일(음력)[2]이며, 이때는 2차 김홍집 내각 (1894. 12.~1895. 7.)의 집권기였다. 따라서 일차적으로 「교육강령」의 작성은 당 내각의 구성원으로 한정하는 것이 가능할 것이다. 아울러 「교육강령」이 총리대신 김홍집, 내무대신 박영효, 학무대신 박정양의 명의로 『관보』(개국 504년 2월 2일자)에 수록되었다는 것을 통해 이들을 집필자의 후보군으로 볼 수 있을 것 같다. 여기에 당시 내각에 강한 영향력을 행사하고 있었던 이노우에 가오루(井上馨) 역시 이 후보군에 포함될 것인데, 그가 「교육강령」과 밀접한 관계를 가지고 있는 「홍범 14조」의 집필에 끼친 영향력을 고려한다면 이와 같은 판단이 강한 설득력을 지닌다고 할 수 있겠다. 마지막으로 당시 내각 구성원이었던 유길준이 있는데, 그의 정치사상에 포함된 교육에 대한 사유가 「교육강령」의 집필 및 내용에 반영된 정도가 그를 후보군으로 포함시키는 근거이다.

여기서 우선 이 후보군이 활동했던 당시의 정세를 살펴보자. 일본군의 경복궁 침탈 직후 성립된 1차 김홍집 내각(1894. 6.~1894. 11.)은 잘 알려진 바대로 제한적 여건 속에서 가능한 한 자주적 개혁을 시도한 바 있다. 고종을 정치일선에서 배제하고 군국기무처가 주도적으로 시행한 개혁은 김홍집을 위시한 온건개화파의 의지가 상당 정도로 반영된 것이었다. 이는 군국기무처 및 내각 구성원들의 면면을 통해서도 확인되는바, 박준양과 이원긍, 이태용 등 소수의 대원군 계열을 제외

---

2) 이하 본 연구의 날짜 표기는 특별한 언급이 없는 한 음력을 기준으로 하였음을 밝힌다.

한다면 대부분 온건개혁에 가까운 인물들이 그 주를 이루고 있었다.[3] 그러나 평양 전투 및 황해 해전에서 청나라 군대를 격퇴한 일본은 '보호국화'를 조선정책으로 확정하고 이를 실현하기 위해 이노우에를 특명전권공사로서 조선에 파견하였다 (1894. 9. 29). 이노우에는 11월 21일 군국기무처를 폐지하고 새로운 내각을 구성하도록 하는바, 여기에는 갑신정변으로 망명 중이었던 박영효 등 급진개화파들이 포함되게 된다. 이른바 김홍집-박영효 연립내각으로 불리우는 2차 김홍집 내각은 김홍집 등의 온건개화파, 박영효를 위시한 급진개화파뿐만 아니라, 민비파, 대원군파, 정동파(貞洞派)[4] 등 다양한 정치사상 및 이해관계를 가진 집단들로 구성된 불안정한 정권이었다.[5] 동시에 정치 일선에서 배제되었던 고종이 형식적으로나마 친정을 선언하면서 2차 김홍집 내각은 이전과는 전혀 다른 권력구도 속에서 활동해야 했다. 이러한 가운데 주목할 만한 것이 각 계파 간 갈등, 특히 김홍집과 유길준으로 대표되는 온건개화파와 박영효가 주도했던 급진개화파 사이의 갈등이다.

갑신정변 이후 망명생활을 하던 박영효의 복권 및 입각은 사실상 조선정책을 실현하기 위한 일본의 행보 중 하나였다. 일본이 효율적으로 조선의 내각을 통제하기 위해서는 일본의 이해관계를 따르는 조선 정치인이 그 내부에서 활동하는 것이 필요했던바, 박영효의 입각은 그 목적의 달성을 위해 공사 이노우에가 강력하게 추진했던 것이다.[6] 그런데 만약 박영효가 일본의 입장을 그대로 대변하고 있었다면 2차 김홍집 내각의 활동이나 그 내부에서 벌어졌던 계파 간 갈등은 보다 단순해졌을지도 모른다. 그러나 입각 이후 박영효의 행보는 예상과는 다른 방향으로 진행되었다.

사실상 당시 일본의 조선정책은 크게 두 가지 기조를 가지고 진행되었다. 하나는 대외적인 것으로 일본이 조선을 보호국화하기 위해 조선에 대한 청의 영향

---

3) 보다 자세한 사항은 왕현종의 연구(2003: 148-159)를 참고할 수 있다.

4) 청일 이외의 서구세력과 주로 관계하고 있었던 개혁관료들의 파당으로, 이들에 대한 자세한 분석은 한철호의 연구(1996: 52-95)를 참고할 수 있다.

5) 2차 김홍집 내각과 관련한 정치계파들의 지형에 대해서는 왕현종의 연구(2003: 162-170)를 참고할 수 있다.

6) 박영효와 서광범 등의 복권은 1차 김홍집 내각의 수립 시기부터 일본에 의해 추진되던 바의 것이다 (왕현종, 2003: 219).

력을 배제하려는 것이었다. 다른 하나는 내부적 차원에서 조선의 권력구도를 군주의 권위 위에서 내각이 주도하는 형태로 재편하는 것이었다. 특히 후자의 경우 이는 조선에 대한 일본의 통제를 원활하게 하기 위한 것이었던바, 역으로 말하면 일본의 입장에서 최우선적으로 관심을 가졌던 것은 조선의 자주적 국체개혁이었다. 이를 위해 군주와 내각의 권력관계는 최대한 애매한 형태로 형성될 필요가 있었다. 1차 김홍집 내각과 같이 개혁관료들이 왕권을 배제한 채 국정을 운영하거나, 3국 간섭 이후의 상황처럼 전통적 전제군주권이 행사되는 것은 일본의 입장에서 통제하기 어려운 권력구조였다. 따라서 2차 김홍집 내각과 같이 군주권과 내각이, 그리고 내각 내의 각 계파들이 상호갈등하는 형태가 일본으로서는 가장 적절한 조선의 정부형태였을 것이다. 박영효를 입각시키며 일본이 의도했던 것이 바로 그러한 정부형태의 고착이었을 것인데, 잘 알려져 있다시피 박영효는 고종의 권력을 강화하는 형태로 개혁을 추진하고자 하였다. 그의 이와 같은 행보는 일본뿐만 아니라 온건개화파의 입장과도 충돌하는 것이었다.

　정도의 차이는 있겠지만 당대 조선의 주류 개화파들은 입헌군주정을 향후 조선이 구축해야 할 이상적 정체로 생각하고 있었다. 조선을 둘러싼 당대의 복잡한 국제정세를 논외로 하면, 국내적으로 개화파들이 추구해야 할 최우선적인 과업은 군주권의 제한이었다. 물론 입헌군주정으로의 이상적 이행은 민권의 신장을 통한 군주권의 제한이겠지만, 당대 개화관료들의 입장에서 보았을 때 민중의 자생적 계몽 및 정치적 성장은 요원한 것이었다. 따라서 개화된 자신들이 일단 권력을 장악하여 군주권을 제한하고 민중을 점차적으로 계몽해 나가는 것만이 이행의 유일한 길이라는 생각을 보편적으로 공유하고 있었던 것이다.[7] 박영효는 이러한 기획의 한 대표자라 할 만한데, 「1888년 상소문」(이하 「건백서」)[8]으로 잘 알려진 갑신정변 직후 그의 저술은 이를 단적으로 드러내 주는 것이다. 이에 따를

---

7) 군신공치(君臣共治)에서 군민공치(君民共治)로 나아가는 개화파 지식인들의 단계적 변혁론에 대해서는 왕현종의 연구(2001)를 참조할 수 있다.

8) 이 상소문은 갑신정변 이후 일본으로 도피한 박영효가 고종에게 올린 것이다. 이하 이 문서의 원출처는 "日本外交文書 第21卷 事項10 朝鮮國關係雜件, 문서번호 106"이며, 인용은 국사편찬위원회의 한국사데이터베이스 사이트를 참조했음을 밝힌다.

　http://db.history.go.kr/item/level.do?itemId=mh&setId=259265&position=0

때 입각 이후 그가 걸었던 행보는 매우 흥미로운 것임이 분명하다.

아마도 그의 이와 같은 행보에 대한 분석은 동시에 당대의 정치지형에 대한 분석이 될 것 같다. 앞서 언급했다시피 2차 김홍집 내각 내의 권력구도는 대단히 복잡한 것이었으나, 그중 가장 강력한 힘을 가지고 있었던 것은 김홍집을 위시한 온건개화파였다. 박영효를 중심으로 한 급진개화파는 공사 이노우에로 대변되는 일본의 지지를 받고 있었으나 일단 구성원의 양적 측면에서 소수파였다. 아울러 정변출신이라는 정치적 약점은 온건개화파로 하여금 그들을 내각의 동료로 수용하는 것을 어렵게 했다(왕현종, 2003: 219-220). 복권 직후 박영효가 고종에게 올린 상소(1894. 8.)에서 '현재 내각인사들의 교체'를 요구했던 것(왕현종, 2003: 220)은, 그와 같은 정치지형을 파악하고 미리 내각 안에 자신의 입지를 다지기 위한 포석이었을 것이다.

새로운 내각이 성립된 이후 일본이 자신들의 입장에 동조하는 인물들로 그 구성을 추진했다면 박영효의 행보는 달라졌을 가능성이 있었을지도 모른다. 하지만 이는 두 가지 측면에서 기대하기 어려운 것이었는데, 첫째 내각 및 실무 관료들을 구성할 만한 유력 친일인사들의 수가 많지 않았다. 둘째 설령 만족할 만한 수의 인사가 있었다고 하더라도 일본이 그들을 중심으로 내각을 구성했을 가능성은 낮다. 전술했듯이 일본은 조선의 내각이 여러 계파로 갈등하는 것을 원했으며, 그로 인한 내각의 무능력을 활용하여 자국 고문의 역할을 강화함으로써 조선 정부를 통제하고자 했기 때문이다(왕현종, 2003: 187). 따라서 공사 이노우에가 박영효에게 걸었던 기대가 온건개화파들에 대한 대항마 이상이었을 가능성은 매우 낮다. 박영효 역시 이를 잘 알고 있었을 것인바, 고종의 권한을 강화하여 그것을 자신의 정치적 배경으로 삼으려던 그의 행보는 이 같은 정세에 대한 판단에서 비롯되었음이 분명하다.

「교육강령」은 이와 같은 정세 속에서 특히 조선 정부 내 개화파 간 갈등이 점증하고 공사 이노우에의 영향력하에 개혁이 추진되는 과정 중에 출현한 것이었다. 고종 및 민비와 연계된 급진개화파는 「교육강령」가 발표된 1895년 2월에 이르러 온건개화파와 대등한 경쟁이 가능할 정도로 그 세력을 성장시켰다(杉村濬, 1932: 184). 「교육강령」이 김홍집, 박정양, 박영효의 명의로 발표된 것은 이와 같은 정세의 추이를 반영하고 있는 것으로 보인다. 흥미롭게도 이 세 사람은 각각 온건개화파, 정동파, 급진개화파를 대표하는 인물들이었다. 개혁과 관련된 이들의 입장차이를 군주권과 관련해 살펴보면 다음과 같다. 이 세 계파는 갑오개혁 초기부터 군주권의 제한을 주장해 왔다. 온건개화파는 「교육강령」 발표시기까지 그러한 입장을 유지하고 있었다. 반면, 정동파와 급진개화파는 이 당시 미묘한 입장 변화를 보이는데, 박정양 등 정동파는 사상적으로 보면 미국식 공화정에 대해서도 가장 관용적인 태도를 취하고 있었지만, 개별 국가의 역사와 정치 현실을 고려할 때 그것을 조선에 실현할 수 있다고 생각하지는 않았다. 오히려 1차 갑오개혁 이후 조선의 자주적 개혁의 급선무를 일본의 간섭 배제로 보고 이를 위한 하나의 방편으로 군주권의 강화를 생각하게 된다. 반면, 박영효로 대표되는 급진개화파의 입장 변화는 좀 더 급속하고 극단적인 것인바, 갑신정변 이전부터 줄곧 군주권의 제한을 주장해 왔던 박영효의 경우 내각에서의 입지 강화를 위해 급속도로 군권중심 개혁으로 선회했던 것이다. 이러한 그의 입장을 잘 보여 주는 것이 「교육강령」 발표 직전 반포된 「홍범14조」[9]의 내용이다. 공사 이노우에 및 박영효의 주도하에 마련된 이 개혁조항은 "대군주는 정전에 나와서 정사를 본다."라는 내용을 포함하여 군국기무처 주도하의 개혁에서 배제되었던 군주의 정치참여를 보장하고 있으나, 곧바로 "정무는 직접 대신들과 의논하여 결재하며, 왕후나 후궁, 종친이나 외척은 정사에 관여하지 못한다."라고 규정함과 동시에, "왕실에 관한 사무와 국정에 관한 사무는 반드시 분리시켜서 서로 혼합됨이 없도록 한다."라고 명시하였다. 즉, 절대군주로서의 권한을 제한하고 왕실의 정치참여를 원천적으로 금지하고 있다. 이는 물론 앞서 언급했던 공사 이노우에로 대표되는 일본의 조선정책을 드러내고 있기도 하거니와, 당시 박영효가 처해 있던 정치적 입장에도 부합하는 것이다. 다시 말해, 그에게 군주권의 강화는 자신의 정치적 입지를 다지기 위한 포석에 지나지 않았던 것이라 할 수 있기 때문이다.

이상의 정세를 통해 보았을 때, 김홍집을 위시한 온건개화파들이 「교육강령」을 집필했을 것으로 보는 것은 일단 가장 가능성이 낮다고 할 수 있겠다. 교육권을

---

9) 『고종실록』, 고종 31년(1894) 12월 12일. 이하 『조선왕조실록』의 인용은 국사편찬위원회의 조선왕조실록 사이트(http://sillok.history.go.kr/)를 이용하였음을 밝힌다.

군주권으로 규정하는 것을 핵심으로 하는 「교육강령」은 그들의 정치적 기획에 부합하지 않기 때문이다. 아울러 그러한 사상적 차원에서뿐만 아니라, 직접적인 정치공학적 차원에서도 반대파들이 군주권 강화를 통해 자신들을 배제하고자 했다는 것을 감안한다면 복잡한 세력구도 속에서 이를 받아들일 수밖에 없었다고 하더라도 그들이 직접 집필했을 것으로 보기에는 무리가 있다.

역으로 다른 파벌의 입장에서 「교육강령」의 집필 및 발표는 환영할 만한 일이었을 것이다. 이에 따를 때 「교육강령」의 실제 작성자에 가장 부합하는 것은 일단 박정양으로 보인다. 이러한 판단에 대한 가장 강력한 근거는 당시 그가 학무대신의 자리에 있었다는 사실이다. 그는 1887년 미국 초대 특명전권공사로 파견되었을 당시 얻은 미국에 대한 정보들 및 그에 대한 평가 등을 정리한 『미속습유(美俗拾遺)』에 이미 교육을 통한 조선의 개혁을 제시한 바 있는데, 여기에 군주권 강화를 통한 개혁추진의 입장을 결합시킨다면 군주권으로서의 교육권을 그 핵심내용으로 하는 「교육강령」을 박정양의 작품으로 간주하는 것은 자연스러워 보인다.[10]

그러나 연구자들이 보았을 때, 이러한 객관적 조건 이외에 박정양의 저작들에서 「교육강령」과 직접적인 연관성을 드러내는 내용은 발견되지 않는 것 같다. 오히려 당대의 정세 및 「교육강령」 포고 이전 저작에서 확인되는 연관성의 측면에서 그 집필자로 특정될 가능성이 높은 것은 박영효일 것이다. 전술했던 당대 정세뿐만 아니라, 「건백서」에서 드러나듯이 그 역시 일찍부터 교육을 통한 개혁을 강력하게 천명해 온 바 있었다. 아울러 그가 당대 조선의 개화파 중에서도 프로이센식 정체를 성공적으로 도입한 것으로 판단되는 메이지 유신을 이상적인 조선의 개혁모델로 가장 강력하게 사고했던 인물이라는 점 역시 그 근거가 될 것이다. 일본의 경우 「제국헌법」(1889)을 통해 관료들에 의한 왕권 제한의 여지를 확보함과 동시

---

10) 혹은 여기에 1867년 이래 그와 정치적 행보를 함께했던 이상재를 포함시킬 수도 있을 것 같다. 1차 갑오개혁 시기 박정양이 학무아문 대신이 되면서 학무아문 참의에 등용된 이상재는 이후 을미개혁에 이르기까지 학무아문 및 학부의 관료로서 박정양과 함께 조선의 교육개혁을 주도한 바 있다. 따라서 「교육강령」의 작성을 박정양으로 특정할 수 있다면, 이는 이상재와의 공동작업일 가능성이 높은데, 이상재는 1881년 박정양이 신사유람단의 일원으로 일본을 시찰했을 시 보좌관으로서 그를 수행하였으며 귀국 후 국왕에게 제출한 『일본국문견조건(日本國聞見條件)』의 집필을 보조한 바 있다(유영익, 2002: 205). 또한 『미속습유』의 집필 역시 보조하였다(유영익, 2002: 207).

에 「교육칙어」(1890)를 관료주도의 주체양성의 근거로서 마련했었다. 「홍범14조」 (1894)와 「교육강령」(1895)의 관계는 「제국헌법」과 「교육칙어」의 관계에 유비할 수 있는 것으로 이와 같은 개혁진행에 가장 부합하는 인물이 박영효임은 분명하다.

물론 이에 대한 이노우에의 정치적 압력을 무시할 수는 없다. 「홍범14조」의 내용들은 이노우에가 공사로 부임한 직후(1894년 10월 23, 24일) 조선 정부에 요구한 '내정개혁 20개 조항'을 거의 그대로 수용한 것이었고(왕현종, 2003: 225-228), 「교육강령」 발표 직후인 1895년 3월 25일 발표된 「내각관제(內閣官制)」는 「제국헌법」을 "거의 그대로 번역한 것이었다"(왕현종, 2003: 230). 그러나 그 내용상의 유사성 및 개혁 법제와의 관계를 들어 이노우에가 「교육강령」의 작성 및 발표에까지 영향을 주었을 것으로 보기에는 무리가 있다.

일단 당시 일본의 대외 정책은 보호국 혹은 식민지의 교육정책까지 구체적으로 고려하는 수준에 이르지 못했다는 점을 들 수 있다(한용진, 2009: 80). 비슷한 시기 대만을 식민지화한 일본이 대만의 교육제도 운영에 관한 정부차원의 합의가 1898년에 가서야 일정 정도 이루어졌다(駒込武, 2002: 516-529 참조)는 사실이 이를 방증한다. 아울러 공사 이노우에가 1894년까지 조선에 요구했던 개혁정책 중에 교육과 관련된 것은 장교 양성, 유학 장려와 같은 협소한 영역들에 불과했을 뿐[11] 국민 전체를 대상으로 하는 교육정책과는 거리가 먼 것들이었다.[12]

구체적인 조선의 교육제도 개혁에 관한 의견을 일본정부에 제출한 것은 「교육강령」 발표 약 한 달 전인 1895년 1월 4일로, 여기서 이노우에는 조선의 교육법 등을 "구제(舊制)를 참작하여 개량"해야 하며 이를 위해 학무아문에 "고문관을 초빙하는 일이 가장 시급한 과제"[13]임을 개진하고 있다. 그 고문관은 "근세의 교육법에 밝고 아울러 한문에 능한 인물"로 "현직에 있거나 또는 현직을 떠난 문학 교

---

11) 이노우에의 전임 공사였던 오토리 게이스케(大鳥圭介: 1832-1911)는 이에 비해 보다 전국 차원에서의 소학교 설립, 그와 연관된 중등·고등교육기관의 설립 등 보편적인 교육제도에 관한 안을 제시한 바 있다. 그러나 이는 청에 대한 견제의 의미를 포함한 것이지 조선의 항구적 개혁을 의도한 것은 아니었으며, 궁극적으로 일본 정부의 공식적 입장이 아니라 오토리 개인의 기획이었던 것으로 보인다(한용진, 2009: 80).

12) 일본정부가 조선의 교육제도에 구체적으로 개입하기 시작한 것은 "제1차 한일협약에 의해 일본인 고문을 통한 내정간섭 체제를 공식적으로 만든" 1904년 이후이다(駒込武, 2002: 524).

13) 駐韓日本公使館記錄 7권, 機密第3號, 朝鮮政府學務衙門ノ顧問官ニ充ッ可キ人物選擇方御依賴ノ件.

육가로서 혹은 민간에서라도 위와 같은 자격이 있는 합당한 인물"[14]이어야 함을 강조하고 있다. 그러나 갑오개혁 전후로 학무에 관여했던 일본 고문들[15] 중 이 요구에 상응하는 인물은 노노무라 긴고로(野野村金五郎)가 유일한데, 그의 임용은 1895년 6월로 추정되지만(김경미, 1998: 101) 그가 「교육강령」 작성에 영향을 주었을 것으로 보이지는 않는다. 따라서 만일 「교육강령」의 작성 및 발표를 박영효가 주도했다고 한다면 이는 공사 이노우에의 영향보다 박영효 자신의 의지에 의한 것이었을 가능성이 높다고 하겠다.

2) 유길준·박영효의 교육개념에 대한 인식과 「교육강령」

(1) 유길준의 삼육론

여기서 특기할 만한 인물이 아마도 유길준일 텐데, 다수의 선행연구들이 그의 『서유견문』과 「교육강령」의 내용상 유사성을 분석한 바 있기 때문이다. 여기서 차후 논의의 전개를 위해 좀 길기는 하지만 「교육강령」의 전문을 제시한다.

조령(詔勅)을 내리기를, "짐(朕)이 생각해 보면 우리 조종(祖宗)이 나라를 세우고 정통을 물려준 것이 이제는 504년이 지났으니, 실로 우리 열성조의 교화와 은덕이 사람들의 마음속에 깊이 스며들고 또 우리 신하와 백성들이 충성과 사랑을 능히 다한 것에 말미암는 것이다. 그래서 짐은 한없는 큰 대운(大運)을 물려받고 밤낮으로 공경하고 두려워하면서 오직 조종의 가르침을 이어 나갈 뿐이다. 너희들 신하와 백성은 짐의 마음을 체념하라. 오직 너희들 신하와 백성의 선조는 우리 조종이 돌보고 키워 준 어진 신하와 백성이었으니, 너희들 신하와 백성들도

---

14) 駐韓日本公使館記録 7권, 機密第3號, 朝鮮政府學務衙門ノ顧問官ニ充ツ可キ人物選擇方御依賴ノ件.

15) 갑오개혁을 전후로 조선의 학무 관련 일본고문들은 이노우에의 이와 같은 요구 이전에 이미 조선에서 활동하던 인물들이거나 「교육강령」 발표 이후에 파견된 인물들이다. 또한 교육학 전문가들이나 일본 문부성 출신 관료들도 아니었다. 「교육강령」 발표 이전 일어학교 교관직을 맡고 있었던 나가시마 간지로(長島岩次郎)의 경우 경성상업회의소 서기 출신이었다. 「교육강령」 발표 이후 학부 고문으로 활동한 것으로 보이는 노노무라 긴고로와 다카미 가메(高見龜)는 각각 메이지법률학교의 관료 및 「時事新報」(후쿠자와 유키치 창간)의 조선 특파원 출신 인물들이다(나가시마 간지로의 岩은 문헌에 따라 巖 혹은 嵒, 嵓 등으로 표기됨).

너희 선조의 충성과 사랑을 능히 이어서 짐의 돌봄과 키움을 받는 어진 신하와 백성들이다. 짐은 너희들 신하와 백성들과 함께 조종의 큰 기반을 지켜 억만 년의 아름다운 운수를 이어 나갈 것이다.

아! 백성을 가르치지 않으면 나라를 굳건히 하기가 매우 어렵다. 세상 형편을 돌아보면 부유하고 강성하여 독립하여 웅시(雄視)하는 여러 나라는 모두 그 나라 백성들의 지식이 개명하고 지식이 개명함은 교육이 잘됨으로써 말미암은 것이니, 교육은 실로 나라를 보존하는 근본이다. 그러므로 짐이 임금과 스승의 자리에 있으면서 교육하는 책임을 스스로 떠맡고 있다. 교육에는 또한 그 방도가 있으니, 허명과 실용의 분별을 먼저 세워야 할 것이다. 책을 읽고 글자를 익히어 고인(古人)의 찌꺼기만 주워 모으고 시대의 큰 형국에 어두운 자는 문장이 고금보다 뛰어나더라도 쓸모가 전혀 없는 서생(書生)이다. 이제 짐은 교육하는 강령(綱領)을 제시하여 허명을 제거하고 실용을 높인다. 덕양(德養)은 오륜의 행실을 닦아 풍속의 기강을 문란하게 하지 말며, 풍속과 교화를 세워 인간 세상의 질서를 유지하고 사회의 행복을 증진시킬 것이다. 체양(體養)은 동작에는 일정함이 있어서 부지런함을 위주로 하고 안일을 탐내지 말며 고난을 피하지 말아서 너의 근육을 튼튼히 하며 너의 뼈를 건장하게 하여 병이 없이 건장한 기쁨을 누릴 것이다. 지양(智養)은 사물의 이치를 연구하는 데서 지식을 지극히 하고 도리를 궁리하는 데서 본성을 다하여 좋아하고 싫어하며 옳고 그르며 길고 짧은 데 대하여 나와 너의 구별을 두지 말고 상세히 연구하고 널리 통달하여 한 개인의 사욕을 꾀하지 말며 대중의 이익을 도모하라. 이 세 가지가 교육하는 강령이다.

짐이 정부에 명하여 학교를 널리 세우고 인재를 양성하는 것은 너희들 신하와 백성의 학식으로 나라를 중흥시키는 큰 공로를 이룩하기 위해서이다. 너희들 신하와 백성은 임금에게 충성하고 나라를 사랑하는 심정으로 너의 덕성, 너의 체력, 너의 지혜를 기르라. 왕실의 안전도 너희들 신하와 백성의 교육에 달려 있고 나라의 부강도 너희들 신하와 백성의 교육에 달려 있다. 너희들 신하와 백성에 대한 교육이 훌륭한 경지에 이르지 못하면 짐이 어찌 나의 정사가 성공했다고 하며 짐의 정부가 어찌 감히 그 책임을 다하였다고 말할 수 있겠는가? 너희들 신하와 백성들도 교육하는 방도에 마음을 다하고 힘을 협조하여 아버지는 이것으로 그 아들을 이끌어 주고, 형은 이것으로 그 동생을 권하며, 벗은 이것으로 도와주는 도리를 실행하여 그치지 않고 분발해야 할 것이다. 나라의 한에 대적할 사람은 오직 너희들 신하와 백성이요, 나라의 모욕을 막을 사람도 너희들 신하와 백성이며, 나라의 정치 제도를 닦아 나갈 사람도 너희들 신하와 백성이다. 이것은 다 너희들 신하와 백성의 당연한 직분이지만 학식의 등급에 따라 그 효과의 크기가 결정된다. 이러한 일을 하는 데서 조그마한 결함이라도 있으면 너희들 신하와 백성들도 오직 우리들의 교육이 명백치 않기 때문이라고 말하면서 상하가 마음을 합치기에 힘쓰라. 너희들 신하와 백성의 마음은 또한 짐의 마음인 만큼 힘써야 할 것이다. 이러해야 짐은 조종의 덕을 드러내어 천하에 빛내고 너희들 신하와 백성들도 너희 조상의 효성스러운 자손으로 될 것이니, 힘써야 할 것이다. 너희들 신하와 백성들이여, 짐의 이 말대로 하라." 하였다.[16]

---

16) 詔曰: 朕惟我祖宗이 業을 創ᄒ사 統을 垂ᄒ심이 玆에 五百四年을 歷有ᄒ시니 實我列朝의 敎化와 德澤이 人心에 浹洽ᄒ심이며 亦我臣民이 厥忠愛롤 克殫ᄒ옴을 由홈이라. 이럼으로 朕이 無疆ᄒᆫ 大歷服을 嗣ᄒ야 夙夜에 祗懼ᄒ야 오작 祖宗의 遺訓을 是承ᄒᄂ니 爾臣民은 朕衷을 體ᄒ지어다. 오작 爾臣民의 祖先이 我祖宗의 保育ᄒ신 良臣民이니 爾臣民도 亦爾祖先의 忠愛롤 克紹ᄒ야 朕의 保育ᄒᄂ 良臣民이라. 朕이 爾臣民으로 더부러 祖宗의 丕基롤 守ᄒ야 萬億年의 休命을 迓續ᄒᄂ니 嗚呼라 民을 敎치 아니면 國家롤 鞏固케ᄒ기 甚難ᄒ니 宇內의 形勢롤 環顧ᄒ건디 克富ᄒ며 克强ᄒ야 獨立雄視ᄒᄂ 諸國은 皆其人民의 知識이 開明ᄒ고 知識의 開明홈은 敎育의 善美홈으로 以홈인 則敎育이 實로 國家保存ᄒᄂ 根本이라. 是以로 朕이 君師의 位에 在ᄒ야 敎育ᄒᄂ 責을 自擔ᄒᄂ니 敎育도 ᄯᅩᄒ 其道가 有ᄒ지라. 虛名과 實用의 分別을 先立홈이 可ᄒ니 書롤 讀ᄒ고 字롤 習ᄒ야 古人의 精粕만 撮拾ᄒ고 時勢의 大局에 曚昧ᄒ 者ᄂ 文章이 古今을 凌駕ᄒ야도 一無用ᄒ 書生이라. 今에 朕이 敎育ᄒᄂ 綱領을 示ᄒ야 虛名을 是祛ᄒ고 實用을 是崇ᄒᄂ니 曰 '德養'은 五倫의 行實을 修ᄒ야 俗綱을 紊亂치 勿ᄒ며 風敎롤 扶植ᄒ야써 人世의 秩序롤 維持ᄒ고 社會의 幸福을 增進ᄒ라. 曰 '體養'은 動作에 常이 有ᄒ야 勤勵홈으로 主ᄒ고 惰逸을 貪치 勿ᄒ며 苦難을 避치 勿ᄒ야 爾筋을 固케 ᄒ며 爾骨을 健케 ᄒ야 康壯無病ᄒ 樂을 享受ᄒ라. 曰 '智養'은 物을 格ᄒ미 知롤 致ᄒ고 理롤 窮ᄒ미 性을 盡ᄒ야 好惡, 是非, 長短에 自他의 區域을 不立ᄒ고 詳究博通ᄒ야 一己의 私롤 經營치 勿ᄒ며 公衆의 利益을 跂圖ᄒ라. 曰此三者ᄂ 敎育ᄒᄂ 綱紀니 朕이 政府롤 命ᄒ야 學校롤 廣設ᄒ고 人材롤 養成홈은 爾臣民의 學識으로 國家의 中興大功을 贊成ᄒ기 爲홈이라. 爾臣民은 忠君, 愛國ᄒᄂ 心性으로 爾德, 爾體, 爾智롤 養ᄒ라. 王室의 安全홈도 爾臣民의 敎育에 在ᄒ고 國家의 富强홈도 爾臣民의 敎育에 在ᄒ니 爾臣民의 敎育이 善美ᄒ 境에 抵치 못ᄒ면 朕이 엇지 굴ᄋ디 '朕의 治가 成ᄒ다' ᄒ며 朕의 政府가 엇지 敢히 굴ᄋ디 '其責을 盡ᄒ다' ᄒ리오? 爾臣民도 敎育ᄒᄂ 道에 心을 盡ᄒ며 力을 協ᄒ야 父가 是로써 其子에게 提誘ᄒ고 兄이 是로써 其弟에게 勸勉ᄒ며 朋友가 是로써 輔翼ᄒᄂ 道롤 行ᄒ야 奮發不已ᄒ지어다. 國家의 愾롤 敵홀 이 惟爾臣民이며 國家의 侮롤 禦홀 이 惟爾臣民이며 國家의 政治制度롤 修述홀 이 亦惟爾臣民이니 此皆爾臣民의 當然ᄒ 職分이어니와 學識의 等級으로 其功效의 高下롤 奏ᄒᄂ니 此等事爲上에 些少ᄒ 欠端이라도 有ᄒ거든 爾臣民도 亦惟曰호디 '我等의 敎育이 不明ᄒ 然故라'ᄒ야 上下同心ᄒ기롤 務ᄒ라. 爾臣民의 心은 ᄯᅩᄒ 朕의 心이니 勖홀지어다. 若玆홀진디 朕이 祖宗의 德을 揚ᄒ야 四表에 光홀지며 爾臣民도 亦惟爾祖先의 肖子孝孫이 되리니 勖홀지어다. 爾臣民이여 惟朕此言『고종실록』, 고종 32년(1895) 2월 2일.

특히 학업(學業)에 있어서 "허명과 실장(實狀)의 분별"을 논하는 『서유견문』의 내용과 교육의 방법으로서 "허명과 실용(實用)의 분별"을 말하고 있는 「교육강령」의 내용 및 형식상 흡사함이 주목을 받은 바 있다. 또한 『서유견문』에 나타난 '삼육(三肓) 사상'과 「교육강령」이 제시하는 교육목표로서의 '삼양(三養)'의 유사성 또한 주요한 분석대상이었다. 이는 유길준이 「교육강령」을 작성했을 가능성을 높게 볼 수 있는 근거로 보인다. 그러나 배움과 가르침에 있어 '허명'과 '실용'의 구분은 비단 유길준 고유의 것이 아니라 실학의 융성기부터 이미 존재했던 것이라는 사실을 유념해야 한다. 이는 개화사상가들에게는 좀 더 보편적인 것이었는데, 당장 박영효의 경우에도 「건백서」에서 학문에 있어서 "실용을 앞세우고 그 뒤에 글의 화려함을 추구해야 한다(先其實用, 而後其文華)."라고 말하고 있다. 오히려 유길준의 고유함은 '삼육 사상'에 있을 것인데, 다수의 선행연구가 『서유견문』에서 교육의 '삼대강(三大綱)'으로 명시된 '도덕교육, 재예(才藝)교육, 공업교육'(『서유견문』: 118-119)을 '덕지체'의 삼육교육에 유비시키고 있다.

그러나 김성학은 『서유견문』이 체육에 대한 언급을 전혀 하고 있지 않다는 면에서 '삼대강'을 삼육으로 판단할 수 없다고 하였으며(김성학, 1996: 81), 전민호는 유길준 자신의 발언을 근거로 이것이 '정덕·이용·후생'에 대응하는 것이지 삼육에 대응하는 것은 아님을 주장한 바 있다(전민호, 2014: 198). 반면, 오성철 역시 도덕, 재예, 공업교육은 체육을 결하고 있다는 데에는 동의하나, '삼대강' 외에 독립적으로 '체육교육'을 다루는 내용이 『서유견문』에 포함되어 있음을 근거로 유길준이 삼육교육을 수용하고 있었음을 주장하였다(오성철, 2015: 148). 김성학과 전민호의 분석을 『서유견문』에 삼육이 명시적으로 표현된 것은 아니라는 의미로 받아들인다면 두 연구자의 판단이 반드시 대립되는 것은 아닐 것이다. 오히려 선행연구들을 따라 그를 명시적으로 표현한 최초의 국내 문서로 「교육강령」을 특정한다면, 유길준이 『서유견문』 집필을 시작한 1885년, 혹은 탈고한 1889년 이전에 이미 삼육론을 인지하고 있었다는 것이 확인될 경우 「교육강령」의 작성자를 유길준으로 특정하는 것도 가능할 것으로 보인다.

이와 관련하여 김경미(1998: 95)는 『서유견문』과 「교육강령」의 차이를 근거로 유길준이 「교육강령」에 "자신의 교육론을 반영하는 한편, 실행을 위한 구체적인

방법론은 일본의 것(삼육론: 괄호내용 인용자)을 도입"했다고 분석하였다. 아울러 유길준이 삼육론을 도입한 것은 「교육강령」 집필 직전 시기 학무와 관련한 일본인들로부터 수용된 것으로 판단하고 있다. 김성학 역시 이보다 앞서 동일한 판단을 내린 바 있었다(김성학, 1996: 81). 그러나 본 연구자들이 보았을 때, 유길준이 「교육강령」 집필의 와중에서야 삼육론을 받아들였던 것 같지는 않다. 그 근거는 유길준이 삼육론의 한 전통을 이루고 있는 스펜서의 사상을 조선에서 최초로 수용한 인물이며, 그 시기는 빠르면 1881년, 늦어도 1883년으로 볼 수 있기 때문이다. 1880년대의 유길준에게 일본의 학계와 특히 모스(E. S. Morse)의 진화론이 강력한 영향을 미쳤다는 것은 다수의 선행연구(이광린, 1990; 유영익, 1997; 전복희, 1996; 이은송, 2008; 우남숙, 2010; 2011)가 자세히 밝혀낸 바 있다. 유길준이 게이오의숙(慶應義塾)에서 수학하던 시절(1881. 5.~1882. 1.) 일본의 사상계에는 다윈과 스펜서의 진화론이 괄목할 정도로 수용되어 있었으며, 특히 삼육론을 명시적으로 표방하는 스펜서의 교육론이 일본에 소개되어 연구되기 시작한 것은 늦어도 1876년부터였다(山梨あや, 2010: 320의 각주 17). 아울러 그의 『Education: Intellectual, Moral and Physical』이 번역된 것은 1880년인데[17], 특히 게이오의숙의 학생들은 그 이전부터 스펜서의 원서를 가지고 학습하고 있었다(山梨あや, 2010: 305).[18] 따라서 그가 삼육론을 인지한 시기를 1895년경으로 추정하는 것은 너무 늦다고 하겠다.

(2) 박영효의 삼육론

문제는 오히려 당대 조선의 개화 지식인들 중 삼육론, 그중에서도 체육을 인지하고 있었던 인물이 유길준만이 아니라는 점이다. 여기서 관심을 끄는 것은 박영

[17] 尺振八(세키 신파치) 역(1880). 『斯氏敎育論(스펜서 교육론)』, 東京: 文部省. 여기서 스펜서의 *Intellectual Education, Moral Education, Physical Education*은 각기 심지(心智)의 교육, 품행(品行)의 교육, 체구(體軀)의 교육으로 번역되었다.

[18] 『斯氏敎育論』은 1880년 12월의 교육령 개정을 통해 교과서로의 사용은 금지되었다(川瀨八洲夫, 1968: 149). 아울러 문부성 역시 1881년에 그 책의 출판을 중단했다(川瀨八洲夫, 1968: 149). 그러나 이 같은 사실이 민간 혹은 학계에서 이 책의 활발한 수용을 저해할 정도는 아니었던 것으로 보인다(赤塚德朗, 1993: 3-4; 川瀨八洲夫, 1968: 149-150; 한용진·최정희, 2014: 256).

효의 「건백서」인데, 박영효는 인민에 대한 교육을 논하면서(六日. 敎民才德文藝以
治本), 그 교육영역 혹은 내용에 명시적으로 체육을 포함시키고 있다. 하지만 그
표현에 있어서 인민의 건강을 논하는 항목에 다음과 같은 내용이 보인다.

> 양생(養生)이라는 것은 혈액을 보양하며 막힘없이 흐르도록 하여 신체를 튼튼
> 히 하는 것인데. 고로 처소를 깨끗이 하여 더러움을 막고, 절도 있게 먹고 운동하
> 는 것이 곧 양생의 근본입니다. 그러므로 그것의 요지를 의식주 세 가지 일이라
> 할 수 있겠습니다(養生者, 保養血液, 流通無滯, 而壯健身體也, 故處淨避汚, 而絕食運
> 動, 卽養生之本也, 是以其大旨, 以衣食住三事爲要: 四日. 養生以健殖人民).

여기서 의(衣)는 청결과 혈액의 보호 및 흐름에, 식(食)은 혈액의 생산에, 주(住)
는 의복과 함께 청결에 관련된 것으로 볼 수 있을 텐데, 그렇다면 운동은 어떤 것
과 관련된 것인지가 궁금해진다. 이는 바로 다음에 이어지는 언급을 통해 짐작할
수 있을 것 같다.

> 주거를 운동에 편하게 함으로써 막힘이 없도록 하고, 혹은 안에서 질병이 생기
> 거나 혹은 밖에서 더러운 것이 침입하면 즉시 의약으로 그것을 다스립니다(住居
> 便其運動, 免於閉塞, 內或有疾病之發, 外或有染汚之侵, 卽用醫藥而治之: 四日. 養生
> 以健殖人民).

일단 여기서 그가 말하는 운동이란 신체의 단련이나 정신의 수양을 목적으로
하는 계획된 스포츠와 같은 것이 아니라, 일상에서의 일반적 운신(運身)에 가까운
의미로 사용되고 있음을 확인할 수 있다. 그러므로 주거는 일상적 운신의 편안함
에도 관계되는 것이다.

앞의 내용이 주목할 만한 것인 이유는 일차적으로 스펜서의 체육론의 영향이
확인되는 것으로 보이기 때문이다. 물론 스펜서에게 있어 체육과 연관된 운동
은 분명 일상의 운신이 아니라 특수한 행위로서의 의미를 가지지만, 그것의 목
적은 아이의 건강이지 특수한 육체적 능력의 개발이나 신체의 단련과는 거리가

먼 것이다. 따라서 체육론의 주제로 '운동(bodily exercise)'에 앞서 '식사(feeding)'
와 '의복(clothing)'이 제시되고 있으며, 여기서의 운동 역시 신체개발만을 목적으
로 하는 형식적인 것[19]이 아니라 '본능에 의해 촉발된 운동'을 말하는 것이었다
(Spencer, 1860: 278-281). 따라서 체육의 목적이라는 차원에서 본다면 운동에 대
한 양자의 입장은 거의 유사하다고 하겠다. 아울러 박영효는 이를 교육과 관련하
여 사고한 것이 분명한데, 이는 「건백서」의 교육론에 등장하는 다음 언급을 통해
확인될 수 있다.

> <u>가르침과 인도를 받아 지식이 있는 자</u>는 혹 범죄를 저질러 벌을 받더라도 그
> 벌의 적용을 마땅하다고 달게 여겨, 죄에 대한 형벌을 받고서 잘못을 고칩니
> 다.… 대체로 무지하고 몰지각하여 제멋대로 행동하는 무뢰배들은… 죄명을 이
> 루 다 나열할 수 없는 악행을 행하면서, <u>양생과 음식 조절의 법을 알지 못하고</u>, 남
> 과 사귀어 세간에 처하는 도(道)도 알지 못하며, 삶을 헤아려 몸을 안전히 하는 방
> 도도 모르고, 분발하여 무언가를 펼쳐 일으켜 세우려는 뜻도 없습니다(受敎導而
> 有知識者, 或犯罪蒙罰, 甘其罰之至當, 服罪改過… 凡無知沒覺放蕩無賴之輩… 遂行
> 不可名狀之惡行, 而不知養生節飮食之法, 不知交人處世之道, 不知計活安身之方, 而
> 無分發振興之意, 밑줄 인용자).

(3) 유길준과 박영효의 체육론과 「교육강령」

스펜서의 영향이 보다 강하게 확인되는 『서유견문』에는 교육과 독립된 절에서
서양인들의 "양생(養生)하는 규칙"을 소개하고 있는데, 우선 신체건강을 도모하는
일을 '섭생(攝生)'으로 다시 개념화된 후 이에 관련된 세부사항들을 '지체운동(肢體
運動)', '침식(寢食)과 의복의 신중한 선택[택신(擇愼)]', '가실(家室)과 도로의 정결(精
潔), 국법 준수'로 나눈 후 각 사항들에 대한 서양의 사정을 말하고있다(『서유견문』:
283-287). 박영효가 주거를 운동에 관련시킴으로써 양생의 형태를 스펜서의 '운
동, 식사, 의복'에 맞추었던 반면, 유길준은 운동과 주거를 분리시킴으로써 외면적
으로는 스펜서의 논의에 수면과 주거, 국법 준수의 문제를 추가시킨 것으로 보인

---

19) 스펜서는 형식적인 것으로 '체조(gymnastics)'를 그 예로 들고 있다(Spencer, 1860: 278-279).

다. 그러나 유길준이 말하는 운동이 박영효의 운동과 그리 다른 것 같지는 않다.

> 지체운동(肢體運動)[20]은 사람이 동물이라 필요한 것인데, 만약 몸을 나태히 하
> 고 운동하는 습관이 없으면, 마음이 권태로워질 뿐더러 혈액의 순환하는 도수가
> 순조롭지 못하게 되어 근육과 뼈가 연약해지며, 연약해진 것으로 말미암아 질병
> 에 걸리기 쉽게 되고 말 것이다.… 그러나 이 운동은 군대의 조련이 아니므로 걷
> 고 싶은 자는 걷고, 타고 싶은 자는 타도 좋은 것이다. 두세 사람의 친구끼리 나
> 란히 단장을 비스듬히 끼고 휘파람을 부는 흥취로 숲 사이로 오르내리고, 시냇가
> 서 읊조리며 배회하다가 저녁 노을에 집으로 돌아가는 새를 벗삼아 한가로운 걸
> 음으로 돌아와도 좋다. 그렇지 않으면 자전거를 굴리거나 말을 타거나 하여 숲
> 사이에 그윽한 회포를 펴며, 해변가의 전망을 즐기다가 곧게 뚫린 대로를 달려서
> 돌아와도 좋다. 또 여름 · 가을의 저녁이라면, 조각배에 돛을 달고 푸른 파도에
> 비치는 저녁 경치를 희롱하며 물 위의 맑은 기운을 호흡하는 것으로 즐기는 자도
> 있는 것이다(『서유견문』: 284).

이와 같은 운동은 스펜서의 본성과 관련된 운동론을 상당 정도 수용한 결과로
보이지만, 스펜서의 운동이 스포츠나 놀이 중에서 본성으로부터 비롯된 것을 지
칭하는 데 반해, 유길준의 운동은 신체의 움직임을 통해 건강을 도모할 수 있는
운동 전반을 의미한다는 면에서 차이가 있다. 아울러 그것이 특별히 마련된 장소
가 아니라 생활공간을 그대로 이용한다는 면에서 박영효의 운동개념과 보다 유
사한 것이라 하겠다.

이들의 이러한 양생론을 「교육강령」의 '체양(體養)'과 비교해 보자. "동작에는
습관이 있으므로 부지런함이 주가 되게 하고 게으름과 편안을 탐내지 말며 고난
을 피하지 말아서 너의 근육을 튼튼히 하고 너의 뼈를 건장하게 하여 병 없는 건
장한 기쁨을 누릴" 것을 목적으로 하는 「교육강령」의 체양은 그들의 양육론 중 운
동론에 대응하고 있다. 아울러 습관으로서의 부지런함을 주요하게 언급하고 있
다는 면에서 일견 운동습관을 강조하는 유길준의 입장에 가까운 것처럼 보인다.

---

20) 세키 신파치(尺振八)는 스펜서의 'exercise of the limbs'(1860: 280)를 '사지를 동작하는 바의 운동
(四肢ニ動作スル所ノ運動)'(尺振八, 1880: 434)으로 옮기고 있다.

그러나 「교육강령」에서 말하는 동작이 특별한 행위가 아니라 일반적 운신을 말하고 있다는 면에서[21] 박영효의 운동 규정에 보다 가까우며, 그 일상의 운신을 통해 건강을 도모하고 있다는 것 역시 박영효의 양생론에 좀 더 근접해 있는 것으로 보인다. 따라서 삼육론을 근거로 「교육강령」의 유일 집필자로 유길준을 특정하는 것은 다소 무리가 있어 보인다.

(4) 유길준과 박영효의 통합적 교육개념과 「교육강령」

오히려 중요한 것은 박영효와 유길준이 「교육강령」에 부합하는 사유들을 적어도 1888년 이전에 이미 완성형태로 가지고 있었다는 사실이다. 오히려 「교육강령」에서 읽어 낼 수 있는 교수-학습을 담당하는 것은 신민(臣民)이며 군주는 이를 지원한다는 사상은 성리학적 교학체제와 별다른 충돌을 일으키지 않는 것이다. 내각이 민중에 의해 직접 선출된 것이 아니라는 점을 제외한다면, 구체적 작동과정만을 보았을 때 이는 입헌군주정에 준하는 모양새라고도 할 수 있을 것이다. 사실상 박영효와 유길준을 비롯한 당대 개화파들이 조선에 걸맞는 새로운 국체로서 입헌군주정을 생각하였던 것은 그것이 성리학적 체제에 가장 근접한 것이었기 때문이라고 할 수 있다. 완전한 입헌군주정[군민공치(君民共治)]으로 나아가기 위한 잠정적 단계로 사고되었던 '군신공치(君臣共治)'로서의 갑오내각 체제는 현실적으로나 이념적으로 그들이 선택할 수 있는 최선이었을 것이다.

잠정적 군신공치 체제의 교육을 통해 정치참여가 가능한 주체를 양성하고 그것이 충분히 성숙했을 때 군민공치의 입헌군주정으로 전환한다는 단계적 변혁론[22]이야말로 「교육강령」의 근간인 것이다. 그러나 본 연구가 주목하는 것은 「교육

---

21) 이진수(2007: 6)는 원문의 "動作有常/動作에 常이 有ㅎ야"에서 '유상(有常)'을 "법도(法度) 혹은 절도(節度)가 있다는 말이니 체조에서 볼 수 있는 신체 움직임의 절도를 말한 것"으로 해석한 바 있으나, 여기서의 '동작'은 전체 문맥상 특수한 움직임을 말하는 것이 아니라 일반적 의미의 운신으로 보는 것이 정확하다고 판단되므로 "동작에는 습관이 있으므로"로 옮겼다.

22) 황호철은 메이지 정부의 초기 교육정책에 대해 다음과 같은 비판적 평가를 내린 바 있는데 이러한 평가는 당대 조선 개화파들의 변혁론에도 공히 적용될 수 있는 것이다. "후쿠자와의 일본사회 경제적 상황인식을 거쳐서 다시 그의 민중교육론을 고찰해 보면 앞에서 지적한 바와 같이 1872년 이후의 「학제(學制)」 체제는 민중일반이 새로운 소학교 교육의 필요성을 좀 더 주체적으로 자각하지 않고 근대적인 교육제도의 창출을 떠받드는 사회경제적 조건이 미성숙한 단계에서 오히려 미

강령」에 나타난 그와 같은 사상에 대한 분석보다도, 그들이 왜 그러한 사상을 '교육'이라는 용어로 표현했는가에 있다. 여기에 실마리를 제공하는 것이 『서유견문』의 한 내용이다.

> 무릇 정부라고 하는 것은 그 직분이 항상 우리 사회에 정도가 행해지느냐 않느냐를 관찰하는 한편, 국민들의 안녕·질서가 잘 보존되고 있는가, 않는가를 살피는 데 있는 것이다.… 항차 교육은 <u>사람의 마음을 이끌며</u>, 사람의 몸을 이롭게 하고자 하는 근본 의도에서 나온 것인 만큼, 그 시행에 있어 무슨 장애가 있을 것인가(『서유견문』: 116-117; 밑줄 인용자).

후쿠자와 유키치의 『서양사정 외편(西洋事情外篇)』 중 「인민의 교육(人民ノ教育)」을 그대로 옮겨 놓고 있는 이 부분에서 유길준의 수정이 발견되는데, 강조된 부분의 원문은 "교육은 사람을 도와 이롭게 하는(敎育ハ其人ヲ益レ其人ヲ利; 『西洋事情 外篇』: 8)"이다. 즉, 유길준은 일반적 차원의 교육규정에 "사람의 마음을 이끈다(敎育은 人의 心을 導ᄒ며)"는 내용을 부가함으로써 '교화'가 가지고 있던 의미를 교육에 흡수시키고 있는 것이다. 물론 『서유견문』에서 '교화'라는 개념이 전혀 사용되지 않는 것은 아니나 이는 교육의 한 형태로, 즉 민중의 심성과 관련된 교육으로 나타나는 것이지 '교육'과 변별적인 것이 아니다.[23]

이와 관련하여 흥미를 끄는 것이 메이지 유신 초기 일본 학계에서 있었던 논쟁이다. 유신에 걸맞는 주체를 양성하는 정부정책을 어떤 개념으로 지칭할 것인가와 관련된 이 논쟁은, '교학(敎學)'을 지지하는 보수적 유학자들과 '교육(敎育)'을 지

성숙한 그것을 해결하기 위해서 의무교육의 보급을 강행하지 않으면 안 된다는 전도적(顚倒的)인 모순을 짊어진 체제였다. 따라서 강제 의무교육의 보급이 명치정부나 후쿠자와의 기대에도 불구하고 용이하게 진척이 되지 않았던 것도 당연한 결과라고 할 수 있을 것이다."(황호철, 2001: 65).

23) 오성철은 다양한 교육개념들이 '교육'과 큰 차이 없이 사용되고 있다는 것을 지적하면서, 그중 '교화'의 경우 '국가' 차원의 행위를 의미하는 '교육'보다 좀 더 일반적인 의미로 사용되고 있다고 판단하고 있다(오성철, 2015: 147). 그러나 '교화'가 그 주체의 차원에서 '국가교육'보다 넓은 의미를 가진다고 볼 수도 있겠으나, 그것이 사람의 심성에 특화된 것이라는 점, 그리고 정작 유길준이 교화의 대상을 '국민'으로 특정하고 있다는 점, 따라서 이 개념이 거의 '애국심'과 관련된 절에 한정되어 등장하고 있다는 점 등을 고려한다면, '교화'와 '교육'이 호환되고 있다기보다는 '교화'가 '교육'의 하위개념화되고 있다고 보는 것이 타당할 것이다.

지하는 유신지사들 사이에서 시작된 바 있다. 단순히 생각하면 교수행위를 학습과 결합하여 사고하는 것으로 보이는 전자의 개념이, 교수행위만을 의미하는 후자에 비해 현대적 교육을 표현하는 데 보다 적합한 것으로 보인다. 그러나 당대 일본의 정계 및 학계가 사고했던 '교학'은 민중의 학습행위까지 정책차원의 교육으로 통제한다는 의미의 개념이었다. 반면, '교육'은 정부가 민중의 사상세계에 개입해서는 안 된다는 보다 근대적 의미의 개념으로 사용되었다. 양자의 논쟁은 유신정부의 성격을 둘러싼 정계의 경쟁이 개념세계에 투영된 것으로 볼 수 있는데, 이 논쟁은 '교학'이 가진 의미를 '교육'이라는 개념형태로 표현하는 것으로 결착된다.

본 연구의 주요 분석대상인 「교육강령」과 자주 비교되는 메이지 유신기 「교육칙어」에는 이렇게 형성된 교육개념이 잘 반영되어 있는데, 유길준과 박영효의 일본체류 기간과 이러한 논쟁이 벌어졌던 시기가 일치한다. 일왕의 집무거부를 불러올 정도로 치열했던 논쟁을 두 인물이 인지하지 못했을 것이라고 보기에는 무리가 따르며, 이는 동시에 두 인물이 '교화'의 의미를 '교육' 개념이 흡수하는 과정에 대해 알고 있었다고 판단할 수 있는 근거이기도 하다. 물론 10여 년간의 전통교육을 받은 두 인물이 이 시기에 와서야 민중의 심성에 대한 교육작용을 인식했다고 볼 수는 없다. 다만 그 작용을 전통적인 '교화'가 아니라 '교육' 속에 포함시키는 개념작업을 앞에서 살펴본 논쟁의 영향하에서 수행했을 가능성이 높다고 보는 것이다.[24]

아울러 교육이 점차적으로 학습의 과정을 흡수해 가는 모습 역시 관찰된다. 이와 관련하여 「건백서」와 『서유견문』에서 공히 발견되는 것이 '피교육(被教育)' 혹은 '수교육(受教育)'이라는 표현이다. 조선의 역사 속에서 '교육을 받는다'는 의미의 이와 같은 표현은 거의 사용되지 않았다. 또한 사용된다고 하더라도 '교육지은(教育之恩)'과 같이 사대부들의 '학습'에 대한 군주의 도움을 의미하는 유가적인 것이었다.[25] 반면, 「건백서」에 등장하는 "교도를 받아 지식이 있는 자(受教導而有

---

24) 상기 논쟁에 대해서는 모리카와 데루미치(森川輝紀, 2002)의 연구를 참조할 수 있다.

25) "신 등이 전하의 가르쳐 길러 주신 은혜를 깊이 입었는데 조그마한 보탬도 드린 것이 없음을 부끄럽게 생각하여, 비록 조정(朝廷) 유사(有司)의 일이라 하더라도 오히려 마땅히 말씀드려야 할 것인데, 변두(籩豆)에 대한 일을 어찌 감히 입을 다물고 가만히 있겠습니까?(臣等深蒙教育之恩, 愧無絲毫之補, 雖朝廷有司之事, 尙當言之, 況此籩豆之事, 其敢含默而不白哉?)",『예종실록』, 예종 1

知識者)"나 "조금씩 교육을 받아 학식의 귀중함을 알게 된 자(然稍被教育知學識之貴者)"라는 표현들은 교육을 학습 이전의 작용으로, 좀 더 강력하게 해석한다면 학습 자체를 조장하는 작용으로 규정하는 입장을 보여 주고 있다. 이와 같은 의미의 표현은 『서유견문』에도 동일하게 나타나는데, "교도(教導)를 받아 지식이 풍족한 자라도"나 "교육을 받게 되면 지식의 귀함을 알게 되는 고로" 등이 그것이다. 물론 이는 『서양사정 외편』을 번역·수용하면서 후쿠자와의 번역[26]을 그대로 수용하고 있기 때문인 것이 사실이다. 그런데 이는 기계적 번역의 수준이 아니라 그들 나름의 해석에 의한 것으로 보인다. 특히 유길준의 "教導를 受ᄒ야 知識이 裕足ᄒ 者라도"는 『서양사정 외편』의 "인간의 지식을 교도하게 되면(人ノ知識ヲ 教導スルトモ)"을 번역한 것이다. 여기서 유길준이 지식의 습득과 지식의 교수를 능동-수동(혹은 피동)을 변형해 호환 가능한 것으로 이미 수용하고 있음을 알 수 있다. 즉, 교수-학습과정이 교수자 입장에서는 '교육'인 반면, 학습자 입장에서는 '학습'이 아니라 '피교육'으로 인식되고 있는 것이다. 이는 "사람을 가르쳐 지식을 기른다(人ヲ教育レ知識ヲ養; 『西洋事情 外篇』: 5-6)"라는 『서양사정 외편』 전반의 흐름을 그들이 수용한 결과로 보인다.

이상의 인식을 「교육강령」에 나타나는 교육에 대한 인식과 비교해 보자. 「교육강령」의 경우 덕·체·지의 함양이 신민 모두의 공동작업으로 규정되어 있다는 면에서 군주 및 사대부에 의해 교화될 대상으로 민(民)이 규정되고, 지의 함양은 사대부들의 과제로 규정되는 유가적 인식으로부터 벗어나 있는 모습을 보인다. 그러나 신민의 공동작업과 그를 지원하는 군주 및 정부의 정책이 아직 분리되어 인식되고 있다는 면에서 정부정책으로서의 '교육'과 신민의 자기개발로서의 '삼양(三養)'이 아직은 의미상 완벽히 통합되지 않은 모습 역시 관찰된다. 이는 「교육강령」의 작성자로 보이는 개화파 지식인들이 이미 도달해 있던 수준, 즉 양자의 의미를 통합하던 수준을 고려한다면 이례적인 일이다. 본 연구는 이 원인을 그들

년(1469) 1월 26일.

"더구나 신들을 동배들보다 특별히 교양해 주셔서 두터운 은혜가 뼛속에 사무쳤는데 어떻게 묵묵히 입을 다물고 전하의 은혜를 저버릴 수 있겠습니까?(況以臣等蒙被教養, 絶於等輩, 受恩之厚, 俠於骨髓, 安敢默默, 以負殿下哉?)", 『명종실록』, 명종 20년(1565) 8월 19일.

26) "教育ヲ被(『西洋事情 外篇』: 5)", "教育ヲ受(『西洋事情 外篇』: 8)".

의 단계적 변혁론에서 찾을 수 있다고 생각한다. 즉, 그들이 이상적으로 생각했던 입헌군주정의 차원에서 보았을 때, 덕·체·지의 함양은 모든 민중의 공통된 의무이자 권리로 이를 지원하는 정부의 사업은 일체화된 하나의 과정이다. 그들은 적어도 1888년 이전에 교화나 교도, 교학, 교수 등을 '교육'이라는 단일개념으로 통합적으로 표현하는 수준에 도달해 있었다. 하지만 그와 같은 정체에 도달하기 이전의 중간단계로서 아직은 민중의 자발적 자기개발에 의존하는 정체가 필요했던바, 「교육강령」에 드러나는 덕양·체양·지양의 삼양에 대한 입장은 그와 같은 과도기적 정세인식의 표현이라 할 수 있겠다.

3. 맺음말

이상에서 살펴본 바와 같이 다양한 교수-학습 관련 개념이 '교육'이라는 단일개념으로 통합되는 과정은 19세기 말 조선의 특수한 정세 속에서 추동된 것으로 보인다. 특히 '교화'와 '학습'의 의미가 '교육' 개념으로 흡수되어 가는 모습은 오늘날 우리의 언어 사용의 세계에서 '교육'이 가지고 있는 위상의 원형태로 간주될 수 있을 것으로 보인다. 여기에 사상적 영향을 끼친 것은 후쿠자와 유키치를 통해 수용한 서구사상 및 관련 개념어들이었다. 아울러 물론 당대 개화파 지식인들이 도달한 '교육' 개념으로의 의미통합 수준은 「교육강령」에 나타나 있는 것을 초월하고 있었다. 그러나 이는 관제문서이자 정책포고문으로서의 「교육강령」이 가진 성격에 그 원인이 있었던 것이기에 당대의 구체적 정세에 의해 제약받은 결과로 보는 것이 타당하다 하겠다.

반대로 이후 한반도의 역사 속에서 그와 같은 개념 통합이 일반화되었던 것으로 짐작할 수 있는데, 향후 연구는 그 과정을 추적하는 형태가 될 것이다. 즉, 1890년대 수준의 통합이 향후 어떤 방향으로 진행되었는지, 그리고 그에 영향을 미친 원인들은 어떤 것이었는지가 근대 한국의 언어 사용 개념 세계에서 '교육' 개념이 형성·변화·정착된 과정을 조망하는 데 있어서 밝혀내야 할 주요한 문제로 보인다.

📁 참고문헌

『고종실록』.
『명종실록』.
『예종실록』.
『駐韓日本公使館記錄』.

강성훈(2016). "『조선왕조실록』의 교수행위 관련 개념 분석". 『한국교육학연구』22(1).
김경미(1998). "갑오개혁 전후 교육정책 전개과정 연구". 연세대학교 대학원 박사학위논문.
김성학(1996). 『서구 교육학 도입의 기원과 전개』. 서울: 문음사.
박영효(1888). 「1888년 상소문」, http://db.history.go.kr/item/level.do?itemId=mh&setId=259265&position=0.
오성철(2015). "유길준의 교육개념에 대한 연구". 『한국교육사학』37(1).
왕현종(2001). "19세기말 개혁관료의 서구 정체인식과 입헌문제". 『한국사상사학』17.
왕현종(2003). 『한국 근대국가의 형성과 갑오개혁』. 서울: 역사비평사.
우남숙(2010). "유길준과 에드워드 모스 연구: 사상적 교류를 중심으로". 『동양정치사상사』, 9(2).
우남숙(2011). "사회진화론의 동아시아 수용에 관한 연구: 역사적 경로와 이론적 원형을 중심으로". 『동양정치사상』10(2).
유길준(1895). 『西遊見聞』. 채훈 주역(2003). 『서유견문』. 서울: 명문당.
유영익(1997). 『甲午更張硏究』. 서울: 일조각.
유영익(2002). "이상재(李商在)". 『韓國史市民講座』30.
이광린(1990). 『한국개화사연구』. 서울: 일조각.
이은송(2008). "유길준의 『서유견문』의 교육론 구상 전사(前史) -미국 유학을 중심으로-". 『교육사학연구』18(2).
이진수(2007). "체양에서 체육까지". 『스포츠인류학연구』2.
전민호(2014). "근대 삼육론의 전개와 한국적 수용". 『한국학연구』48.
전복희(1996). 『사회진화론과 국가사상: 구한말을 중심으로』. 서울: 한울.
한용진(2009). "갑오개혁기 일본인의 한국교육 개혁안 고찰: 근대화 교수용어 선택을 중심으로". 『교육문제연구』33.
한용진(2014). "근대 교육 개념 수용에 관한 개념사적 고찰". 『교육사상연구』28(1).
한용진 · 최정희(2014). "일본 메이지기(明治期) 삼육(三育) 개념의 도입과 전개". 『비교교육연구』 24(1).

한철호(1996). 「1880-90년대 친미 개화파의 개혁활동 연구」. 한림대학교 대학원 박사학위
논문.

황호철(2001). 「후쿠자와 유키치(福澤諭吉)의 실용주의 교육사상 연구」. 단국대학교 대학
원 박사학위논문.

古川昭(2002). 『舊韓末近代學校の形成』. 倉敷: ふるかわ海事事務所.

駒込武(1996). 『植民地帝國日本の文化統合』. 東京: 岩波書店.

駒込武(2002). 「第九章 植民地支配と教育」. 辻本雅史・沖田行司 編(2002), 『教育社會史:
新體系日本史16』. 東京: 山川出版社.

朴宗根(1982). 『清日戰爭と朝鮮』. 東京: 靑木書店. 박영재 역(1989). 『청일전쟁과 조선』.
서울: 일조각.

福澤諭吉(1872). 『西洋事情 外編』 卷之 3. 東京: 慶応義塾出版局.

山梨あや(2010). 「慶應義塾における「教育学」の創出過程: 慶應義塾発足時から大学部設
立1890(明治23)年まで」. 『哲學』 123, 299-322.

森川輝紀(2002). 「第七章 立身出世主義と近代教育」. 辻本雅史・沖田行司 編(2002), 『教
育社會史: 新體系日本史16』. 東京: 山川出版社.

杉村濬(1932). 『明治二十七二十八在韓苦心錄』. 東京: 勇喜社.

赤塚德朗(1993). 『スペンサー教育学の研究』. 東京: 東洋館出版社.

尺振八 譯(1880). 『斯氏教育論』, 東京: 文部省.

川瀬八洲夫(1968). 「H.スペンサーの教育思想-我国における受容の諸問題を中心にし
て」. 『東京家政大学研究紀要』 8, 145-153.

Spencer, H.(1860). *Education: Intellectual, Moral and Physical*. New York: A. L. Burt
Co..

제3장

『조선왕조실록』과 육(育) · 교(敎) · 학(學)

이 장에서는 오늘날 '교육'이라는 용어가 교수개념과 혼용되며, 학습자 참여중심의 교육현상을 충분히 반영하고 있지 못하다는 문제의식에서 출발하여, 『조선왕조실록』에 등장하는 다양한 교육 관련 용어를 통해 교육개념을 재정립해 보고자 한다. 『조선왕조실록』에 나타난 교육 관련 용어들에 대한 연역적(演繹的) 개념 분석을 위해, 바뇨니의 『동유교육』(1620)에서 논의된 '양육-교수-학습'을 '육(育)' · '교(敎)' · '학(學)'이라는 핵심적인 분석틀로 제안하고, 교육개념에 대한 각종 사전과 기존 교육학자들의 교육개념을 통해 분석틀의 적절성을 확보해보고자 하였다. 그 결과, 맹자의 '교육'이나 education의 번역어 '교육'은 모두 타인의 교수행위에 의한 수동적 배움을 중시하고 있음을 알 수 있는 데 반해 『조선왕조실록』에 나타나는 교육 관련 용어는 수동적으로 타인에 의해 길러지고 가르쳐진다는 '육'과 '교'의 개념 이외에도 스스로 배운다는 '학'의 개념을 중시하고 있음을 알 수 있다. 그런 의미에서 교육이라는 용어는 가르침[교(敎)]과 기름[육(育)]을 중시하는 교수 중심의 의미만이 아니라, 공자의 학이시습(學而時習)으로 설명되는 배움[학(學)]의 즐거움까지도 포함하는 육 · 교 · 학의 의미로도 해석될 수 있다.

주제어　조선왕조실록, 교수, 학습, 바뇨니(Vagnoni), 육 · 교 · 학

1. 머리말

1997년에 훈민정음과 함께 유네스코 세계문화유산으로 등록된『조선왕조실록』
은 조선시대의 대표적인 역사서로, 특정한 시기에 일괄 편찬된 것이 아니라 각 왕
이 승하하면 다음 왕 때에 춘추관 내에 임시로 실록청(實錄廳) 또는 일기청(日記
廳) 등을 설치하여 전왕대의 실록을 편찬하는 것을 원칙으로 삼아 만들어진 것이
다. 동아시아에서 왕의 실록을 편찬하는 작업은 당나라 때부터 시작되었지만 중
국실록 중에서 오늘날 남아 있는 것은『명실록(明實錄)』과『청실록(淸實錄)』뿐이다
(조선왕조실록 CD-ROM 간행위원회, 1995: 68). 우리나라의 경우 고려시대에도 이미
왕이 승하하면 반드시 그 왕의 실록을 편찬하여 특별히 설치한 사고(史庫)에 봉안
하는 제도를 두었는데, 현재『고려왕조실록』은 남아 있지 않기에 현존하는 것은
『조선왕조실록』뿐이다(한용진, 1997: 60).『한국민족문화대백과사전』에 의하면『조
선왕조실록』은 "조선 태조로부터 철종까지 472년간의 역사를 연월일 순서에 따라
편년체로 기록한 책"[1]이라고 되어 있다. 하지만 국사편찬위원회의 조선왕조실록
누리집[2]에는 26대『고종실록』과 27대『순종실록』까지도 포함하고 있기에, 이 글
에서는 태조부터 순종까지 518년간의 조선의 역사를 분석 대상으로 삼고자 한다.
『조선왕조실록』연구의 장점은 실록이 수백 년에 걸쳐 순차적으로 만들어진 사료
이기에, 실록에 등장하는 용어들은 각 시대적 상황을 반영하고 있어 시기별로 특
정 단어의 사용빈도를 통해 그 시대의 특성을 확인할 수 있다는 점이다.

　본 연구는 '교육'이라는 용어가 오늘날의 학습이 강조되는 현상을 충분히 반영
하고 있지 못하다는 문제의식에서 출발하여,『조선왕조실록』에 등장하는 다양한
교육 관련 용어를 통해 교육개념을 재정립하고자 한다. 다만『조선왕조실록』에
나타난 교육 관련 용어들을 귀납적으로 분석하기보다는 연역적 분석을 시도하고
자 한다. 어떤 용어가 일단 정해지면 사람들의 사고는 그 용어의 개념에서 벗어나
기 어렵게 된다. 교육이라는 단어가 '교'와 '육'으로 구성되는 순간, 우리는 '가르침

---

1) 한국민족문화대백과사전, http://100.daum.net/encyclopedia/view/14XXE0052160.
2) 국사편찬위원회『조선왕조실록』, http://sillok.history.go.kr/main/main.do.

[교(敎)]'과 '기름[육(育)]'이라는 두 가지 행위만을 연상하게 된다. 원래 교육이라는 단어는 『맹자』의 군자삼락장 중 "천하의 영재를 얻어 교육한다(得天下英才而敎育之)"에서 온 것이다. 하지만 최근의 교육학의 흐름은 근대 공교육 제도를 통해 강화된 교수학 중심의 가르침보다 스스로 찾아 익히는 배움론이나 학습학 등에 관심을 갖기 시작하였다(한준상, 2001; 辻本雅史, 1999). 특히 『논어』는 그 첫 문장을 '학이시습지(學而時習之)', 즉 '학습(學習)'으로 시작한다. 공자에게 있어서 교육행위는 스스로 배우고 때때로 익히는 행위에서 오는 즐거움, 즉 호학(好學)이었다.[3]

사토 마나부(佐藤學)가 현대 일본의 압축적 근대화과정에서 이룩해 낸 여러 가지 교육현상이나 문제를 '동아시아형 교육의 파탄(破綻)'이라 표현한 것도(矢野智司 외, 2009: 276), 현대 교육에 있어서 배움의 즐거움이 사라져 버린 현상과 무관하지 않을 것이다. 그런 의미에서 공부의 시작은 스스로 배우는 학(學)의 행위를 빼놓을 수 없다. 특히 교육 활동은 그 자체가 교사와 학생의 만남을 통한 교학상장(敎學相長)에서 출발하는 것이기에 개념적으로도 당연히 배움[학(學)]과 익힘[습(習)]의 실천적 자세를 포함하는 것이어야 한다. education의 어원과 개념의 규명을 통해 만들어진 분석틀로 『조선왕조실록』에 등장하는 다양한 교육 관련 용어를 유형화하고 그 빈도를 살펴보는 이유는 전통시대의 우리 교육을 또 다른 관점에서 이해하고자 하는 것이며, 이는 동시에 교육의 현대적 개념을 새롭게 해석하는 데에도 보탬이 될 것으로 기대되기 때문이다.

이와 관련된 주요 선행연구로는 다음의 4편이 있다. 시기 순으로 먼저 한용진(1997)의 "조선왕조실록의 교육관계기사 고찰"이라는 연구는 교육관계 용어를 ① 교육기관(궁중교육, 학교교육, 기타교육), ② 사범(궁중교육, 일반교육), ③ 과거제도(시험단계별, 시험내용별, 용어일반) 등으로 나누고 총 41개 항목의 빈도조사를 통해 시기별·왕별 교육 관심영역의 변화에 주목하고 있다.

지봉환(2011)의 "한국의 문화: 『조선왕조실록』에 나타난 교육관"이라는 연구는 선조 이후 순조까지 5가지 교육적 관점, 즉 ① 교육목적, ② 교육내용, ③ 교육방

---

3) 고요한은 '공맹(孔孟)의 호학론(好學論)'이라는 용어를 사용하며, "『논어』는 배움의 즐거움을, 『맹자』는 가르침의 즐거움을, 『예기』의 '중용, 대학, 학기' 편은 배움의 내용과 질서를 조직적으로 설명하고 있다."고 하였다(고요한, 2008: 51).

법, ④ 교육자, 그리고 ⑤ 기타 교육에 대한 관점으로 나누어 살펴보고 있다. 요즘 우리가 안고 있는 교육문제와 관련하여 의미 있는 내용을 제안해 주고 있다.

안세희[4]의 "『조선왕조실록』에 나타난 전통육아의 의미 고찰"이라는 연구는『조선왕조실록』에 나타난 전통육아의 실제를 ① 태교기(胎敎期), ② 보양기(保養期: 출생-이유 전), ③ 교양기(敎養期: 이유-입학 전)의 세 시기로 나누어 각 시기별 교육내용을 실록 속의 다양한 인용문으로 논증하고 있다. 기본적으로 세자 교육과 관련된 것이지만 전통육아의 관점에서 모든 사람에게 적용할 수 있음을 보여 주고 있다. 교육의 범주에 탄생 이전의 태교까지 포함시키고 있다는 점과 보양이나 교양이라는 단어를 사용하여 각 시기별로 실록 인용문을 통해 구체적인 사례를 보여 주는 것은 매우 큰 장점이다.

그리고 강성훈(2016)의 "『조선왕조실록』의 교수행위 관련 개념분석"(제6장 수록)이라는 연구는 실록의 '교수행위' 관련 개념을 분석한 것으로, 여기서 교수행위는 교수-학습과 관련된 개념들을 그 대상과 목적, 그리고 행위주체의 측면에서 구분하고 있다. 즉, ① 사대부들이 주체가 되어 왕자를 대상으로 하여 이루어지는 행위유형으로 보도(輔導), 보양(輔養), 계옥(啓沃)을, ② 군주가 주체가 되어 국가에 필요한 인재를 양성하는 것을 목적으로 하는 행위유형으로 교양(敎養)과 교육(敎育)을, ③ 일반 민중을 대상으로 하여 그들의 습속을 정화하는 것을 목적으로 하는 행위유형으로 교화(敎化), 덕화(德化), 무육(撫育)을 들고 있다. 그러나 앞의 네 연구들에서는 교육의 개념이 교수자-학생의 이분법적 관점에서 벗어나지 못하고 있다는 한계가 있다. 이는 교육의 개념이 어떻게 보는가에 의한 관점의 차이이다.

그런 의미에서 본 연구는 교육의 개념에 호학(好學)의 관점이 있음에 주목하여 단순히 보모나 교사의 일방적 관점이 아니라 배우는 학생의 입장까지도 포함하

---

4) * 태교기: ① 태교로 천지기운을 전하다, ② 아비는 친성(親性)으로 태교하다, ③ 어미는 심신(心身)으로 태교하다, ④ 주변의 적선(積善)으로 태교하다, ⑤ 나랏법으로 태교를 지원하다.

  * 보양기: ① 중용(中庸)의 의미대로 보양하다, ② 보양이 곧 성품(性稟)으로 전해지다, ③ 예(禮)와 악(樂)을 보양에 접목하다, ④ 공생(共生)의 이치로 보양하다, ⑤ 인심(人心)과 천심(天心)으로 보양하다.

  * 교양기: ① 본(本)을 보여 교양하다, ② 인간의 도리(道理)를 교양하다, ③ 놀이로 지각(知覺)을 교양하다, ④ 습관을 교양으로 형성하다, ⑤ 현명한 주변인을 통해 교양하다(안세희, 2013: 32-78).

여 논하고자 한다. 즉, 양육과 교수, 학습의 3박자를 토대로 실록에 등장하는 '교육' 관련 용어를 분류해 보고자 한다. 따라서 2절에서는 분석틀의 제안과 이에 대한 교육의 어원적·개념적 검증을 먼저 실시하고, 3절에서는 이러한 분석틀에 따라 『조선왕조실록』에 나오는 교육 관련 용어를 유형별로 분류해 보고자 한다. 그리고 4절은 맺음말로 조선시대 교육 관련 용어 연구를 통해 오늘날 '교육'이라는 용어의 개념적 재구성 가능성에 대하여 생각해 보고자 한다.

2. 교육 관련 용어의 분석틀과 교육개념

1) 양육-교수-학습: 육(育)·교(敎)·학(學)

『조선왕조실록』에 등장하는 교육 관련 용어들을 분석하기 위해서는 먼저 교육이란 무엇인가를 판단할 수 있는 분석틀이 필요하다. '육·교·학'이라는 용어는 바뇨니(A. Vagnoni)의 『동유교육(童幼敎育)』(1620)을 참고하여 기존의 교육이라는 단어가 담아내지 못하는 '배움'의 중요성을 포함시키기 위해 만든 조어(造語)이다.

김귀성의 번역본 『바뇨니의 아동교육론』의 목차(Vagnoni, 1620: 17-18)를 보면 상권 제일 첫 번째 장은 '교육의 근원'으로 시작된다. 바뇨니는 "집을 짓는 사람은 기초를 잘 다져야 하고, 농사를 짓는 사람은 땅을 잘 개간해야 하듯이, 어린이를 양육하는 데 있어서 부모는 반드시 그 기초가 된다."(Vagnoni, 1620: 23)라는 문장으로 책을 시작하고 있다. 교육의 근원은 바로 '부모'에게 있고, 자녀는 부모의 정혈(精血: 맑은 피)을 받아 이루어진 존재이기에 그 "심성의 맑고 탁함과 행실의 바르고 삿됨이 모두 그 자녀에게 유전적인 인자가 전해진다."(Vagnoni, 1620: 23)라고 논하고 있다.

이어서 2장에서는 '육지공(育之功: 아이를 기르는 방법)'으로 '유모'에 대하여 언급하고, 3장의 '교지주(敎之主: 가르치는 주체)'에서는 바로 '부모'가 가르침의 주인됨을 강조하고, 4장부터 6장까지는 교(敎)의 조(助)와 교의 법(法), 교의 익(翼)으로 교사가 부모를 도와 어린이를 어떻게 가르칠 것인가의 방법과 상벌의 균형을 다루고 있다. 그리고 7장의 '학지시(學之始: 배움의 시작)'와 8장의 '학지차(學之次: 배움의 순서)'에서는 배움에 대하여 언급하고 있다. 이후의 9장 '결신(潔身)'부터 하권 10장 '한희(閒戲)'까지 12가지 내용은 무엇을 배울 것인가, 혹은 가르칠 것인가로 오늘날의 교육과정에 해당한다.

교육에서 가르침이 우선할 때, 배우는 사람은 수동적으로 되기 쉽다. 근대 학교교육은 기본적으로 학생을 가르침의 대상으로 간주하고 국가적 차원에서 이미 정해진 교육내용을 교사가 잘 전달하고 이를 평가하는 것에 주목하였다. 그러나 17세기에 소개된 이 책을 보면 교육의 내용은 학생을 교육의 주체로 간주하고, 스스로 배워야 할 내용을 나열하고 있다. 즉, 교육의 관점을 교사 중심의 가르치고 기르는 '교육'에서 유모와 부모와 교사가 협업으로 기르고 가르치되 궁극적으로는 학생 스스로 배워야 할 내용으로 목차를 구성하고 있다. 이러한 교육에 관한 관점의 차이를 하나의 분석틀로 정리해 보면 〈표 3-1〉과 같다.

〈표 3-1〉 교육 관련 용어의 분석틀

분석틀	육(育)	교(敎)	학(學)
핵심 내용	타인에 의한 길러짐	타인에 의해 가르쳐짐	스스로 배움
『동유교육』(상권) 목차 (이 책 1장 참조)	② 육지공(育之功)	③ 교지주(敎之主) ④ 교지조(敎之助) ⑤ 교지법(敎之法) ⑥ 교지익(敎之翼)	⑦ 학지시(學之始) ⑧ 학지차(學之次)

2) education의 어원적·개념적 이해

분석틀로서 육·교·학의 적절성을 파악하기 위해 기존의 '교육'에 대한 사전적·어원적 이해와 개념적 이해라는 두 가지 방법을 통해 검토해 보고자 한다. 먼저, 1장에서도 살펴본 바와 같이 『옥스퍼드 영어사전(Oxford English Dictionary: OED[5])』에서 education의 사전적 의미를 정리해 보면, ① 양육하는 과정(the process of bringing up), ② 돌보는 과정(the process of looking after), ③ 수양(修養)

---

5) http://www.oed.com/.

또는 개발(the culture or development), ④ 체계적인 가르침이나 교수, 또는 훈련 (the systematic instruction, teaching, or training) 등이다(OED; 한용진, 2014: 343 참조). 즉, 기름[양육(養育)], 돌봄[보양(保養)], 닦음[수(修)], 가르침[교(教)] 등의 의미를 갖는다는 점에서 동서양의 교육 용어는 개념상 큰 차이가 없어 보인다.

하지만 서양어 'education'이라는 단어를 어원에 입각하여 살펴보면, 단순히 '가르침'과 '기름'의 행위보다는 '밖으로 끄집어내다[도출(導出)]' 혹은 특정 방향으로 '이끈다[인도(引導)]'라는 의미로 볼 수 있다. 모리 시게오(森重雄, 1999: 73-74)는 "라틴어 educit obstetrix(산파가 끄집어내기)나 educat nutrix(유모가 기르기)"라는 표현에서 알 수 있는 바와 같이 'educit'이나 'educat'은 우리가 교육(education) 개념에서 흔히 말하는 개성이나 능력을 '이끌어 낸다'고 하는 추상적인 의미는 전혀 없고, 단지 산파가 '끄집어내고', 유모가 '기르는' 매우 구체적인 행위를 나타내고 있다는 것이다. 하지만 초기의 산파나 유모의 활동과 관련된 교육개념은 점차 재능을 이끌어 내는 것으로 변화하기 시작하였다는 것이다.

임태평(1991: 109) 역시 피터즈(R. S. Peters: 1919-)의 교육개념은 "아동중심적인 이데올로기의 옹호자들이 만들어 낸 교육의 어원인 educere = '기르다' 혹은 '양육하다'와 관련이 있기보다는 오히려 educare = '끌어내다'와 관련이 있는, 즉 밖으로부터 부과보다는 안에 있는 것의 개발로 향한 개념에서 나온 것"이라 하였다. 19세기 후반 미국 유학에서 돌아와 일본 교육계에 지대한 영향을 끼친 노세 사카에(能勢栄: 1852-1895) 역시 『통신교수교육학(通信教授教育學)』(1886)에서, 교육을 "조물자가 부여하신 바인 사람의 능력을 이끌어 내고 끌어내는 것"으로 정의하였다(唐沢富太郎, 1980: 88). 이렇게 보면 'education(교육)'이라는 단어의 어원적 출발은 산파나 보모로부터 시작하여, 점차 재능을 '끄집어냄'이나 '이끌어 줌'과 관련되고, 이어 '가르침'이나 '기름'의 의미로 확산되었음을 알 수 있다.

둘째로, 개념적 이해와 관련하여, 이홍우(1991)는 『교육의 개념』이라는 책에서 "교육은 무엇인가"라는 질문을 통해 세 가지 개념을 제시하고 있다. 첫 번째는, '공학적(工學的) 개념'으로 교육을 "인간행동의 계획적인 변화"라고 정의하는 정범모(1925-)로 대표되는 교육의 '조작적 정의'를 들고 있다. 두 번째는, 피터즈로 대표되는 '성년식(成年式) 개념'으로 공학적 정의가 갖는 교육목적에 대한 중립성의 한계를 지적하며, '설득을 위한 교육'과 '이해를 위한 교육'을 구분하여 전자를 '교화(indoctrination)'로 후자를 '수업(instruction)'으로 구분하고 있다.[6] 즉, 교화와 수업의 구분을 통해 교육에 도덕적 문제가 개입될 소지가 있음을 보여 주고 있다. 세 번째는, 뒤르껨(E. Durkheim: 1858-1917)의 '사회화 개념'이다. 피터즈의 교육개념은 교육을 학교에서의 교과 수업과 관련된 지식과 이해에 한정하여 좁게 규정한다고 비판하며, 뒤르껨은 교육이란 "어린 세대를 대상으로 하는 체계적 사회화(社會化)"(Durkheim, 1922: 72)라고 정의하고 있다. 이때 사회화라는 용어는 '집단적 의식'과 관련되는 것으로 "이기적, 반사회적 존재로서의 개인이 집단적 의식을 내면화하도록 함으로써 그를 사회적 존재로 형성하는 과정"(이홍우, 1991: 110)을 의미한다는 것이다. 행동주의 심리학에 기반하는 공학적 개념은 교육을 계획적 행동변화에 주목한 데 반해, 피터즈나 뒤르껨은 교육을 통한 도덕적 가치 전달 가능성을 열어 주고 있다. 즉, 단순히 밖으로부터 '교화 혹은 주입'을 당하기보다 내면적 자발성도 고려하여 끄집어내고 이끌어 주는 '수업' 혹은 '사회화'를 제안하고 있다. 뒤르껨이 생각하는 '집단적 의식의 내면화'는 학습자 자신의 자발적 활동을 전제하는 사회화라 할 수 있다.

한편, 피터즈의 교육개념을 좀 더 자세히 살펴보면 "교육은 가치 있는 활동들 또는 사고와 행동의 양식(activities or modes of thought and conduct)으로 사람을 입문(入門)시키되, 그것이 교육의 개념에 논리적으로 포함되어 있는 '세 가지 기준'을 충족시켜야 한다."(Peters, 1966: 42)라고 되어 있다. 그리고 이 세 가지 기준은 ① 규범적 기준(교육은 가치 있는 것을 전달함으로써 그것에 헌신하는 사람을 만든다는 뜻을 가지고 있다), ② 인지적 기준(교육은 지식과 이해, 그리고 모종의 지적 안목을 길러 주는 일이며 이런 것들은 '무기력한' 것이어서는 안 된다), ③ 과정적 기준(교육은 교육받은 사람의 의식과 자발성을 전제로 한다는 점에서, 몇 가지 전달과정은 교육의 과정으로 용납될 수 없다) 등이다.

---

6) 이홍우(1991: 69-71)는 '교화'는 주입(注入)이 더 적절한 번역이라 볼 수 있을 것이라 하였으며, '수업'도 교사에 의한 일방적이고 언어적인 설명을 뜻하기보다는 indoctrination의 대비되는 instruction의 번역어라 하였다.

〈표 3-2〉육·교·학 분석틀의 적절성 검토

	분석틀	육(育)	교(敎)	학(學)
	education	타인에 의한 길러짐	타인에 의해 가르쳐짐	스스로 배움
어원	옥스퍼드 영어사전 OED	① 양육하는 과정 ② 돌보는 과정	④ 체계적인 가르침이나 교수, 또는 훈련	③ 수양(修養) 또는 개발
	모리 시게오 (森重雄)	라틴어 educat nutrix (유모가 기르기)	라틴어 educit obstetrix (산파가 끄집어내기)	-
	임태평: 피터즈 논리	educere = '기르다' 혹은 '양육하다'	educare = '끌어내다'	-
개념	공학적 개념 (정범모)	-	인간행동의 계획적 변화	-
	성년식 개념 (피터즈)	① 규범적 기준 (가치 있는 활동)	② 인지적 기준 (지식과 이해, 안목 길러 주기)	③ 과정적 기준 (자발성 혹은 의도성)
	사회화 개념 (뒤르껭)	어린 세대를 대상으로 체계적 사회화	도덕적 가치 전달 가능	집단적 의식의 내면화

　이상의 어원과 개념의 내용을 육·교·학의 분석틀로 정리해 보면 〈표 3-2〉와 같다. 특히 옥스퍼드 영어사전의 4가지 정의는 '육·교·학'의 세 개념과 일치하고, 모리 시게오의 라틴어 어원에 입각한 분석은 각기 '육'과 '교'에, 임태평의 피터즈 논리에 입각한 어원 분석 역시 '육'을 '교'보다 더 중시하지만, '육'과 '교'에 한정하여 설명하고 있음을 알 수 있다. 그리고 정범모의 공학적 개념은 교육을 오로지 '교'의 관점에서 보는 것이지만, 피터즈의 성인식 개념이나 뒤르껭의 사회화 개념은 '육'과 '교' '학'의 세 가지 관점이 모두 나타나고 있다. 결국 교육개념이 단순히 가치중립적일 수 없고 규범적 기준을 포함하여야 한다는 피터즈의 성년식 개념을 전제한다면, 교육은 가르치는 사람의 의도나 지향점 행위를 뜻한다. 또한 교육받는 사람의 자발성을 전제로 하는 과정적 기준까지도 고려한다면 배우는 사람 스스로의 학습 행위는 더욱 중요한 의미를 갖게 된다. 즉, 일방적으로 가르치고[교(敎)] 기르는[육(育)] 것 이외에 교육의 개념은 배움의 즐거움을 통한 자기 성장과 계발, 수양 등의 의미를 갖는다. 그런 의미에서 '육·교·학' 분석틀로 education(교육)의 개념을 다시 생각해 보면,『옥스퍼드 영어사전(OED)』과 피터즈

및 뒤르껭의 교육개념에 관한 설명에는 '학'의 의미도 포함되어 있다고 하겠다.

3) education의 번역어

19세기 말에 서구 학문이 소개되면서 '철학(哲學)'을 비롯한 많은 단어가 일본인에 의해 번역되었다. 때문에 'education'이라는 용어 역시 일본인에 의해 처음으로 번역된 것으로 생각하기 쉽다. 그러나 앞에서 살펴본 바와 같이, 이미 17세기인 1620년에 바뇨니가 『동유교육』이라는 책자를 통해 서양의 education을 '교육(教育)'이라 번역하고 있다(김귀성, 2009: 23; 한용진, 2014: 340-341 참조). 그 후 250여 년이 지난 19세기 후반 일본에서 education을 번역하면서 적절한 단어를 찾기 위해 상당한 고민을 하였던 것으로 보인다(한용진, 2014: 352-354, 355). 먼저 미쓰쿠리 린쇼(箕作麟祥: 1846-1897)는 처음에는 '교도(教導: 1873)'로 번역하였다가 후에 '교육(教育: 1878)이라는 단어를 사용하였고, 보수적 성향의 모토다(元田永孚: 1818-1891)[7]는 '교학(教學: 1879)'을, 개혁적 성향의 이노우에 고와시(井上毅: 1844-1895)는 '교육(教育: 1879)'을 선호하였다. 이에 반해 후쿠자와 유키치(福沢諭吉)는 "교육이라는 글자는 매우 온당치 않으며 오히려 '발육(發育)'이라고 불러야 한다."(森川輝紀, 2002: 356-359)라고 주장하였다.

또한 이 시기 중국에서는 스펜서(H. Spencer: 1820-1903)의 『Education: Intellectual, Moral, and Physical』[8]을 안영경(安永京: 1838-1898)이 『이업요람(肄業要覽)』(1882)으로 제1장만 번역·출판하며, '이업'이라는 용어를 사용하였다(한용진·최정희, 2014: 251). 우리나라에서는 원산학사(元山學舍)를 설립한 정현석(鄭顯奭)이 1883년에 고종에게 올린 장계에서 그 설립목적을 '교양(敎養)'으로 표현하였고, 1886년에 육영공원을 설립하면서 그 절목에서 교사의 역할에는 '교훈(敎訓)'이라는 표현을, 학생의 역할에는 '이습(肄習)'이라는 용어를 사용하였다. 1880년

---

7) '모토다 나가자네'라고도 불리는데, 国立国会図書館典拠データ検索·提供サービス, http://id.ndl.go.jp/auth/ndlna/00270955에는 모토다 에이후로 적혀 있음.

8) 일본에서는 1880년에 번역된 것을 '스펜서 저(著), 三笠乙彦 譯(1969), 『知育·德育·體育論』, 梅根悟·勝田守一 監修, 世界教育學選集50, 東京: 明治圖書出版'로 영인하였다.

대 간행된 관보인 「한성순보(漢城旬報)」나 「한성주보(漢城周報)」에는 '교육'이라는
단어가 산발적으로 등장하다가, 1894년의 갑오개혁 이후에는 '교육'이라는 단어
가 고종의 「교육강령」나 각종 학교 「관제」, 그리고 한성사범학교의 교육학 교재인
『신찬교육학(新撰敎育學)』(1895) 등에서 자주 사용되며 급속히 확산되었다.

　하지만 19세기 말 우리나라에 들어온 서양 선교사들은 '교육'이라는 단어보다
'교훈'이나 '교양' '훈학' 등을 선호하였던 것으로 보인다. 이들이 만든 당시의 영한
사전을 보면, 'education'은 여전히 "교훈, 교양(Underwood, 1890), ᄀᆞ르치다, 훈학
하다(Scott, 1891)"(황호덕·이상현, 2012: 177)로 표현되었고, '교육(敎育)'으로 번역
된 것은 1920년대 중반 게일(Gale, 1924)과 언더우드(Underwood, 1925)[9]에 의해서
이다. 이는 선교사들이 인식하는 'education'의 개념은 인문학적 교양을 위한 '보
편적인 인간의 형성'이라는 계몽주의적 개념이었기에 사전에는 '교훈'이나 '교양'
'훈학' 등의 용어를 사용한 데 반해, 당시 정부 차원에서 반포된 교육 관련 관제들
은 19세기 후반 소개되는 스펜서의 삼육론과 사회진화론에 힘입어 교육의 유용
성, 즉 '유용한 능력의 습득'이라는 측면을 더 강조하였기 때문으로 보인다.

〈표 3-3〉 education의 번역어와 육·교·학 분석틀

분석틀	육(育)	교(敎)	학(學)
핵심 내용	타인에 의한 길러짐	타인에 의해 가르쳐짐	스스로 배움
번역어	발육(發育): 福沢諭吉	교도(敎導): 箕作麟祥(1873), 교훈(敎訓): 육영공원(1886)	이업(肄業): 安永京 (1882), 이습(肄習): 육영공원 (1886)
	교육(敎育): 箕作麟祥(1878), 井上毅(1879), 한성순보 (1883), 한성주보(1886), 고종의 「교육강령」(1895), 『신찬 교육학』(1895)		
	교양(敎養): 정현석(1883)		
	-	교학(敎學): 元田永孚(1879)	

<hr/>

9) 1890년 언더우드(H. G. Underwood)에 의해 만들어진 『한영ᄌᆞ뎐(A Concise Dictionary of the
　Korean Language)』에 education은 교훈, 교양이었고, 1891년의 스코트(James Scott)의 『English-
　Corean Dictionary: Being a Vocalbulary of Corean Colloquial Works in Common Use』에서는
　ᄀᆞ르치다, 훈학하다로 표현되던 것이 1920년대에 들어와 게일과 언더우드에 의하여, 교육·가르
　침·교훈·교양 등으로 폭넓게 쓰이게 되었다(황호덕·이상현, 2012: 64-66).

영한사전	-	교훈(敎訓): Underwood, (1890), ᄀ ᄅ 치다: Scott(1891), 가르침: Underwood(1925)	-
	-	훈학하다: Scott(1891)	
	교양(敎養): Underwood(1890) 교육: Gale(1924), Underwood(1925)		-
용례	-	military education(군사교육): Jones(1914)	-

　오늘날 '교육(敎育)하다'라는 단어는 종종 '가르치다', 즉 '교수(敎授)하다'와 거의 동의어처럼 사용되는 경향이 있다. 그리고 이러한 개념적 혼란은 〈표 3-3〉을 보아도 알 수 있듯이 상당히 뿌리가 깊다. 앞 절에서 살펴본 교육의 공학적 개념에서 본다면 인간행동의 의도적 변화, 즉 행동의 변화를 낳게 하는 행위인 '교육' 행위는 동시에 '가르침'이라는 의미의 '교수' 행위와 동일시 될 수 있기 때문이다. 또한 공교육이 발달하는 과정에서 학교교육은 주로 교수법 중심으로 진행되었기 때문에 이러한 개념적 혼란은 상당히 보편적으로 나타난다. 하지만 뒤르껭의 사회화 개념에서 본다면, 교육은 이기적·반사회적 존재를 사회적 존재로 형성시킨다는 점에서는 가르침으로서의 교수의 의미를 갖지만, 개인이 집단적 의식을 내면화하는 과정이라는 점에서 본다면 스스로 배우는 행위인 '학습'에 방점을 두어야 한다. 즉, 교육의 개념에는 가르치는 행위와 배우는 행위의 교학(敎學)이 공존할 수밖에 없다. 이러한 학습의 관점에서 보이는 용어가 바로 안영경의 '이업'과 육영공원의 학생들을 대상으로 사용된 '이습'이라는 단어이다.

3. 교육 관련 용어의 개념적 유형화 분류

1)『조선왕조실록』의 교육 관련 용어의 빈도 정리

『조선왕조실록』의 교육 관련 용어 선정은 한용진의 선행연구(2014)에서 확인된 18개 단어[10]와 강성훈의 연구(2016)를 토대로 교수(敎授), 교훈(敎訓), 훈학(訓學), 훈회(訓誨), 교습(敎習) 등 다섯 단어를 추가하고, 이 밖에도 교육과 밀접한 관련을 가진 단어로 보육(保育), 학문(學問), 학업(學業) 3단어를 추가하여 총 26개 단어를 검색하여 작성하였다. 교육 관련 용어는 이 밖에도 더 많이 찾을 수 있을 것이나, 본 연구에서는 '육·교·학'의 분석틀을 통해 기존의 용어들을 유형화하는 것을 중시하였기에, 향후 추가적인 단어도 검토할 수 있을 것이다. '학문'이 1901건으로 가장 많으며, 그다음으로 '교수'(763건), '보도(輔導)'(714건), '교화'(622건)의 순이다. 각각의 단어가 정확하게 어떤 의미로 사용되었는가는 기사 하나하나를 시기와 사안별로 '개념사'라는 방법론을 통해 살펴보아야 할 것이다. 다만 이 글에서는 용어의 개념적 유형을 '육·교·학'의 분석틀에 맞춰 살펴보는 것에 한정하였다.

정작 '교육'이라는 용어는 216건으로 조선시대 전반을 통해 그다지 많이 사용되고 있지 않았다. 게다가 '교육'이라는 용어의 사용 빈도가 급격히 높아지는 것도 고종 시대 이후이다. 즉, 고종과 순종 시대에만 전체 216건 중 95건(44.0%)이 등장할 정도로 개화기에 들어와 '교육'이라는 용어가 적극 활용되고 있다. 그리고 그 의미도 국가 보존을 위한 실용주의적 삼육론으로, 학무아문(혹은 학부)과 군무아문(혹은 군부)의 인재양성과 관련되고 있음은 이미 선행연구에서 밝혀진 바이다(한용진, 2014: 355). 이는 전통시대의 인격 형성과 관련된 용어들은 점차 배제되거나 의미가 축소·전이되고, 실무능력을 습득하는 국가주의적이고 실용적인 개념으로 '교육' 용어가 많이 사용되었음을 의미하는 것이다.

---

10) 본 연구에서는 국사편찬위원회의 『조선왕조실록』(http://sillok.history.go.kr/main/main.jsp)을 참조하였다.

　　국사편찬위원회의 『조선왕조실록』에 등장하는 교육 관련 용어들을 먼저 그 빈
도순으로 정리해 보면 다음 〈표 3-4〉와 같다. 상대적으로 가장 적게 언급되는 용
어는 보육(保育: 8건)이지만, 나중에라도 교육 관련 용어의 범주에 추가할 단어가
있을 수 있고, 하나의 기사에 동일 단어가 여러 번 사용되어도 단지 한 번으로 간
주된다는 점에서 이러한 빈도의 순위에 너무 큰 의미를 부여할 필요는 없을 것이
다.

〈표 3-4〉 『조선왕조실록』 교육 관련 용어(빈도순)

한자	한글	빈도수	순위	한자	한글	빈도수	순위
學問	학문	1901	1	啓蒙	계몽	260	14
敎授	교수	763	2	訓誨	훈회	228	15
輔導	보도	714	3	敎育	교육	216	16
敎化	교화	622	4	學習	학습	199	17
敎誨	교회	528	5	養育	양육	189	18
輔養	보양	517	6	保養	보양	187	19
學業	학업	394	7	修己	수기	158	20
敎訓	교훈	385	8	敎習	교습	144	21
敎養	교양	366	9	德化	덕화	137	22
敎導	교도	334	10	撫育	무육	76	23
修身	수신	289	11	敎學	교학	31	24
肄習	이습	274	12	訓學	훈학	12	25
講習	강습	267	13	保育	보육	8	26

　　이상의 단어들을 앞 장의 육·교·학 분석틀에 입각하여 정리해 보면 다음 〈표
3-5〉와 같다. 분석틀과 관련하여 핵심 내용 이외에 핵심 용어를 적어 보았다. 단
순개념은 핵심 용어가 하나의 개념으로 표현된 경우이고, 복합개념은 두 가지 핵
심 용어가 함께 사용되는 경우이다. '육' 개념과 관련된 핵심어로는 '기를 육(育),
기를 양(養), 어루만질 무(撫), 지킬 보(保), 도울 보(輔)' 등이 있고, '교' 개념과 관
련된 핵심어는 '가르칠 교(敎), 가르칠 훈(訓), 가르칠(인도할) 회(誨), 이끌 도(導),

될 화(化)' 등이 있으며, '학' 개념과 관련된 핵심어는 '배울 학(學), 익힐 습(習), 익힐 이(肄), 익힐 강(講), 닦을 수(修), 물을 문(問), 덕(어진 이) 덕(德)' 등을 들 수 있을 것이다. 여기서, '덕'의 개념은 누가 가르쳐서 얻어질 수 있는 것이 아니라는 점에서 스스로 익히고 배워야 할 '학'의 항목에 포함시켰다.

〈표 3-5〉『조선왕조실록』 교육 관련 용어의 육 · 교 · 학 분류(빈도/순위)

분석틀	육(育)	교(敎)	학(學)
관련 내용	타인에 의한 길러짐	타인에 의해 가르쳐짐	스스로 배움
핵심 용어	기를 육(育), 기를 양(養), 지킬 보(保), 도울 보(輔), 어루만질 무(撫)	가르칠 교(敎), 가르칠 훈(訓), 가르칠(인도할) 회(誨), 열(가르칠, 인도할) 계(啓), 이끌 도(導), 될(바뀔) 화(化)	배울 학(學), 익힐 습(習), 익힐 이(肄), 익힐 강(講), 닦을 수(修), 물을 문(問), 덕(어진 이) 덕(德)
단순 개념	보양(輔養): 517건/6위) 양육(養育): 189건/18위) 보양(保養): 187건/19위) 무육(撫育): 76건/23위) 보육(保育): 8건/26위) 단순개념 총 977건 복합개념 포함 2,273건	교수(敎授): 763건/2위) 교화(敎化): 622건/4위) 교회(敎誨): 528건/5위) 교훈(敎訓): 385건/8위) 교도(敎導): 334건/10위) 계몽(啓蒙): 260건/14위) 훈회(訓誨): 228건/15위) 단순개념 총 3,120건 복합개념 포함 4,740건	학문(學問): 1,901건/1위) 학업(學業): 394건/7위) 수신(修身): 289건/11위) 이습(肄習): 274건/12위) 강습(講習): 267건/13위) 학습(學習): 199건/17위) 수기(修己): 158건/20위) 단순개념 총 3,482건 복합개념 포함 3,806건
복합 개념	보도(輔導): 714건/3위), 교양(敎養): 366건/9위) 교육(敎育): 216건/16위) 총 1,296건		–
	–	교습(敎習): 144건), 덕화(德化): 137건) 교학(敎學): 31건), 훈학(訓學): 12건) 총 324건	

『조선왕조실록』의 특성상 교육과 관련되는 용어의 상당수는 서연(書筵)이나 세자시강원과 같이 태자(세자) 교육을 담당하는 태사(太師) · 태부(太傅) · 태보(太保)의 삼공제도와도 맞물려 있다. 즉, 삼공(三公)의 역할에 대하여 가의(賈誼)가 지은 『신서(新書)』 「보부편(保傅篇)」에 이르기를 "보(保)는 그 신체를 보전하는 것이요, 부(傅)는 덕의로 돕는 것이요, 사(師)는 교훈으로 인도하는 것이니, 이것이 삼공의

직책입니다."[11]라고 하였는데, 여기서 덕의로 돕는 부의 역할은 배우는 사람이 스스로 연마하도록 보조자로서 돕는 것으로 볼 수 있다. 『조선왕조실록』에서도 '덕화(德化)'라는 용어와 관련해서는 대마도 도총관 소 사다시게(宗貞茂, ?-1418)가 조선정부에 사신을 보내며, "오래도록 덕화를 앙모하였으나 참배할 길이 없었습니다."[12]라든가, "대개 이 도적은 짐승의 성질이 있으므로 덕으로써 교화할 것이 아니니"[13]와 같이 덕으로 변화되기를 앙망(仰望)하거나 교화하는 것의 어려움을 논하고 있다는 점에서 자율적 요소와 타율적 변화의 양면성을 갖는다고 하겠다.

먼저 단순개념에 한정하여 살펴본다면, 스스로 배우고 익히는 '학'과 관련된 용어가 3,482건으로 가장 많은데, 그중에서도 '학문(學問)'이 무려 1,901건으로 전체의 절반 이상을 차지하고 있다. 이 밖에도 해당 용어로는 '학업(學業), 수신(修身), 이습(肄習), 강습(講習), 학습(學習)' 등이 있다. 그다음으로 타인에 의해 가르쳐지는 '교'와 관련된 용어가 총 2,860건이며, 관련 용어로는 '교수(教授), 교화(教化), 교회(教誨), 교훈(教訓), 교도(教導), 계몽(啓蒙), 훈회(訓誨)' 등이 있다. 타인에 의해 길러지는 '육'과 관련된 용어로는 977건으로 상대적으로 적으며, '보양(輔養), 양육(養育), 보양(保養), 무육(撫育), 보육(保育)' 등의 용어를 들 수 있다.

또한 복합개념으로 '보도(輔導), 교양(教養), 교육(教育)' 등은 '육'과 '교'의 핵심어를 포함하는 것이고, '교습, 덕화, 교학, 훈학' 등은 '교'와 '학'의 핵심어를 담고 있는 것이다. 이러한 복합개념까지도 포함하여 빈도수를 고려해 보면, '교'와 관련된 용어가 총 4,740건으로 가장 많이 언급되고 있으며, 그다음으로 '학'과 관련된 용어들이 3,806건, 마지막으로 '육'과 관련된 용어가 2,273건이다. 이는 단순개념만의 빈도순위가 '학' → '교' → '육'의 순서였던 것에 반해, 복합개념까지 포함하여 『조선왕조실록』에 나타난 교육 관련 용어들을 분석해 보면 '교' → '학' → '육'의 순서로 바뀌었음을 알 수 있다. 어느 경우나 '육'이 가장 적게 언급되고 있으나, 복합개념으로 '교'와 관련된 용어가 가장 많이 사용되고 있다는 점에서 다음 절에서는 '교' 관련 용어를 보다 구체적으로 살펴보고자 한다.

---

11) "保 保之身體, 傅 傅之德義, 師 道之教訓, 此三公之職也", 『태종실록』 태종 1년(1401) 8월 22일.
12) "久仰德化, 無由瞻拜", 『정종실록』 정종 1년(1399) 7월 1일.
13) "蓋此寇, 禽獸之性, 非可以德化者", 『세종실록』 세종 18년(1436) 2월 17일.

2) 교육과 교수의 구분

동서양을 막론하고 교수라는 용어는 교육이라는 용어와 상당 부분 개념적 혼란을 가져오는 것도 사실이다. 서양에서 콩도르세(Marquis de Condorcet: 1743-1794)는 프랑스혁명 당시 「공교육의 본질과 목적(Nature et objet de l'instruction publique)」(1791a)과 「공교육의 일반적 조직에 관한 보고와 법안(Rapport et projet de décret sur l'organisation générale de l'instruction publique)」이라는 두 논문을 작성하면서 공교육을 'l'éducation publique'가 아니라 'l'instruction publique'라고 표기하였다. 즉, 직역하면 '공적 교육'이 아니라 '공적 교수'에 더 가깝다. 콩도르세에 의하면 '교수(instruction)'란 "사실과 계산의 진리에 관한 가르침"이었으며 '교육(éducation)'은 이에 더해 "일체의 정치적, 도덕적 내지는 종교적 사상도 포괄"하는 가르침이었다(Condorcet, 1791a: 42-43; 1791b: 34-35).[14] 앞에서 살펴본 육·교·학의 분류에서 '학'의 범주에 '덕'이나 '수'를 포함한 것과 맥락을 같이한다.

전통시대에도 '가르치다'라는 의미로 '교수'라는 용어를 사용하였는데, 『삼국사기』에서는 신라 국학(國學)을 설명하며 "교수(敎授)하는 방법은 『주역(周易)』『상서(尙書)』『모시(毛詩)』『예기(禮記)』『춘추좌씨전(春秋左氏傳)』『문선(文選)』으로 구분하여 학업으로 삼았다."[15]라는 기사가 보인다. 신라 국학은 신문왕 2년(682)에 설립된 국립교육기관이었다. 이보다 앞서 고구려의 태학(太學)이 372년인 것을 감안하면 이미 4세기부터 가르침으로서 교수행위는 있었던 것으로 보인다. 『고려사』에도 태조 13년(930)에 "따로 학원(學院)을 창설하여 6부의 생도를 모아 가르치게 하였다."[16]라는 기사와 "성종(成宗) 6년(987) 8월에 전년 귀향(歸鄕)을 허락받은 학생(學生)들에게 가르침을 줄 스승이 없으므로 교서(敎書)를 내려 말하기

---

14) 'instruction'을 한국어 번역본(1791a)은 "지식중심교육", 일본어 번역본(1791b)은 "지육"으로 번역하였다.

15) "敎授之法, 以周易·尙書·毛詩·禮記·春秋左氏傳·文選, 分而爲之業", 『삼국사기』 卷第38 雜志 第7.

16) "別創學院 聚六部生徒敎授", 『고려사』 卷73 志 卷第28.

를"[17]이라는 문장이 보인다. 모두 교수는 '가르치다'라는 뜻으로 사용되고 있다.

〈표 3-6〉『조선왕조실록』교수 관련 용어 단어 검색

용어＼왕명	教授 (교수)	教化 (교화)	教誨 (교회)	教訓 (교훈)	教導 (교도)	訓誨 (훈회)	용어＼왕명	教授 (교수)	教化 (교화)	教誨 (교회)	教訓 (교훈)	教導 (교도)	訓誨 (훈회)
1대 태조	13	1	1	1	1	1	16대 인조	17	33	3	23	11	12
2대 정종	1	–	–	–	–	–	17대 효종	18	23	–	13	11	11
3대 태종	39	22	–	15	16	4	18대 현종	4	13	2	3	8	8
4대 세종	99	23	6	55	39	73	현종 개수	8	14	2	7	8	15
5대 문종	6	3	–	4	6	9	19대 숙종	20	12	17	8	11	17
6대 단종	8	5	–	8	1	9	숙종보궐	1	1	–	–	–	–
7대 세조	22	8	4	11	17	15	20대 경종	1	–	–	1	–	–
8대 예종	7	–	2	2	1	1	경종 수정	–	–	–	–	–	–
9대 성종	150	56	34	61	52	8	21대 영조	36	35	19	11	20	28
연산군일기	13	11	1	18	16	–	22대 정조	37	37	1	3	8	10
11대 중종	132	175	65	30	76	29	23대 순조	5	8	6	2	3	8
12대 인종	1	3	–	–	2	–	24대 헌종	1	1	–	–	–	–
13대 명종	14	56	9	8	18	12	25대 철종	1	1	2	1	–	1
14대 선조	22	39	7	66	18	18	26대 고종	21	31	–	4	9	32
선조 수정	12	7	–	6	2	6	27대 순종	8	–	–	–	–	2
광해군 중초본	22	2	3	15	6	3	순종부록	3	–	–	–	–	–
광해군 정초본	21	2	2	9	6	2	합계	763	622	528	385	334	228

〈표 3-6〉은 『조선왕조실록』의 교육 관련 용어 중 '교'로 분류된 6개 단어를 국왕별로 빈도 조사를 한 것이다. 6개 단어의 빈도수 합을 보면 중종 때에 507건으로 가장 많고, 그다음이 성종(361건), 세종(295건), 선조(209건: 수정실록 포함)의 순이다. 대체로 조선 전기에 해당되며, 조선 후기의 영조(149건), 정조(96건)와도 대

---

17) "六年八月 以前年許還學生, 無師教授, 教", 『고려사』卷74 志 卷第28.

조될 정도로 빈도수가 매우 높다. 물론 왕들의 집권 기간과도 관련되는 것이지만, 교수 관련 용어에 대한 논의가 많다는 것은 적어도 국가적 차원에서 적극적으로 가르치는 활동을 하였음을 의미한다. 비록 스스로 배우고 익히는 학습과 수기의 관점은 아니라 하더라도, 타인에 의한 가르침의 활동이 성행하였음은 당시의 학문 융성을 추정해 볼 수 있을 것이다.

4. 맺음말

본 연구는 유네스코 세계문화유산으로 등록된『조선왕조실록』에 나타나는 교육 관련 용어들을 '육 · 교 · 학'의 분석틀을 통해 유형화하여 분석한 것이다. 문제의식 자체는 오늘날 '교육'이라는 용어가 배움의 의미를 충분히 담보하지 못한다는 것에서 비롯되었다. 즉, 가르칠 교(敎)와 기를 육(育)으로 구성된 '교육'이라는 단어는 유교적 호학(好學) 개념이 빠져 있는 것은 아닌가 하는 의문이었다. 이상에서 살펴본 내용을 요약해 본다면, 2장에서는 바뇨니의『동유교육』의 기본 구조인 양육-교수-학습에 의거하여 '육 · 교 · 학'이라는 분석틀을 마련하였고, 이에 의거하여 서양어 education을 어원과 개념에 의거하여 분석해 보았다. 특히『옥스퍼드 영어사전』과 피터즈의 성인식 개념, 그리고 뒤르껭의 사회화 개념은 '육 · 교 · 학' 세 영역 모두를 아우르는 적절한 내용을 담고 있는 것으로 판단되었다. 또한 19세기 후반에는 한중일 공히 education의 번역어로 '교'와 '육'의 개념어인 '교도, 교훈, 교육, 교양, 훈학' 등이 많이 등장하지만 스스로 배우는 '학'의 개념어는 오늘날에는 잘 사용되지 않는 '이업'과 '이습' 정도에 불과하였다.

한편, 전통시대의 문서인『조선왕조실록』의 교육 관련 용어를 유형별 · 빈도별로 정리해 보면 다음과 같다. 첫째로, 교사의 입장에서 가르치고 이끄는 교(敎), 훈(訓), 회(誨), 도(導), 계(啓), 화(化) 등의 핵심어가 포함된 용어들로 교수(敎授), 교화(敎化), 교회(敎誨), 교훈(敎訓), 교도(敎導), 계몽(啓蒙), 훈회(訓誨) 등 7단어가 있다. 둘째로, 자율적으로 스스로 배우고 덕의를 신장시키는 학(學), 습(習), 이(肄), 강(講), 수(修), 문(問), 덕(德) 등의 핵심어가 포함되어 있는 용어들로 학문(學

間), 학업(學業), 수신(修身), 이습(肄習), 강습(講習), 학습(學習), 수기(修己) 등의 7 단어가 있다. 셋째로, 신체를 보살피고 기르는 육(育), 양(養), 보(保), 보(輔), 무(撫) 등의 핵심어가 포함된 용어들로 보양(輔養), 양육(養育), 보양(保養), 무육(撫育), 보육(保育) 등의 5단어 등의 단순개념 용어들이 있다. 그리고 넷째로, '육'과 '교'의 복합개념으로 구성된 보도(輔導), 교양(敎養), 교육(敎育) 등과 '교'와 '학'의 복합개념으로 구성된 교습(敎習), 덕화(德化), 교학(敎學), 훈학(訓學) 등 26개 용어를 정리해 보았다. 물론 이러한 분석에서 다루지 못한 교육 관련 용어들도 얼마든지 추가될 수 있을 것이다.

다만 『조선왕조실록』에 등장하는 다양한 교육 관련 용어의 분석을 통해 교육개념을 재정립하려던 본 연구의 목적과 관련하여 연구결과를 정리해 보면 다음과 같다. 첫째, 기존의 '교육'이라는 단어는 가르침[교(敎)]과 기름[육(育)]만을 반영하는 용어로, 배움[학(學)]의 개념이 결여되어 있기에, 육·교·학의 균형적 관점이 요구된다. 둘째, 맹자의 '교육(敎育)' 개념이나 영어의 'education'에 대한 번역어로서 '교육'은 모두 타인에 의한 '길러짐'과 '가르쳐짐'이라는 수동적 행위에 주목하고 있다. 셋째, 그러나 『조선왕조실록』에 나타나는 교육 관련 용어에는 수동적으로 타인에 의해 길러지고 가르쳐진다는 '육'과 '교'의 개념 이외에도 스스로 배우려는 '학'과 관련된 용어들이 많이 등장하고 있다. 그런 의미에서 교수 중심의 '교육'이라는 용어는 배움의 즐거움까지도 포함하는 '학'의 관점이 반영되어야 할 것이다. 이는 단지 기르고 가르치는 것으로 교육행위가 끝나지 않는다는 최근의 학생 중심의 교육활동과 피터즈와 뒤르껨의 교육개념에 비추어 보면 오늘날 교육에 학습(學習) 혹은 학수(學修)의 '학' 개념이 더욱 중시되고 있음을 알 수 있다.

📁 참고문헌

『고려사』.
『논어』.
『맹자』.
『삼국사기』.

강성훈(2016). "『조선왕조실록』의 교수행위 관련 개념 분석". 『한국교육학연구』 22(1).
고요한(2008). 『몸과 배움의 철학』. 서울: 학지사.
김귀성(2009). "P. A. Vagnoni 著『童幼教育』에 나타난 아동교육론". 『교육문제연구』 35.
안세희(2013). 『조선왕조실록』에 나타난 전통육아의 의미 고찰. 부산대학교 대학원 석사
　　학위논문.
이홍우(1991). 『교육의 개념』. 서울: 문음사.
임태평(1991). "Richard S. Peters와 도덕교육". 『교육철학』 9.
조선왕조실록 CD-ROM 간행위원회(1995). 『CD-ROM 국역 조선왕조실록(해설집, 사용
　　안내서)』. 서울: 서울시스템(주).
지봉환(2011). "한국의 문화: 『조선왕조실록』에 나타난 교육관 −선조이후를 중심으로". 『한
　　국사상과 문화』 58.
한용진(1997). "조선왕조실록 교육관계기사 고찰". 『교육문제연구』 9.
한용진(2014). "근대 교육개념의 개념사적 고찰". 『교육사상연구』 28(1).
한용진 · 최정희(2014). "일본 메이지기(明治期) 삼육 개념의 도입과 전개". 『비교교육연
　　구』 24(1).
한준상(2001). 『학습학』. 서울: 학지사.
황호덕 · 이상현(2012). 『개념과 역사, 근대 한국의 이중어사전1』(동아시아개념어총서).
　　서울: 박문사.

唐澤富太郎(1980). 『明治教育古典叢書 第I期 解説』. 東京: 國書刊行會.
矢野智司 · 今井康雄 · 秋田喜代美 · 佐藤学 · 広田照幸 編(2009). 『変貌する教育学』. 横
　　浜: 世織書房.
森重雄(1999). 「近代と教育」. 田中智志 編. 『〈教育〉の解読』. 横浜: 世織書房.
田中智志 編(1999). 『〈教育〉の解読』. 横浜: 世織書房.
辻本雅史(1999). 『〈学び〉の復権−模倣と習熟』. 東京: 角川書店. 이기원 역(2009). 『일본

인은 어떻게 공부했을까?: 배우는 자의 권리를 찾아서』. 서울: 知와사랑.

森川輝紀(2002). 「第七章 立身出世主義と近代敎育」. 辻本雅史·沖田行司 外 編著(2002), 『敎育社会史』(『新体系日本史』 券16). 東京: 山川出版社. 이기원·오성철 역(2011). 『일본교육의 사회사』. 서울: 경인문화사.

Condorcet, Marquis de.(1791a). Nature et objet de l'instruction publique, Cinq mémoires sur l'instruction publique. 장세룡 역(2002). 「공교육5론」, 『인간 정신의 진보에 관한 역사적 개요』. 서울: 책세상.

Condorcet, Marquis de.(コンドルセ, 1791b). 松島鈞 訳(1972). 『公教育の原理』. 東京: 明治図書出版.

Durkheim, E.(1922). Éducation et sociologie. Paris: Félix Alcan. Sherwood D. F. tr.(1956). Education and sociology. Glencoe, Illinois: Free Press. 이종각 역(1978). 『교육과 사회학』. 서울: 배영사.

Peters, R. S.(1966). Ethics and education. London: Allen & Unwin. 이홍우 역(1980). 『윤리학과 교육』. 서울: 교육과학사.

Spencer, H.(1860a). Education: intellectual, moral, and physical. New York: D. Appleton and Co.

Spencer, H.(スペンサー, 1860b). 三笠乙彦 譯(1969). 『知育·德育·體育論』(梅根悟·勝田守一 監修, 世界敎育學選集 50). 東京: 明治圖書出版.

Vagnoni, Alfonso(1620). 『童幼敎育』. 鐘鳴旦·杜鼎克·黃一農·祝平一 編(1996). 『徐家匯藏書樓 明清天主敎文獻』, Vol.2. 臺北: 輔仁大學神學院. 김귀성 역(2015). 『바뇨니의 아동교육론』. 성남: 북코리아.

국사편찬위원회 『조선왕조실록』, http://sillok.history.go.kr/main/main.do.
한국교육학술정보원, http://www.riss.kr/index.do.
한국민족문화대백과사전, http://100.daum.net/encyclopedia/view/14XXE0052160.
国立国会図書館典拠データ検索·提供サービス, http://id.ndl.go.jp/auth/ndlna/00270955.
OED(Oxford English Dictionary), http://www.oed.com.

제4장

'도야' 개념의 수용 및 전개

　이 장에서는 오랫동안 당연한 것으로 사용되어 왔던 교육학 관련 용어나 개념이 어떤 과정을 거쳐 현재에 이르렀는가를 파악하는 작업의 일환으로 '도야'에 주목해 보고자 한다. '도야'는 독일어 Bildung의 번역어로 1870년 전후 일본에서 처음 사용된 이래 메이지기를 거치면서 일본의 교육학 교재에 등장하였고 일제강점기의 경성제국대학이나 경성사범학교의 일본인 교수 및 그들이 사용한 교육학 교재를 통해 식민지 조선의 학생들에게 교육학의 기본 개념으로 전파되었다. 이러한 과정을 거쳐 도입된 '도야'는 해방 후 한국 교육학계에 수용되었고 지금까지도 교육학의 학술용어로 널리 사용되고 있다. 이 과정에서 '도야'는 당시의 사회·정치적 상황에 따라 의미가 변용·확대되었고 현재 우리가 사용하는 개념 혹은 영어로 정착되었다. '개념사' 혹은 '수용사'라 일컬어지는 이러한 탐구 작업은 해당 용어나 개념의 현재적 타당성을 묻는 것인 동시에 새로운 개념을 추동하는 활동이라는 점에서 큰 의미를 가진다.

주제어　도야(陶冶), 빌둥(Bildung), 교양, 교육, 니시 아마네(西周), 개념사, 수용사

1. 머리말

갑오개혁 이후 한국 정부는 근대적 교육제도의 구축과 함께 근대적 학교를 설치했는데 거기서 가르치는 교육이론이나 방법, 그리고 개념이나 용어는 서구교육학의 성과에 근거를 둔 것이 많았다. 그런데 서구교육학의 성과를 주체적으로 도입하고 정착시킬 수 있는 여건이 빈약했던 근대시기 한국에서 그것은 일본에서 축적된 결과를 수용하고 반영하는 경우가 대부분이었다. 일제강점 이전에는 일본 유학생이나 한성사범학교의 일본인 교사들을 통해, 그리고 일제강점기에는 미국·독일·일본 등의 유학생과 경성제국대학이나 경성사범학교의 일본인 교수 및 그들이 집필한 교육학 서적을 통해 서구의 교육학이 조선에 전달될 수 있었다(김성학, 1996).

한편 일본에서는 서구의 근대적 학문을 수용하는 과정에서 서양인들이 사용하는 개념이나 용어를 어떻게 일본어로 번역할 것인가를 둘러싼 논쟁의 과정이 있었다. 특히 자유·인권·평등 등의 서구사상에 경도되어 있던 메이지 초기의 문명개화론자들은 일본도 서구와 같은 근대를 성취해야 한다는 목표 아래 서구의 교육이론이나 교육방법, 그리고 교육사상가들의 저서를 일본어로 번역하는 데 힘썼다. 이 과정에서 하나의 개념이나 용어에 대응하는 다양한 일본어휘가 새로이 조합되거나 만들어지는 현상이 나타났고, 이들 개념이나 용어는 상호 경쟁의 과정을 통해 하나의 개념에 상응하는 하나의 일본어휘로 정착되어 갔다.

그런데 지금 우리에게 익숙한 교육개념이나 교육용어가 근대 시기 일본에서 상호 경쟁의 과정을 통해 살아남은 결과물들이며, 그것이 한국에 전파되어 현재에 이르렀다는 점을 부인하기는 어려울 것이다. "역사적 개념들이란 언어 바깥의 실상들을 표시할 뿐만 아니라 그 자체로서 의식 형성과 행위 조절의 요소가 된다."(박근갑 외, 2009: 7)는 점을 상기한다면, 왜 그런 교육개념과 교육용어가 현재까지 존속할 수 있었는지를 검토하는 작업은 한 시대의 교육사상(教育史像)을 드러내는 한 방법이 되기도 한다.

이러한 문제의식 아래, 이 장에서는 교육학의 기본 개념 혹은 용어라고 알려진 '도야'가 어떤 과정을 거쳐 우리에게 수용되었는지를 추적해 보기로 한다.[1] 소위 '개념사' 혹은 '수용사'라 일컬어지는 이러한 연구방법에 대한 성과는 2010년을 전후해 우리나라에 활발히 이루어졌다. 『코젤렉의 개념사 사전』(전 11권, 2010)과 『키워드』(2010)가 번역 · 출간되었고, 한국 연구자들도 『개념사의 지평과 전망』(2009), 『개념사란 무엇인가』(2011), 『개념-뿌리들』(2012) 등을 발간하며 개념사에 관한 논의에 가담하였다. 이러한 이론적 논의를 바탕으로 한국의 역사 속에서 사회과학 개념이 어떤 과정을 거쳐 형성되었는지를 탐구한 『근대 한국의 사회과학 개념 형성사』(2009)가 출간되었고, 한국어학 분야에서는 우리가 당연하게 사용해 왔던 한국어휘의 기원과 전파 과정을 밝혀낸 『개념의 역사, 근대 한국의 이중어 사전』(2012), 『대한제국관보의 일본어어휘 수용 연구』(2012), 『일본에서 온 우리말 사전』(2014) 등의 성과가 나왔다.

이러한 작업은 이제 우리도 우리의 과거를 학문적으로 성찰할 수 있는 단계에 와 있음을 입증하는 것이라는 점에서 그 의미를 높이 평가해야 할 것이다. 이 장에서 다루어지는 '도야'라는 개념 및 용어에 대한 탐구도 이러한 맥락에서 이해될 수 있다. 더불어 이러한 작업이 우리가 지금까지 당연한 것으로 생각해 왔던 교육 및 학교 관련 사상이나 이론 · 방법, 그리고 용어나 개념의 형성과 계보에 대한 탐색으로 이어지길, 그리고 우리의 학문적 정체성을 성찰해 보는 계기가 될 수 있기를 기대해 본다.

2. '도야'의 의미와 수용 과정

1) '도야'의 사전적 의미

『표준국어대사전』에 '도야'(陶冶)는 "도기를 만드는 일과 쇠를 주조하는 일 또는

---

1) '도야'나 'Bildung'의 교육적 의미에 관한 연구로는 정영근의 「교육학에 '도야(Bildung)' 개념이 필요한가?」(2004: 165-180)와 「훔볼트의 도야(Bildung) 개념」(2008: 131-150), 그리고 최종인의 「도야(Bildung)의 교육적 의미」(2016: 119-143)가 있다.

그런 일을 하는 사람" "훌륭한 사람이 되도록 몸과 마음을 닦아 기름을 비유적으로 이르는 말"을 의미한다고 나와 있다. 첫 번째는 '도야'의 한자어가 의미하는 바를 제시한 것이고, 두 번째는 '도야'가 인간형성의 의미로 확장되어 비유적인 의미로 쓰일 때를 나타낸 것이다.

이런 사전적 의미를 갖는 '도야'는 교육학적으로 다음과 같이 정의되고 있다.

> 도야는 인간의 소질이나 능력을 계발하여 바람직한 상으로 형성하는 과정이다. 근대 독일 교육학의 빌둥(Bildung)이라는 개념을 도야라고 번역한 이후로 교육학상의 기본적 개념이 되었는데…(두산백과, http://terms.naver.com/).

> 도야(culture, Bildung)는 한어(漢語)로는 도기나 주물을 만든다는 뜻이다. 또 영어로는 원래 생명을 가지고 있는 자연물을 경작하고 재배하고 사용하는 사람의 작용을 의미한다. 그리고 독일어의 Bildung은 자연의 가소적인 물체를 조소(彫塑)하는 사람의 작용 bilden(형성활동)이라는 동사에서 유래하고 있다.… 어떤 사람이 타자의 생명 있는 인간적 자연(human nature)을 목표로 하는 일정의 형으로까지 형성하려는 과정(他者形成) 또는 자기가 그것을 형성해 가는 과정(自己形成)을 의미하게 되어 교육학상의 기본개념을 이루게 되었다(남억우 외, 1990: 361-362).

현재 한국에서 널리 사용되는 백과사전이나 교육학 사전에 의하면 '도기나 주물을 만든다'는 뜻의 한자어 '도야'가 교육학의 기본개념으로 수용된 것은 독일어 Bildung이 '도야'로 번역되면서부터였다고 한다. 그렇다면 Bildung을 '도야'로 번역한 것은 언제였고 누구였는가? 어떤 과정을 거쳐 현재와 같은 교육학상의 기본개념이 된 것일까?

2) 일본의 서구사상 수용과 번역

오랜 기간 동안 동양과 서양은 각자의 세계관 아래 자신만의 독자적 생활방식과 사회질서를 유지하며 자신들의 삶을 구축하고 있었다. 근대에 접어들면서 동서양의 교류가 빈번해졌고 이에 따라 세계관이 충돌하는 현상도 나타났다. 이 과정에서 서구의 세계관이 보편성을 획득하게 되었고, 한국·중국·일본을 중심으로 하는 동북아 각국은 서구를 어떻게 수용할 것인지를 고민하지 않을 수 없었다.

이들 가운데 가장 먼저 서구에 문호를 개방했던 일본은 부국강병과 식산흥업이라는 기치를 내걸고 문명개화를 적극 추진하는 입장을 취하였다. 1860년대 후반 메이지 유신을 거치면서 일본 정부는 서양을 시찰하기 위해 이와쿠라 사절단을 기획했고, 이를 통해 미국과 유럽의 문화와 제도를 적극 수용하는 태도를 취했다. 사절단에 참여했던 당시 관료나 유학생은 서구의 사상과 제도를 일본에 수용하는 첨병으로서의 역할을 담당했고, 일본이 중국과 한국에 비해 빨리 서구적 근대를 달성할 수 있도록 하는 계기를 만들어 갔다.

1872년 근대교육의 기치를 내걸고 '학제'가 반포되었지만, 그 내실이 확충되어 있지 않았던 상황 속에서 일본 정부와 지식인들은 서구의 교육사상이나 이론, 그리고 교육방법에 관한 지식·정보를 활발히 수입하는 정책을 취했다. 이들은 서구의 사상과 문화를 자신들의 세계관이나 사상·문화와 비교·대조하며 자신들의 언어로 바꾸고 해석하는 작업을 진행했고, 자신들에게 없는 현상에 대해 새로운 용어나 개념을 만들어 내는 작업도 병행하였다. 이는 일본이 서구의 사상과 문화를 적극 수용해 서구와 같은 수준에 도달하려는 노력의 일환이기도 했으며, 역으로 자신의 사상과 문화가 서구에 전달될 수 있는 통로를 만드는 것이기도 했다.

이때 일본에는 서구의 많은 교육이론이나 교육방법에 관한 서적이 수입되었는데, 서구 근대의 학술과 사상을 받아들이는 데 중요한 작업 가운데 하나가 번역이었다. 특히 서구의 학술과 사상을 수용하는 데 앞장섰던 니시 아마네(西周: 1829-1897)를 비롯한 메이로쿠샤(明六社) 중심의 문명개화론자들은 서구의 도서를 번역하기 위해 필연적으로 그것에 대응하는 용어를 생각해 내야 하는 상황에 직면했다. 이 과정에서 이들은 지금까지 일본에 없었던 새로운 용어를 만들어 갔다.[2] 특히 서구의 추상개념을 나타내기 위해 이들이 주로 활용한 방법은 기존에 있었

---

2) 일본어의 어휘는 화어(和語: 고유어), 한어, 외래어, 혼종 등으로 분류된다.

던 한자어를 사용하거나 한자어를 활용해 새로운 일본식 한자어를 만들어 내는 것이었다.

이처럼 서구의 학술·사상을 나타내기 위해 만든 새로운 어휘가 주로 한자어를 바탕으로 이루어졌던 데에는 메이지 시기의 일본 지식인들이 한자어를 외래어로 생각하지 않을 정도로 한학과 유학에 대한 소양을 가지고 있었고, 한자가 가진 조어력(造語力)이나 추상개념화의 힘이라는 배경이 있었다. 이렇게 만들어진 추상개념 가운데는 ① 중국 고전에 나온 것을 전용한 한자어[3], ② 중국에서 서구의 문화를 수입하기 위해 중국인이 새롭게 만든 용어[4]를 그대로 답습한 것, 그리고 ③ 일본에서 서구문화를 수입하기 위해 새롭게 만든 용어[5] 등이 있었다. 1870년대부터 1940년대에 이르기까지 이렇게 만들어진 한자어는 일본 고유의 어휘를 넘어서는 정도까지 이르렀다고 한다.[6]

현재 우리가 사용하는 많은 학술용어 가운데는 메이지 시기부터 시작된 서구의 학술과 사상을 수용하고 번역하는 과정에서 니시 아마네가 만들었다고 전해지는 것이 다수 존재했다. 모리오카 겐지(森岡健二, 1991: 152)는 니시의 번역어 1,410종을 1874년 간행한 영중·영일(英華·英和) 사전과 『대한화사전(大漢和辭典)』의 어휘를 대조했는데, 니시가 고안한 787개 가운데 340개가 고전(古典)에서 볼 수 있는 한자어였고, 447개는 새롭게 만든 한자어라는 점을 밝힌 바 있다. 이를 구체적으로 정리해 보면 다음과 같다.

---

3) 학술, 귀납, 연역 등의 용어가 이에 해당한다.

4) 수학, 기하, 박물학(동식물, 광물), 격물학(물리학) 등의 용어가 여기에 속한다.

5) 이는 다시 중국 고전에 근거를 둔 것(지각, 의식, 상상 등)과 신조어(철학, 문학, 심리, 물리 등)로 나누어 볼 수 있다.

6) 일본에서는 17-18세기 한자를 통해 전혀 다른 문화를 수용하려 했던 난학(蘭学)이 번성하고 있었다. 이때부터 번역은 중국 고전에 나오는 어휘를 사용하거나, 아니면 한자어의 의미와 무관하게 중국 고전의 문자열만을 차용하는 방법이 활용되었다. 메이지 시기의 문명개화론자들도 한학과 난학의 배경을 가지고 있었으므로 새로이 만들어진 일본의 근대 어휘는 중국 고전에 나오는 한자의 영향을 크게 받았다고 할 수 있다. 단, 근대 이후 중국의 사회·정치 상황으로 서구의 추상개념을 나타내는 근대 어휘는 일본에서 만들어진 것이 중국으로 역수입되어 활용되는 양상을 보이기도 했다 (張厚泉,「西周の翻訳と啓蒙思想」, https://rucas.ioc.u-tokyo.ac.jp/asj/html/067.html).

주요 번역어(26): 철학, 심리학, 윤리학, 미학, 언어학, 사회학, 인식론, 절대, 선
　　　　　　　천·후천(先天·後天), 주관·객관, 형이상학, 세계관·인생관,
　　　　　　　경제학, 인격, 범주, 공리주의, 연상, 주의, 표상, 감관, 진화론,
　　　　　　　논리학, 권리
학과명사(33): 사회학, 경제학, 미묘학(美妙學), 물리학, 화학, 기하학 등
학술명사(43): 관념, 의식, 감각, 회의학, 자유, 피동, 능동, 기억, 직각(直覺) 등
논리학 용어(110): 긍정, 부정, 속성, 진리, 주위(主位) 등[7]

　니시가 이처럼 많은 학술용어를 고안할 수 있었던 것은 그의 삶과 연결되어 있
었다. 그는 일본에서 서구 철학 및 과학의 창시자로 알려져 있다. 1841년 고향
인 쓰와노번(津和野藩; 오늘날의 시마네현)의 번교(藩校) 요로칸(養老館)에서 난학
을 배웠고, 1857년에는 에도(江戸)에서 네덜란드어와 영어를 습득했으며, 1862
년에는 쓰다 마미치(津田真道)와 함께 네덜란드의 라이덴 대학에서 빗세린(Simon
Vissering: 1818-1888) 교수에게서 법학·경제학을 배웠다. 1865년에 귀국한 이후
메이로쿠샤 활동에 참가하여『메이로쿠 잡지(明六雑誌)』에 많은 논문을 투고하였
다. 특히 네덜란드 유학 당시 큰 영향을 받았던 콩트(Auguste Comte: 1798-1857)
의 실증주의나 밀(John Stuart Mill: 1806-1873)의 귀납법 논리에 입각해 전통적 학
문·도덕·종교 등을 비판했던 니시 아마네는 서양의 '필로소피(Philosophy)'가
동양의 '리(理)'와 다르다는 점을 인식하면서 중국 고전을 바탕으로 '철학'이라는
용어를 새로이 만들어 내기도 하였다. 빗세린이 쓴『만국공법(万国公法)』(1868)
을 비롯해『백일신론(百一新論)』(1874),『치지계몽(致知啓蒙)』(1874), 밀의『사학(私
学)』(1877), 헤븐(Joseph Haven: 1816-1874)의『심리학(心理学)』(1878-1879) 등을 번
역했다(細谷俊夫 編, 1990: 399).

7) 참고로 영어 번역의 실태를 다른 사상가와 비교하면 다음과 같다.

원어	西周	다른 사상가	원어	西周	다른 사상가
chemistry	화학	舍密·分離術(中村正直)	government	정부	政法(森有礼)
happiness	복지	裨益(森有礼)	logic	논리학	明論之法(中村正直)
moral	도(론)	倫常之道·修身(中村正直)	philosophy	철학	理學(中村正直)
positive	적극	獨陽(清水卯三郎)	republic	공화	民政의 國直(中村正直)
right	권리	通義·權義·權利(森有礼)	theocracy	신교정치	代神政治(加藤弘之)

독일어 빌둥(Bildung)은 메이지 초기 니시 아마네(西周)에 의해 '도야'로 번역
된 이래 오늘날의 학술용어가 되었다(細谷俊夫 編, 1990: 511).

일본의 『신교육학대사전』에 의하면 독일어 Bildung을 '도야'로 번역한 것은 니
시 아마네였고 그가 주로 활동했던 1870-1880년대경의 일이었다.

3) '도야'와 Bildung

도야(陶冶, Bildung)는 인간이 문화내용과의 대결에서 그 능력을 발전시킬 때,
인간이 도달하는 정신 형성의 과정, 내적 형성의 과정이다(細谷俊夫 編, 1990:
324-325).

도야(陶冶, Bildung)의 원래 의미는 일정한 형태로 본떠 사물을 모습으로 만드
는 것인데, 그것에서 전화되어 인간이 태어나면서의 본질을 완전히 구현시킨다
고 하는 의미의 교육상의 용어가 되었다. 교육과 대략 동의어로 사용되는 경우가
많다(哲学事典編纂委員会, 1997: 1013-1014).

일본의 『신교육학대사전』이나 『철학사전』에서 '도야'는 예절이나 외면적 세련
됨을 강조하는 프랑스나 영국의 '교양'과 달리 내면적 '도야'에 중심을 두고 있다.
이는 독일어 Bildung 개념의 성립과 관련되는 것으로 1890년 전후 일본의 정부관
료 및 지식인들이 독일어 Bildung에 착목한 이유이기도 했다.

독일에서 Bildung의 이념은 18-19세기 초에 걸쳐 성립되었다(竹島博之, 2013:
99). 다케시마 히로유키(竹島博之)는 Bildung이 '계몽(Aufkalrung)'이나 '교육
(Erziehung)'과는 구별되는 보다 고차원적 의미를 가진 용어라고 말한다. 즉, 근대
독일에서 Bildung의 본질은 동서고금의 지식을 풍부히 몸에 익힌 상태에 있는 것
이 아니라 항상 자기완성을 향해 스스로를 형성해 가는 계속적인 과정 그 자체에
있다는 것이다(竹島博之, 2013: 100). 그렇다면 인간은 어떤 방법을 통해 스스로를
형성해 갈 것인가?

18-19세기 독일에서는 자발적 학문, 즉 지적 자기교육을 통해 자기완성이 이루어질 수 있다는 흐름이 있었는데, 이에 도달하기 위한 과정을 훔볼트(Freiherr von Humboldt: 1767-1835)는 Bildung이라고 불렀다. Bildung, 즉 내면적 자기도야의 이념이 당시 독일인에게 널리 받아들여질 수 있었던 배경에는 ① 전통적 신분제 사회를 극복할 수 있는 근대시민사회를 건설하기 위해서는 이에 적합한 일반적·보편적 인간형성이 필요했다는 시대적 상황, ② 나폴레옹의 침략이나 궁정문화 중심인 '외면적 예의'를 프랑스적 '문명'의 기초라 보고, 이에 대항할 수 있는 새로운 '문화국민 = 독일국민'의 창출이 '학문이나 예술'을 통한 자기도야를 통해 가능하다고 보았던 정치적 상황, 그리고 ③ 전통적으로 신비주의가 뿌리 깊은 독일에서 자기의 내부에 잠든 신의 모습(Bild)을 함양한다는 기독교적 신비주의의 관념이 독일인에게 전통적으로 뿌리 깊게 내재되어 있다는 측면 등을 지적할 수 있다(竹島博之, 2013: 105-106). 이처럼 Bildung은 새로운 독일 국민의 형성, 혹은 국민의 통합이라는 국가적 과제와 관련되어 있었으며, 또한 훔볼트가 베를린 대학을 통해 추구하려 했던 국민의 일반 도야와 보편적 인간형성 이념에 내재한 계급적 정체성의 형성과 관련된 것이기도 했다.

이러한 특징을 가진 독일어 Bildung의 이념이 1870-80년 즈음에 '도야'로 번역되어 일본에 도입될 수 있었던 배경에는 Bildung 개념이 가진 역사성과 일본이 처한 사회·정치적 상황의 유사성에 기인한 것이었다고 볼 수 있다. 1870년대 일본에서 적극적으로 추진되었던 문명개화정책은 1880년대 이후 보수적 방향으로 전환되었고, 1880년대 중반 이후 전개되었던 민권운동의 진전에 대한 일본 정부의 대응은 민권론자의 추방과 함께 국가주의·국수주의적 색채를 띠는 것이었다. 불안한 민심을 통합하고 비정치적인 일본 '국민'을 만들기 위한 이데올로기 구축이 필요했던 정치적 상황과 당시 지식인들을 중심으로 전개되고 있었던 백가쟁명식의 덕육논쟁의 과정에서 교육학자들은 내면적 자기완성의 과정을 강조하는 Bildung에 착목했던 것이다.

1880년대 일본의 교육학계는 미국을 통해 전래된 페스탈로치의 계발주의 교육학과 스펜서의 교육이론을 중심으로 하는 교육학이 유행(김성학, 1996: 58-60; 한용진 외, 2009: 9-12)하고 있었으나, 1890년을 전후해 헤르바르트를 중심으로 하는 독일 교육학이 보급되기 시작했다. 독일 교육학의 수입은 당시 문부성의 주도로 이루어졌는데, 독일인 하우스크네이트(Emil Paul Karl Heinrich Hausknecht: 1853-1927)가 일본 정부의 초청으로 1887년 도쿄대학에 초빙되었다. 하우스크네이트는 교육학과 특약생을 모집해 헤르바르트 교육학을 중심으로 강의를 진행했는데, 이때 그의 강의를 수강한 제자는 다니모토 도메리(谷本富: 1867-1946)와 유하라 모토이치(湯原元一: 1863-1931)를 포함해 12명이었다. 이들은 졸업 후 헤르바르트파의 교육학 관련 저서들을 일본어로 번역해 출간하거나 그들이 재임한 학교의 강의를 통해 헤르바르트파의 사상을 보급하는 데 지대한 영향을 미쳤다. 이 과정에서 '도야'는 당시 독일 교육학의 중요 개념 가운데 하나인 Bildung의 번역어로서 당시 출간된 교육학 교재를 통해 전국의 학교현장 교사들이 사용하는 용어로 보급될 수 있었다.[8]

4) '도야'의 한국적 수용

일본에서 출간된 교육학 교재는 구한말과 일제강점기를 거치면서 당시 조선에 전파되었다. 이와 관련해 김성학(1996)은 『서구 교육학 도입의 기원과 전개』에서 한국 근대 이후 1945년까지 서구교육학이 한국에 도입되는 경로를 추적한 바 있다. 그에 의하면 서구의 근대적 교육학이 한국에 도입된 것은 구한말 일본 유학생 및 한성사범학교의 일본인 교사들에 의해 일본에서 발행한 교육학 교재가 활용되면서부터였다고 한다. 물론 그 이전부터 중국이나 일본을 통해 서구의 사상과 문물이 도입되기는 하였으나, 서구의 근대적 교육에 관한 인식은 1890년대 개화지식인들에 의해 싹트기 시작했고, 1900년 이후에는 유학생 및 조선에 거주하

---

8) 일본 국회도서관에 소장된 자료를 바탕으로 보면, 교육학 교재에 '도야'가 처음 나온 것은 도쿄전문학교(현 와세다대학) 문학부 교육학과 제1학년 강의록으로 발간된 나카지마 한지로(中島半次郎: 1872-1926)의 『교수법(敎授法)』(東京專門学校出版部)이었다. 교재의 연도표시 불명으로 정확한 출판 년도를 알 수는 없으나, 『교수법』이 도쿄전문학교출판부에서 나왔다는 것에서 도쿄전문학교 설립년도인 1882년 이후, 즉 1880년대 초반이라고 추측해 볼 수 있다. 여기서 나카지마는 '형식적 도야'와 '실질적 도야'의 조화를 교수의 원리로 제시하였다(国立国会図書館デジタルコレクション, http://dl.ndl.go.jp/).

는 일본인 교사, 그리고 일본에서 발행한 교육학 교재를 통해 보급되고 있었다. 일제강점기에는 미국이나 일본의 유학생과 경성제국대학과 경성사범학교를 통해 서구의 교육학이 조선에 전해졌는데, 서구의 근대적 사상과 문화를 직접 접할 수 없었던 상황 속에서 당시 조선의 지식인 및 교육학자들은 자신이 접한 곳의 동향을 반영해 교육학의 흐름을 만들어 갔다. 즉, 미국 유학을 통해 서구 교육학을 접한 사람들은 미국의 연구동향을 바탕으로, 그리고 일본 유학이나 경성제국대학 및 경성사범학교에서 배운 사람들은 일본의 연구동향을 바탕으로 서구 교육학의 흐름을 파악할 수밖에 없었던 것이다. 특히 조선총독부의 관변단체나 경성제국대학 및 경성사범학교 등의 관립교육기관에서 사용되었던 교육학 교재는 당시 조선 지식인들이나 학생들의 사상 및 관점을 형성하는 데 영향을 주었을 뿐만 아니라, 해방 이후 전개된 서구 교육학의 특징이나 한국 교육학 형성을 좌우하는 요인이 되었다는 점에도 주의를 기울일 필요가 있다.

3. 교육학 교재에 나타난 '도야'

그렇다면 당시 교육학 교재에 '도야'는 어떤 방식으로 나타나 있었는가? 여기서는 일본에서 교육학 용어로 수용된 '도야'가 일제강점기 한국에 전파되었고, 이것이 해방 후 한국 교육학계의 기본개념으로 되기까지의 과정을 검토해 보기로 한다. 이를 위해 ① 1890년대부터 1940년대까지 일본에서 출간된 교육학 교재, ② 1920년대부터 1940년대까지 한국에 보급되었던 일본인 교육학자가 저술한 교육학 교재, 그리고 ③ 해방 후 한국인이 출간한 교육학 교재 등에 '도야'가 어떻게 사용되었는지에 관해 정리해 본다.

1) 1890년대 중반 이후 일본에서 출간된 교육학 교재와 '도야'

1872년 '학제'를 발표한 일본의 메이지 정부는 서구식의 근대적 학교제도 수립에 박차를 가했다. 각지에 대학을 세워 고등교육제도를 정비했고, 식산흥업과 국력신장의 기초가 되는 국민 육성을 위해 초등교육제도를 확충해 갔다. 이 과정에서 근대적 방식의 수업관리와 학교관리의 필요성이 대두되었고 서구 교육사상가나 서구식 수업방식에 관한 도서가 번역되어 각급 학교에 보급되었다. 특히 1880년대 중반 이후 페스탈로치나 헤르바르트의 교육사상 및 교육방법이 미국이나 독일에서 유학한 교육학자들에 의해 도입되었고, 정부의 정책에 힘입어 사범학교의 교육학 강좌나 사범학교를 졸업한 교사를 통해 전국의 학교로 퍼져 나갔다.

1880년대 중반 이후부터 1940년대까지 일본에서 출간되었던 '교육학' 서적 가운데 '도야'를 언급한 도서 90여 권[9]과 '교육학'이라는 제목을 달고 있지는 않았지만 '도야'를 언급했던 교육 관련 서적(〈표 4-1〉 참조)을 바탕으로 분석한 결과를 보면 다음과 같다.

첫째, 여기서 분석대상이 된 교육학 관련 서적에서 '도야'는 다양한 용법으로 사용되었다. 즉, 지적 도야, 국어의 도야력, 기초적 도야, 국민도야, 국방도야 등과 같이 '도야'의 대상을 실현한다는 의미로 활용되기도 하였지만, 대부분의 경우는 인격도야, 도덕적 품성도야, 일반도야, 형식도야 등과 같이 헤르바르트를 비롯한 교육사상가들의 학설을 설명하는 가운데 '도야'를 언급하였다. 예를 들면, 노세 사카에(能勢栄: 1852-1895)는 헤르바르트의 교육주의 및 개념과 교육방법을 소개하면서 '헤르바르트 교육의 목적은 도덕적 품성의 도야'를 목차의 한 항목으로 설정(能勢栄 他, 1893)하였고, 세키 히데사부로(尺秀三郎: 1862-1934)는 '도야'를 다음과 같이 설명했다.

> 도야는 다른 교육서에 교련(教錬) 또는 훈련 등으로 기술된 것으로, 교수·관리·도야로 구분한 것은 '헤르바르트'의 설에 근거한 것이다. '도야는 도덕에 부합하는 의지를 만들게 하여 아동의 사상계에 직접 미치는 바의 감화이고… 교수와 도야는 그 뜻하는 바를 같이하지만 교수는 도야의 준비에 치중하고 도야는 직접 교육 또는 협의적 교육이라고 하여…(尺秀三郎, 1895: 146).

---

9) 일본국회도서관의 자료를 검토한 결과 당시 일본에서 출간된 '교육학' 관련 도서는 수백 종에 이른다. 여기에 교육사, 교육철학 관련 도서를 포함한다면 그 수는 더욱 늘어날 것이다. 이에 여기서는 '교육학' 도서 가운데 '도야'를 장·절로 내세운 것만을 분석대상으로 하였다. 도서 목록은 이 장 끝에 있는 〈참고자료〉에 정리해 놓았다.

〈표 4-1〉 1890년대 중반 이후 '도야'를 언급한 교육 관련 서적

저자	저서명	출판사	출판년도
能勢栄 他 (노세 사카에 외)	ヘルバルト主義の教育説(헤르바르트주의 교육설)	福島活版舍	1893
市川虚山·小関愛村 이치카와 교잔· 오제키 아이손)	ペスタロッチ全集(페스탈로치 전집)	大同館書店	1915
近代学術研究会 編 (근대학술연구회 편)	新潮教授汎論大集成(신조교수범론 대집성)	中興館書店	1919
佐藤熊治郎 (사토 구마지로)	三大教育学説の約説と批判 (삼대교육학설의 약설과 비판)	目黒書店	1920
国元東九郎 (구니모토 도쿠로)	直観幾何教授ノ理論ト実際 (직관 기하교수의 이론과 실제)	培風館	1925
佐藤熊治郎 (사토 구마지로)	現代教育思潮批判(현대교육사조비판)	目黒書店	1926
長田新 (오사다 아라타)	現代教育哲学の根本問題 (현대교육철학의 근본문제)	改造社	1926
越川弥栄 (고시카와 야시카)	ペスタロッチ研究(페스탈로치 연구)	明治図書	1927
入沢宗寿 (이리사와 소주)	教育者と教育精神(교육자와 교육정신)	東洋図書	1927
渋谷義夫 (시부야 요시오)	品性及個性の陶冶と修身教授 (품성 및 개성의 도야와 수신교수)	中興館	1929
野田義夫 (노다 요시오)	現代教育概観(현대교육개관)	人文書房	1929
野田義夫 (노다 요시오)	文化教育学原論(문화교육학원론)	人文書房	1930
伏見猛弥 (후시미 다케야)	陶冶と世界観(도야와 세계관)	目黒書店	1931
田制佐重 (다세이 스케시게)	教育的偉人と其の事業(교육적 위인과 그 사업)	甲子社書房	1932
梅根悟 (우메네 사토루)	労作教育新論(노작교육신론)	成美堂書店	1933
水木梢 (미즈키 고즈에)	労作教育の新研究(노작교육의 신연구)	高踏社	1935
稲村玉雄 (이나무라 다마오)	学習指導の着眼と方案(학습지도의 착안과 방안)	高踏社	1935
小西重直 (고니시 시게나오)	現今教育の研究(오늘날 교육의 연구)	玉川学園出版部	1935
小西重直 (고니시 시게나오)	教育の本質観·労作教育(교육의 본질관·노작교육)	玉川学園出版部	1935
桜井勝三 (사쿠라이 가쓰미)	精神史観実践国史教育(정신사관 실천국사교육)	東陽閣	1937
関根忠 (세키네 다다시)	数理思想の思索と実践(수리사상의 사색과 실천)	賢文館	1938
山下徳治 (야마시타 도쿠지)	明日の学校(내일의 학교)	厚生閣	1939

출처: (일본) '国立国会図書館デジタルコレクション' (http://dl.ndl.go.jp/)

이처럼 헤르바르트 교육학을 설명하는 핵심개념으로서의 '도야'는 1890년대부터 사범학교 강의에서 사용되고 있었다.

둘째, 1893년 출간된『헤르바르트주의 교육설』은 노세 사카에가 참여해 작성된 서적이었다. 메이지 시대의 교육학자로 알려진 노세 사카에는 미국의 퍼시픽 대학을 졸업한 후 나가노 사범학교와 후쿠시마 사범학교 교장을 거쳐, 1886년 문부서기관·시학관에 임명되어 수신서 편찬에 참가했으며, 도쿄고등여학교 교장을 지낸 인물이다. 미국의 그린우드, 프랑스의 콩페이레, 독일의 라인 등이 쓴 서적을 번역하는 등 미국과 프랑스의 교육, 그리고 페스탈로치의 개발교수법(開發教授法)에 관심이 컸던 그가『헤르바르트주의 교육설』에서 '헤르바르트 교육의 목적, 도덕적 품성 도야'라는 항목을 구성했던 것은 '도야'가 당시 교육학자들에게 기본 개념 혹은 용어로 수용되고 있었음을 입증하는 것이라 볼 수 있다.

노세 사카에를 비롯해 오세 진타로(大瀬甚太郎: 1866-1944), 요시다 구마지(吉田熊次: 1874-1964), 오사다 아라타(長田新: 1887-1961), 우메네 사토루(梅根悟: 1903-1980) 등[10]은 1945년 이전부터 일본 교육학의 성립에 진력했고 현재에 이르기까지 일본 교육학계에서 그 명성이 높이 평가된 인물이었다.[11] 이들은 20세기 전반기 주로 대학에 재직하면서 자신들의 교육학 이론을 설파하였고 이에 영향을 받은 다수의 교육자를 배출하였다. 의식적이든 무의식적이든 이들이 사용한 교육학 용어는 일본 교육학의 성격을 규정하는 데 영향을 주었고, 이들이 자신의 교육학 이론을 전개하는 데 사용했던 '도야' 개념은 일본의 교육학계뿐 아니라 교육학 교재를 사용했던 교육기관의 학생들을 통해 전국의 학교현장으로 보

---

10) 大瀬甚太郎는 자신이 쓴『教育学及研究法』(1903)·『教育学講義』(1904)·『教育學』(1910)·『教育学講義』(1912)·『現代の教育思潮』(1921)·『新教育学講義』(1924) 등의 교육학 서적에서, 吉田熊次는『教育学教科書』(1915)·『陶冶と価値』(1929)·『教育及び教育学の本質』(1931)에서, 長田新은『現代教育哲学の根本問題』(1926)·『近世西洋教育史』(1936)에서, 그리고 梅根悟는『労作教育新論』(1933)에서 '도야'를 언급하였다.

11) 이 밖에도 1945년 이후 일본 교육학계에서 잘 알려진 인물 가운데 篠原助市는『教育学綱要』(1926)·『理論的教育学』(1929)·『教育の本質と教育学』(1930)·『理論的教育學』(1933) 등에서, 海後宗臣는『クリークの教育哲学』(1931)에서, 春山作樹는『教育学講義』(1934)에서, 乙竹岩造는『文化教育学の新研究』(1926)에서, 阿部重孝는『小さい教育学』(1927) 등에서 '도야'를 언급하며 자신의 교육론을 설파하였다.

급되었다.

셋째, '도야'를 언급한 교육학 서적들은 실용교육학, 문답서, 교육학설, 교육철학 등 다양했다. 그런데 1920년대 이전까지 '도야'는 대부분이 페스탈로치나 헤르바르트, 또는 슈프랑거의 교육사상에 관해 다룰 때 언급되었는데, 1930년대 후반이 되면 케르셴슈타이너의 노작교육이나 공민교육 및 국방교육을 다룰 때에도 사용되고 있었다. 이는 1920년대까지 주로 '인격도야'나 '품성도야'로 사용되던 표현이 1930년대 후반 이후에는 '공민적 도야' '직업도야' '국방도야' 등과 같이 의미가 확대되고 있었음을 말해 준다. 즉, '도야' 개념 및 용어가 교육학의 기본 개념으로 정착되었으며 시대의 필요에 따라 다양한 방식으로 활용되고 있었던 것이다.

넷째, 일본에서 교육학 서적을 출간했던 일본인 교육학자들, 즉 오사다 아라타를 포함해 노다 요시오(野田義夫: 1874-1950)와 고니시 시게나오(小西重直: 1875-1948) 등은 일제강점기 조선교육회의 초청으로 조선에 와 자신의 교육론을 강연(김성학, 1996: 147)했고,『문교의 조선』에 그들의 글을 게재(김성학, 1996: 146)하는 등의 활동을 전개하였다. 이런 사실은 당시 일본에서 유행하고 있었던 일본 교육학의 동향 및 서구의 교육사조가 당시 조선에도 전파되고 있었음을 말해 준다.

2) 일제강점기 조선에 통용된 교육학 교재와 '도야'

일본에서 출간되었던 교육학 교재는 일본 유학생이나 경성제국대학 및 경성사범학교의 교재로 활용되면서 일제강점기 조선에 들어왔다. 〈표 4-2〉는 숙명여자대학교 도서관이 소장하고 있는 교육학 도서를 수집해 정리한 것이다.[12] 이들

---

12) 숙명여자대학교에서 소장하고 있는 이들 도서는 이인기 박사가 기증한 것이다. 이인기는 대구고보 3학년 재학 중 학생맹휴사건에 연루되어 퇴학당했고, 이후 일본에 유학하여 교토(京都)의 히가시야마(東山) 중학교와 1928년 구마모토(態本) 제5고등학교를 졸업했다. 1931년 도쿄제국대학 교육과를 졸업한 후 귀국하여 조선총독부 학무국 편집과 촉탁이 되어 교과용 도서 편찬사무를 담당했다. 경성고등상업학교 강사(1932-1936), 경성사범학교 촉탁교원(1936), 경성사범학교 교유(敎諭: 1937-1939), 만주국 교학관(1939-1945) 등을 역임하였다. 해방 후에는 경성경제전문학

도서가 교재로 활용되었는지에 관해서는 추후 더 많은 연구가 보완되어야 할 사안이지만, 국내 도서관에 소장된 이들 도서의 기증자의 면면으로부터 일제강점기 조선에 통용되었던 교육학 도서였다고 보아도 큰 무리는 없을 것이다.

여기에는 주로 교육학개론 및 교육학원리에 해당하는 도서가 포함되어 있는데, 이들 도서의 저자 가운데 요시다 구마지(吉田熊次), 오사다 아라타(長田新), 하루야마 사쿠키(春山作樹), 시노하라 스케이치(篠原助市), 마쓰즈키 히데오(松月秀雄) 등은 당시 일본에서 대학 교수로 활동하며 후진 양성에 진력한 인물들이었다.[13]

이들 가운데 요시다 구마지와 마쓰즈키 히데오는 독일 유학의 경험이 있고, 오사다 아라타·하루야마 사쿠키·시노하라 스케이치 등은 일본에서 대학을 졸업하였다. 이들은 서구 유학의 경험과 상관없이 페스탈로치나 독일의 교육사상 등 서구의 교육사상에 경도되어 자신들의 연구를 지속했다. 이 가운데 오사다를 제외하고는 교육사상 및 이론 설명에 '도야'라는 용어를 교육학의 기본개념 및 용어로 사용하고 있었다. 특히 마쓰즈키 히데오는 일제강점기 발행되었던 잡지『조선의 교육연구』에「도야의 어원과 그 본질」(1932a: 5-13)이라는 글을 게재하였고,『문교의 조선』에는「도야」(1932b:7-10월)라는 제목의 글을 연재한 바 있었는데, 이는 그가 '도야'의 의미나 효과에 착목하고 있었음을 말해준다. 일제강점기 경성제국대학 교수였던 그의 수업을 통해 학생들은 일본의 교육학 이론 및 일본 학계

교, 서울대학교 상과대학, 연세대학교, 서울대학교 문리과대학 교수로 재직하였으며 숙명여자대학교 및 영남대학교 총장을 역임하였다(이인기,『한국민족문화대백과사전』).

13) 吉田熊次(1874-1964)는 프랑스와 독일에서 유학한 후, 도쿄여자고등사범학교 교수, 도쿄고등사범학교 교수, 도쿄제국대학 문과대학 조교수를 거쳐 도쿄제국대학 문학부 교수가 된 인물이다. 長田新(1887-1961)는 교토제국대학 문학부를 졸업하고 히로시마 문리과대학(히로시마 대학의 전신) 교수로 재임했고, 전후 일본교육학회 초대회장을 지낸 인물로 전공은 서양교육사, 사상사 연구, 페스탈로치 교육학 연구이다. 春山作樹(1876-1935)는 히로시마 고등사범학교 교수, 도쿄제국대학 문학부 교수를 역임한 인물이다. 篠原助市(1876-1957)는 도쿄고등사범학교 교수, 도호쿠제국대학 교수, 도쿄문리과대학 교수 겸 도쿄고등사범학교 교수, 문부성 시학관, 교육조사부장을 역임한 인물로, 저서로『슈라이엘마허』(1939),『민주주의와 교육의 정신』(1947),『독일교육사상사』(1947) 등이 있다. 松月秀雄(1892-1993)은 독일 함부르크 대학에서 유학한 후, 1926년 경성제국대학 교수, 경성제국대학법문학부장에 취임했고, 퇴관 후 규슈대학 법문학부 촉탁, 산요고등학교·산요상업학교·산요여자고등학교 교장, 도쿄이과대학 교수, 니혼대학 교수, 데이쿄대학교수 등을 역임했다.

의 동향뿐만 아니라 그의 사상에 영향을 받을 수밖에 없었고 '도야'는 그의 수업
을 들었던 조선의 학생들에게 당연한 교육용어가 될 수 있었다.

〈표 4-2〉 일제강점기 통용된 교육학 교재 목록

저자	저서명	출판사	출판년도
吉田熊次 (요시다 구마지)	教育学原論 (교육학원론)	教育研究会	1933 (제13판, 1927년 초판)
春山作樹 (하루야마 사쿠키)	教育学講義 (교육학강의)	東洋図書株式合資會社	1934
長田新 (오사다 아라타)	ペスタロッチ-教育学 (페스탈로치 교육학)	岩波書店	1934
長田新 (오사다 아라타)	教育学 (교육학)	岩波書店	1941 (제12쇄, 1933년 초판)
山本猛 (야마모토 다케시)	教育学概論 (교육학개론)	三友社	1935
小野久三 (오노 규조)	教育学概論 (교육학개론)	三笠書房	1938
篠原助市 (시노하라 스케이치)	教育の本質と教育学 (교육의 본질과 교육학)	同文社	1938 (8판, 1933년 초판)
篠原助市 (시노하라 스케이치)	教育学(교육학)	岩波書店	1942 (1939년 초판)
篠原助市 (시노하라 스케이치)	理論的教育学 (이론적 교육학)	同文社	1943 (1933년 초판)
松月秀雄 (마쓰즈키 히데오)	現代の哲学的教育学的潮流 (현대의 철학적 교육학의 조류)	モナス	1934
野田義夫 (노다 요시오)	教育学概論 (교육학개론)	同文館	1924 (4판, 1915년 초판)
佐々木秀一 (사사키 슈이치)	最近ドイツ教育思想史 (최근 독일교육사상사)	中和書院	1936

3) 해방 후 한국 교육학 교재에 나타난 '도야'

한국에서 근대적 교육학 용어로서의 '도야'는 1905년 이후 애국계몽운동의 전개와 함께 발행된 각종 잡지의 '교육론'에서 처음 나타난 것으로 보인다. 1907년 3월에 발행된 『대한유학생회보』 제1호에는 남궁영(南宮營)이 쓴 「인격을 양성하는 데교육의 효과」(1907)라는 글이 실렸다. 여기서 저자는 "진정한 학문의 목적은, 즉 사물의 리(理)를 추진 연구하야 품성을 도야하며 인격을 승진케 함이 있으니"라고 하였다. 또 1907년에 간행된 유옥겸(俞鈺兼)의 『간명교육학(簡明敎育學)』(1907)에도 "교육은 성숙자가 미성숙자로 하여금 도덕적 생활을 완성케 하기 위하야 일정한 시기 사이에 보편적 도야를 행하는 작업이라"는 내용과 "(캔트, 헐빼트의 도덕주의는) 교육의 궁극적 목적은 도덕적 품성의 양성 즉 덕성의 도야에 있다는 것이니"라는 내용이 나온다. 이는 '도야'라는 개념 혹은 용어가 칸트나 헤르바르트의 교육학, 즉 서구의 근대 교육학을 소개하면서 사용되고 있었음을 짐작케 한다. 이처럼 근대적 교육학을 논의하는 데 큰 거부감 없이 사용되었던 '도야'는 일제강점기를 거쳐 해방 후 한국에서 출간된 교육학 개론서에서도 그대로 나타나고 있다.

> 최근식, 『교육학개론』, 정음사, 1953 (5판, 1949년 초판)
> 한기언, 『교육학입문Ⅲ-교육방법-』, 풍국학원출판부, 1956.
> 오천석 외, 『현대교육총서2 교육사』, 현대교육총서편찬위원회, 1961.
> 교육고전문헌연구회 편, 『교육고전의 이해』, 이화여자대학교출판부, 1981 (제
> 6쇄, 1973년 초판)

이들 교육학 도서들은 "초학자에게 교육학에 대한 기본적 지식"(최근식, 1953: 서문)을 제시하고, "교육학을 공부하는 학생들에게 고전을 소개하고 나아가 원서를 읽을 수 있도록 하기 위해"(교육고전문헌연구회 편, 1981: 서문) 출간되었다. 이러한 교육학 교재를 바탕으로 '도야'는 교육학의 기본개념 및 용어로 교육학계 및 학문 후속세대에 보급되었던 것이다.

　　교육의 목적은 이와 같은 도덕적 품성을 도야함에 그 본래의 사명이 있다.…
윤리학은 의지도야의 목적에, 논리학은 지육의 목적에, 미학은 인간의 심미적 도
야의 목적에 있어 각각 교육학의 기초가 되는 학문이라고 규정한다. 지정의를 겸
한 인격을 양성함에 있어서는 헤르바르트와 같이 단지 윤리학만으로서는 인간도
야의 목적을 완성할 수 없다(최근식, 1953: 69-70).

　　과학으로서의 교육학은 실천철학과 심리학에 의존한다. 전자는 도야의 목적
을, 후자는 진로와 방법과 장애를 교시한다. … 윤리학과 품성도야에 관해 언급
한다(오천석 외, 1961: 128).

　　(헤르바르트) 사상계의 도야(Bildung)는 교육의 본질적 부분이다. 그러므로 사
상계의 도야는 교육적인 교수(Unterricht)의 직접 목적이고, 필연적 목적으로서
의 강한 도덕적 품위는 훈련의 직접 목적이 되는 것이다(교육고전문헌연구회 편,
1981: 350).

　　이들 교재에서 나타난 '도야'는 대부분 헤르바르트의 교육학을 설명하는 과정
에서 제시된 것으로 교육의 목적을 인간도야나 품성도야로 명시하였다. 이를 통
해 당시 '도야'가 교육학의 기본개념으로 커다란 문제의식 없이 수용되고 있었음
을 짐작할 수 있다.

4. '도야' 개념의 수용 및 전파 과정에 나타난 특징

1) '도야'와 '교양'

　　앞에서 살펴보았듯이 교육학 기본개념으로서의 '도야'는 독일어 Bildung의 번
역에서 유래되었다. 그런데 '도야'는 한자 문화권에서 그다지 새로운 용어는 아니

었다. 『맹자』의 등문공장구상(藤文公章句上)[14], 『한서(漢書)』의 「동중서전(董仲舒傳)」[15], 그리고 『회남자(淮南子)』[16]에서 '도야'라는 용어가 나온다. 또 『조선왕조실록』에서 '도야'는 육조(六曹) 가운데 하나인 공조(工曹)의 직무[17]를 나타내기도 하였고, '사람 도야' '지치(至治)의 도야' '선비의 풍습도야' '풍속도야' 등으로 사용[18]되기도 하였다. 이를 통해 보면, '도야'는 원래 가지고 있던 도공(陶工)과 단공(鍛工)의 의미로 사용되었다가 점차 도공이 그릇을 만들고 대장장이가 금속을 단련하듯이 사람이나 풍속을 만들어 가는 것(松月秀雄, 1932: 5)이라는 의미로 확장되어 사용되었음을 알 수 있다.

원래 있었던 한자어 '도야'를 교육학의 기본개념으로 확정하고 보급했던 것은 일본의 니시 아마네가 독일어 Bildung을 '도야'로 번역하면서부터였다는 주장을 반박할 수 있는 근거는 현재 많지 않다. 서구의 근대적 학문 수용에 선도적 역할을 했던 것이 일본의 지식인들이었고, 이들은 자신들이 알고 있던 서구의 지식과 정보·사상·학문을 일본어로 번역해 수용하고 보급하는 역할을 담당하고 있었다. '도야'도 이러한 과정을 통해 사용된 개념이었다.

그런데 당시 일본에서 사용되었던 많은 교육학 교재에서 '도야'라는 개념이 사용되었지만 모든 교육학자가 이에 동의한 것으로 보이지는 않는다. Bildung의 번역어인 '도야'를 '교육'과 같은 의미로 인식하거나 때로는 '교화'로 번역하는 경우도 있었다.

> 도야(陶冶, Bildung): 독일어 Bildung이라는 말의 의미는 정밀하게 결정하기 어렵다. 고로 본방(일본)에서는 그것을 교화(教化)로 번역하고, 또 도야(陶

---

14) "以粟易械器者 不爲厲陶冶니 陶冶亦以其械器易粟者 豈爲厲農夫哉리오"(곡식을 가지고 械器를 바꾸는 것은 陶冶를 해침이 되지 아니하니, 陶冶 또한 그 械器를 가지고 곡식과 바꾸는 것이 어찌 농부의 해침이 되겠는가)(성백효 역주, 2004: 155-156).

15) "臣問 命者天之令也, 性者生之質也, 情者人之欲也, 或夭或壽, 或仁或鄙, 陶冶而成之, 不能粹美, 有治亂之所生, 故不齊也"(「董仲舒傳」, 『漢書』).

16) "包 裹天地 陶冶萬物"(천지를 포괄하고 만물을 도야한다) (「梁高僧傳 卷五」, 『淮南子』)

17) 『태종실록』 태종 5년(1405) 3월 1일.

18) 『세종실록』 세종 30년(1448) 7월 22일; 『성종실록』 성종 14년(1483) 6월 12일; 『연산군일기』 연산 3년(1497) 6월 27일; 『인종실록』 2권 인종 1년(1545) 4월 13일.

治)로 번역한다. 도야로 번역할 때는 교육과 거의 동의어로서 적당한 재료를 공급함으로써 사람이 활력을 갖도록 하는 것을 나타내는 것이다. 따라서 이런 의미의 Bildung은 심신의 구별에 따라, 또 다양한 작용에 따라 여럿으로 구별되기도 한다. Physische Bildung(신체적 도야), Geistige Building(심적 도야), Intellektsbildung(지적 도야), Gemütsbildung(심정도야, 心情陶冶), Willens oder Charakter Bildung(의사 또는 품성도야), Aesthetische Bildung(미적 도야) 등이 있다. 또 특수 지식기능의 연성을 목적으로 하는 것을 특수 또는 전문적 도야(Fachbildung)라고 하고 일반적 도야(Allgemeine Bildung)와 구별한다. 그러나 보통 '도야'라 할 때는 일반적 도야의 의미를 가진다. 이 뜻의 '도야'는 엄밀한 의미로 사용되는 '교육'과 동일하다(教育学術研究会 編, 1903: 1038-1039).

도야는 다른 교육서에 교련(教鍊) 또는 훈련 등으로 기술된 것으로 교수 · 관리 · 도야로 구분한 것은 헤르바르트의 설에 근거한 것이다(尺秀三郎, 1895: 146).

일본에서 1903년에 출간된『교육사전』에 의하면 당시 '도야'가 독일어 Bildung의 번역어인 것을 분명히 하고 있기는 하지만, 그것이 '엄밀한 의미의 교육'으로 번역되기도 했음을 보여 준다. 또 세키 히데사부로는 1895년에 출간된 자신의 저서에서 '도야'가 교련이나 훈련과 같은 의미로 쓰이고 있다고 했고, 노다 요시오(野田義夫, 1930: 189-190)는 "교육, 즉 도야의 의의를 서술하는데 우선 교육은 각종의 객관가치를 섭취해 인격의 내부에 생명을 갖도록 해야 하는 것임을 역설해 그것을 인격도야의 제1의 특징으로 했다."라고 하여 '교육'과 '도야'를 같은 의미로 파악하였다. 이처럼 일본에서 '도야'는 당시 사용되고 있던 교육, 교화, 훈련, 교련 등의 개념과 비슷한 의미로 사용되기도 하였지만, 독일의 교육학자들 가운데 라인(Rein), 빌만(Willmann), 리트(Litt), 슈프랑거(Spranger), 케르센슈타이너(Kerschensteiner), 쾰러(Köhler), 나토르프(Natorp) 등은 이들 개념의 차이를 전제로 논의를 전개하였다(細谷俊夫 編, 1990: 324-325). 김영래도 '교육'과 '도야'가 다음과 같이 구분된다는 입장을 취하였다.

독일의 교육학 용어로서의 교육(Erziehung)은 일정한 교육목표를 세우고 이에 도달하기 위한 교육자의 교육행위를 전제로 하는 데 반해, 도야(Bildung)란 본래 '일정한 가치지향에 따른 인간의 내면성의 형성'을 의미하는 것으로 타인에 의한 교육적인 도움이 없이도 스스로 이루어질 수 있다는 점에서 교육과 구분된다(김영래, 2006: 47).

한편, 일본에서는 독일어의 Bildung이 학문적으로 '도야'로 변역되어 사용되었지만, 그 의미상 '교양'과 같은 맥락으로 보아야 한다는 흐름도 형성되고 있었다. 일본의 『신교육학대사전』에서는 '교양'이 영어의 culture, 독일어의 Bildung, 그리스어의 paideia, 라틴어 humanitas 등과 같은 의미를 가진다고 보았다.

교양을 의미하는 독일어 빌둥(Bildung)은 메이지 초기 니시 아마네(西周)에 의해 '도야로 번역된 이래 오늘날까지 학술용어가 되었다. … 빌둥이라는 말의 어의에서 보면 '빌드'(Bild, 자형, 상, 형상, 이미지)를 만들어 가는 것에서… 인간을 형성해 가는 것이, 즉 '교양'인 것이다(細谷俊夫 編, 1990: 511).

이처럼 일본에서 Bildung은 '도야'뿐 아니라 교육·교화·교양 등의 다양한 용어로 사용되어 오다가, 1900년경 이후가 되면 의미상 '교양주의'라는 하나의 흐름으로 분화되어 갔다. '교양'이란 개인의 인격이나 학습에 관련된 지식 등의 행위를 지칭하는 말인데, 교양주의의 흐름에는 "폭넓은 문화를 향수함으로써 인격의 완성을 지향하는 사상이나 생활태도 혹은 "철학·역사·문학 등의 인문학 독서를 중심으로 하는 인격 완성을 지향하는 태도"라는 의미가 포함되어 있었다(田中文憲, 2014: 4).

1900년경 이전까지 일본에서 개인의 인격과 관련된 이념은 '수양'의 범주에 포함되어 있었다. 그런데 1917년 와쓰지 데쓰로(和辻哲郎)가 『중앙공론』에 게재한 「모든 싹을 배양하라(すべての芽を培え)」라는 글이 '교양'을 '수양'에서 자립시키는 역할을 하였다.

이것이 소위 '일반교양'의 의미이다. 수천년 이래 인류가 쌓아 온 많은 정신적
인 보물—예술 · 철학 · 종교 · 역사—을 바탕으로 스스로를 교양한다, 거기에
일체의 싹의 배양이 있다(田中文憲, 2014: 2 재인용).

즉, 그때까지 사용되었던 '수양'에서 새로운 의미를 가진 '교양'이라는 말과 이
념이 만들어졌던 것이다. 이후 일본에서 '교양'은 '도야'의 계보와 다른 방향으로
전개되었다. 1900년 이후 일본 출판계에는 '교양'이 붙은 다수의 서적을 출간하는
흐름이 형성되었는데,[19] 여기서 '교양'은 아이를 가르쳐 기르는 교육법이라는 의
미와 인격 형성과 관련된 의미를 가지고 있었다. 이 가운데 후자의 '교양'이 서양
철학서를 읽는 '교양주의'로 발전해 갔고, 이후 『중앙공론』 『개조』 『경제왕래(일본
평론)』 등의 종합 잡지가 유행하면서 이들 잡지가 학생문화를 이끄는 필독서가 되
기도 하였다.
　이처럼 독일문화의 수용에 친화적 자세를 보였던 일본 정부나 일본 지식인의
입장에서 Bildung은 한편에서는 '도야'로 번역되어 교육학의 기본개념 및 용어로
정착되었고, 다른 한편에서는 '교양'의 의미로 번역되어 독서를 통한 인격 형성을
지향하는 '교양주의'의 흐름을 만들어 내는 방향으로 나아갔던 것이다.

2) '도야' 개념의 변용

　'도야'가 교육학의 기본개념이 된 것은 일본이 서구 교육학, 특히 독일 교육학
을 도입할 때 Bildung을 '도야'로 번역하면서부터였다. 물론 '도야'가 교육, 교화,
교양이라는 의미로 혼용되기도 했지만 교육학에서는 일반적으로 '인간발달 및 형
성과정'이라는 의미로 정착되었다. 그런데 빌둥이 '도야'로 정착되는 과정에서 의
미 변용이 있었다는 점에도 주의를 기울일 필요가 있다. 즉, 독일의 훔볼트가 베
를린 대학을 설립하여 강조했던 자유교육의 이념과 괴테가 자신의 소설에서 제
시했던 Bildung에는 중세 후기의 신비주의를 바탕으로 인간에게서 "신성을 발현

---

19) 당시 『国民の教養』(1901), 『女性教育家教養』(1902), 『嬰兒教養』(1902), 『人格と教養』(1907) 등의
　서적이 출간되었다.

한다."는 의미와 함께 18세기 계몽주의를 거치면서 인간으로서의 삶의 형식을 획득하고 유지하는 '인간다움'의 발현한다는 의미가 짙게 내포되어 있었다(최종인, 2016:120). 그러나 '도야'로 번역되어 수용되고 전파되는 과정에서 이러한 의미는 일본의 사회·정치적 필요에 따라 다양하게 변주되었다. 즉, 1890년대 일본의 학계가 헤르바르트나 페스탈로치의 교육사상을 도입할 때 사용했던 '도야'와 1930~40년대 케르센슈타이너의 사상을 설명할 때의 '기술적 도야' '지식적 도야'는 분명한 의미의 차이를 드러내고 있었다고 보아야 할 것이다. 또, 같은 맥락으로 일본의 교육학자가 서구 교육학의 이론을 설파하기 위해 사용했던 '도야'와 일제강점기 경성제국대학이나 경성사범학교에서 식민지 조선의 학생들에게 강조했던 '도야'에는 다른 의도가 내포되어 있었을 것이라는 점을 추측해 볼 수 있다. 이는 표면상 중립적으로 보일 수 있는 학술적 용어의 의미를 정확히 파악하기 위해서는 당시의 사회·정치적 맥락에 대한 이해가 선행되어야 함을 말해준다. 이에 대한 검토는 이번에 충분히 이루어지지 못했지만 추후의 후속과제를 통해 반드시 규명되어야 할 것이다.

이와 함께 현재 한국 교육학계에서 사용하는 '도야' 개념에 관한 비판적 성찰도 동시에 진행되어야 할 것이다. 한국에서도 '도야'는 페르탈로치나 헤르바르트의 교육사상을 설명할 때 많은 교육학자가 사용했던 핵심개념이었다. 독일 교육학 전공자뿐 아니라 현재의 학문 후속세대에게도 '도야'는 의심할 여지가 없는 교육학의 기본개념으로, 그리고 학술용어로 받아들여지고 있다.

예를 들면, 헤르바르트 교육학의 전공자인 김영래는 전체 4장으로 구성된『칸트의 교육이론』의 '제3장 칸트의 교육이론'에서 '교육 및 도야의 필요성'에 관해 지면을 할애하고 있으며, '제4장 칸트 미학의 교육학적 전망들'에서는 '미적 판단과 도야'를 설명하며 취미 도야·미적 도야·인간 도야에 관해 다루고 있다(김영래, 2003). 또 헤르바르트의『일반교육학』번역서를 출간하면서 '도야' 개념의 역사성을 설명한 '주석'에서 "헤르바르트의 교육론은 독일어권에서 형성되어 온 도야(Bildung)의 사상을 그 토대로 하고 있으므로 그의 교육론을 이해하기 위해서는 독일 도야 개념에 대한 기본적인 이해가 필수적이다."(헤르바르트, 2006: 33)라는 설명을 덧붙인 바 있다. 즉, 칸트나 헤르바르트의 교육사상을 설명하는 데 '도야'

개념이 중요한 핵심어로 자리 잡고 있음을 알 수 있다.

　그런데 헤르바르트의 교육학에 관해 언급하면서 '도야'를 사용하지 않는 경우도 있었다. 예를 들면, 이환기는 그의 저서 『헤르바르트의 교수이론』(이환기, 1995)에서 '도야'라는 용어를 사용하지 않았으며 헤르바르트의 『일반교육학』을 번역한 이근엽도 '도야' 대신에 '교양' 혹은 '교육'이라는 용어를 사용했다.

> 본래 교육과 교양교육(Bildung)과는 반대로 어린이의 순전한 '관리' 속에서 순수하게 관념적으로 이해해야 할 것을 헤르바르트는 자신의 '일반교육학'에 대한 Jachmann의 비평에 대한 답변 속에서… 가장 명료하게 밝혀 놓았다. '교육과 비교육'(Bildung and Nicht-Bildung), 이것이 바로 서로 모순되는 대립이며, 이것이 본래의 교육과 관리를 구별한다(헤르바르트, 1988: 33).

　이 밖에도 현재 진행되는 많은 연구논문 가운데에서도 Bildung을 '교양교육' 혹은 '전인교육'으로 번역(안성찬, 2009)하거나, Bildungsidee를 '인간교육 이념'으로 번역(프리드리히 크론, 2010)하는 경우도 있다. 이처럼 독일어 Bildung을 어떻게 번역해야 할 것인지, 그리고 '도야'의 개념 및 의미를 어떻게 받아들여야 할지는 학자에 따라 다양한 양상을 보이며 전개되고 있다. 혼란스런 양상으로까지 비춰지는 '도야' 개념 및 용어를 교육학계는 어떻게 확정해 가야 할 것인가? 이에 대한 판단 근거를 제공하는 임무가 교육학 전공자들에게 맡겨진 과제는 아닐까?

5. 맺음말

　이상과 같이 현재 우리가 교육학의 기본개념 혹은 용어라고 알고 있는 '도야'가 어떤 과정을 거쳐 현재에 이르렀는가를 탐색해 보았다. 교육학의 이론이나 방법, 그리고 개념 및 용어는 그것이 존재해야 하는 나름대로의 이유를 가진다. 그런데 우리가 왜 그것을 알아야 하고 배워야 하는지를 알지 못한다면 그것은 한때의 유행으로 지나쳐 버리는 교수방법이나 학습이론이 될 수 있으며, 공허한 사상이나 이론 혹은 개념으로 남게 될 가능성을 배제할 수 없다.

우리는 서구 교육학의 이론 및 방법론을 주체적으로 수용할 수 없었던 역사적 경험을 가지고 있다. 이 장에서는 이를 전제로 교육학의 기본 개념 및 용어라고 할 수 있는 '도야'가 지금까지 어떻게 우리의 학문체계 속에서 생명력을 유지하며 존재할 수 있었는지를 중심으로 논의를 전개했다. 마땅히 우리의 손으로 검토되었어야 할 많은 교육학 개념 및 용어들이 비판적 성찰 없이 학문 후속세대에게 그대로 전파되는 악순환의 고리를 끊기 위해서 근대 서구 교육학의 도입 과정에서 수용되었던 개념이나 용어들을 우리의 눈높이에 맞게 주체적으로 검토하는 작업이 지속적으로 이루어져야 함은 재언의 여지가 없을 것이다.

이러한 문제의식 아래 이 장에서는 다음과 같은 내용을 검토하였다.

첫째, '도야' 개념 및 용어의 사전적 의미와 유래에 관해 논했다. 이 과정에서 '도야'는 독일어 Bildung의 번역어이며 일본에서 서구 교육학의 이론과 사상을 도입하는 과정에서 '도야'로 번역되어 수용되었음을 분명히 하였다.

둘째, '도야'가 일본에서 교육학 용어로 정착되어 보급되었다는 점을 분명히 하기 위해 1890년대부터 1940년대에 일본에서 출간된 교육학 교재를 분석하였다. 이 시기 일본에서 출간된 수백 종에 이르는 교육학 서적 가운데 '도야'를 언급한 도서를 중심으로, '도야'가 어떻게 언급되었는지를 분석하였다. 이를 통해 '도야'라는 용어는 페스탈로치와 헤르바르트 교육학이 도입되면서 당시 일본의 교육학자들에게 교육학의 기본개념으로 정착되었고, 이들의 교육학 서적을 통해 일본 교육학계에 보급되었음을 분명히 하였다. 더불어 시간의 흐름에 따라 '도야'는 일반도야, 형식도야, 인격도야, 품성도야 등에서 직업도야, 국방도야, 국민도야 등으로 의미 변용의 과정을 거쳤다는 점도 확인할 수 있었다.

셋째, 일본에서 교육학의 기본개념 및 용어로 정착된 '도야'가 일제강점기 조선에서도 그대로 사용되었음을 밝히기 위해 일제강점기 경성제국대학 학생이 사용했다고 여겨지는 교육학 도서를 검토하였다.

넷째, 일제강점기 교육학의 기본개념으로 조선에 전파되었던 '도야'는 해방 후 한국 교육학자가 쓴 교육학 서적에도 그대로 사용되었다는 점에 관해 검토하였다. 단, 일제강점기까지 Bildung의 번역어로 '도야'가 사용되었다고 한다면, 해방

후에는 '도야' 대신에 '교양'을 사용하는 연구자도 나타났다는 점에 주목할 필요가
있다. 이는 해방 후 일본을 통해 수용된 '도야'가 그대로 한국 교육계에 사용되는
흐름도 있었지만, 다른 한편에서는 독일 교육학계의 동향을 직접 수용하는 흐름
도 생겨났음을 단적으로 나타내는 것이라 볼 수 있다.

다섯째, 앞의 내용과 관련해 현재 우리가 사용하는 '도야' 개념을 어떻게 정리
할 것인가의 문제가 이후 교육학 연구자들이 검토해야 할 과제라는 점을 분명히
하였다. '교육'의 친화적 용어로 '양성' '교양' '가르침' '강의' '교수' 등이 제시되는
반면, '도야'의 친화적 용어로 '절차탁마' '수련' '함양' '연마' '수양' 등이 제시되고
있는 점은 '도야'가 한국의 교육현상 및 교육현실을 제대로 반영할 수 있는 개념
및 용어인가에 대한 재검토가 필요한 것은 아닌가 하는 의문을 갖게 한다.

이상에서 본 것과 같이 교육학의 개념이나 용어는 역사적으로 만들어진 것이
며, 따라서 고정된 것이 아니라 시·공간의 조건에 따라 변용의 과정을 거치며 현
재에 이르렀다고 할 수 있다. 특히 식민지의 경험은 외래의 사상이나 이론을 우
리의 상황에 맞게 주체적으로 소화할 수 있는 여지를 빼앗아 가 버렸다. 그렇다
고 모든 잘못을 식민지적 경험으로 돌리기에는 너무 많은 시간이 흐른 듯하다.
지금 이 시점에서 오랜 기간 동안 당연한 것으로 사용되어 왔던 교육학 관련 용어
나 개념이 어떤 과정을 거쳐 현재에까지 이르렀는가를 파악하는 작업은 그 용어
나 개념의 현재적 사용이 타당한가를 성찰하는 일이면서 동시에 새로운 개념의
창출을 추동하는 일이 될 것이다.

〈참고자료〉 1890년대 중반~1940년대 일본에서 출간된 교육학 교재와 '도야'

尺秀三郎, 『講習必携実用教育学』, 長崎県有志教育会, 1895.

田口義治 編, 『教育学問答』(新式教育学問答全書 巻4), 教育書房, 1897.

後藤嘉之 編, 『実験教育学』, 金港堂, 1899.

寺内頴, 『理論的教育学』, 村上書店, 1900.

齋藤鹿三郎, 『實用小教育學』, 山海堂書店, 1901.

三輪田元道, 原田長松 著, 『応用教育学: 女子教科』, 成文社, 1902.

中谷延治 解説, 『シルレル氏訓練論』(続教育学書解説; 第3), 育成会, 1902.

大瀬甚太郎, 中谷延治 著, 『教育学及研究法』, 同文館, 1903.

教育學術研究會 編, 『教育辭書』第1册, 同文館, 1903.

越智直, 『実用教育学: 女子教科』, 学海指針社, 1904.

大瀬甚太郎, 『教育学講義』, 成美堂, 1904.

黒田定治, 東基吉, 『実践教育学: 女子教科』, 目黒書店, 1905.

樋口長市, 『小教育學』, 寶文館, 1906.

大瀬甚太郎 講述, 『教育學』(早稲田大學四十三年度文學科講義録), 早稲田大學出版部, 1910.

大瀬甚太郎, 『教育学講義』, 成美堂, 1912.

田中義能, 『家庭教育学』, 同文館, 1912.

吉田熊次, 『教育学教科書』, 目黒書店, 1915.

入沢宗寿, 『現今の教育』, 弘道館, 1915.

槙山栄次, 『教育の諸説と其実際的価値』, 目黒書店, 1920.

大瀬甚太郎, 『現代の教育思潮』, 右文館, 1921.

入沢宗寿, 『新教授法原論』, (最新教育学叢書 第15巻), 教育研究会, 1922.

岡部為吉, 『教育と内省』, イデア書院, 1923.

大瀬甚太郎, 『新教育学講義』, 成美堂書店, 1924.

中野八十八, 『思想回転機に於ける新国史教育』, 天地書房, 1924.

ゲルハルト・パウル・ナトルプ 他, 『批判主義に基く哲学的教育学』, 同文館, 1924.

パウル・ナトルプ 他, 『指導原理としての一般教育学: 大学講義用』, 調和出版社, 1925.

神作浜吉 他, 『亀山論抄』, 神作校長叙勲還暦表祝事務所, 1925.

竜山義亮, 『教育学概論』, 日本大学, 1925.

教育学術会 編, 『教授学習法講義: 文検受験用』, 大同館書店, 1926.

篠原助市, 『教育学綱要』, 東京宝文館, 1926.

パウル・バルト 他, 『教育学概論』, 教育研究会, 1926.

乙竹岩造, 『文化教育学の新研究』, 目黒書店, 1926.

阿部重孝, 『小さい教育学』, 広文堂, 1927.

入沢宗寿, 『教育者と教育精神』, 東洋図書, 1927.

大日本学術協会 編, 『日本現代教育学大系』第9巻, モナス, 1928

井上貫一, 『最新社会的教育学』, 昭和出版社, 1928.

日田権一,『人格観的教育思潮の進展』,昭和出版社, 1928.

吉田熊次,『陶冶と価値』,目黒書店, 1929.

篠原助市,『理論的教育学』,教育研究会, 1929.

佐藤熊治郎,『教授方法の芸術的方面』,目黒書店, 1930.

篠原助市,『教育の本質と教育学』,教育研究会, 1930.

小池藤八,『教育の思潮と実際:弁証論的考察』,勝田書店, 1931.

山崎博,『郷土教育の再吟味:研究と批判』,教育実際社, 1931.

吉田熊次,『教育及び教育学の本質』,目黒書店, 1931.

海後宗臣,『クリークの教育哲学』,目黒書店, 1931.

伏見猛弥,『陶冶と世界観』,目黒書店, 1931.

宇野誠一,『労作主義研究教授の実際』,高踏社, 1932.

宮川菊芳,『社会生活人への読方教育』,明治図書, 1932.

田中寛一 ほか,『教育学:統合新教育教科書』,松邑三松堂, 1932.

小川正行,『フレーベルの生涯及思想』,目黒書店, 1932.

細谷俊夫,『教育環境学』,目黒書店, 1932.

篠原助市,『理論的教育學』,同文社, 1933.

後藤三郎,『日本教育学』,教育研究会, 1933.

春山作樹,『教育学講義』,東洋図書, 1934.

伏見猛弥,『最近小学教育の諸問題』,東洋図書, 1934.

宇野誠一,『労作主義研究教授の実際』,高踏社, 1934.

新宮恒次郎 他,『算術教育汎論』,雄山閣, 1934.

石山脩平,『弁証的教育学』,厚生閣, 1934.

ピンケウイッチ 他,『教育学概論』,ナウカ社, 1934.

山本猛,『教育学概説』,三友社, 1935.

宇野誠一,『労作主義研究教授の実際』,高踏社, 1935.

宮野輔,『教育学問題精解:小学校教員検定受験用』,三友社書店, 1935.

水木梢,『労作教育の新研究』,高踏社, 1935.

阿部仁三,『現代とシュプランガーの文化教育学』,目黒書店, 1935.

川上正治,『教育科短期合格の真髄:小学教員受験・検定問題対照』,新生閣, 1936.

大場俊助,『国語教育基礎理論』,啓文社, 1936.

長田新,『近世西洋教育史』,岩波書店, 1936.

辻幸三郎,『教育学概論』,同文書院, 1936.

大竹義雄,『職分教育原論』,文教書院, 1936.

村田良三,『文検国民道徳要領:教育大意受験の新研究』,文泉堂書房, 1936.

本間良助,『裁縫教育の改革:旧態打破実際研究』,盛林堂, 1936.

野口援太郎,『人生と教育の真諦』,明治図書, 1937.

小林澄兄,『教育革新への途』,明治図書, 1937.

稲毛詛風,『日本教育の哲学的基礎』,明治図書, 1937.

岩瀬六郎, 『堅実な読方教育』, 晃文社, 1937.

石山脩平, 『教育学要義』, 三省堂, 1937.

山極真衛, 『現代学校教育学』, 賢文館, 1938.

松浦俊吉, 『理論実践新教育学』, 明治図書, 1938.

白土千秋, 『新日本への若き教師』, 教育研究会, 1939.

寺田弥吉, 『皇道顕現国防教育の建設』, 明治図書, 1939.

田中寛一, 『最新教育学』, 松邑三松堂, 1939.

根岸栄之, 『実践職場教育学』, 日本青年教育会出版部, 1939.

吉田角太郎, 『実相聾教育概論』, 奈良県立盲唖学校聾部研究会, 1940.

広島文理科大学広島高等師範学校精神科学会 編, 『現下の問題を哲学する: 精神科学論文集』,
　　目黒書店, 1941.

伊藤忠好 , 『民族教育学序説』, 育芳社, 1942.

入沢宗寿, 『教育学概要』, 春秋社松柏館, 1942.

山極真衛, 『現代学校教育学』, 宝文館, 1942.

篠原助市, 『教育学』, 岩波書店, 1948.

山極真衛, 『新学校教育学序説』, 三省堂, 1948.

乙竹岩造, 『教育学』, 培風館, 1949.

출처: (일본) 国立国会図書館デジタルコレクション (http://dl.ndl.go.jp/ 2017년 9월 2일 인출)

📁 참고문헌

『태종실록』(1401).

『세종실록』(1448).

『성종실록』(1469).

『연산군일기』(1497).

『인종실록』(1545).

교육고전문헌연구회 편(1981). 『교육고전의 이해』. 서울: 이화여자대학교출판부.

김성학(1996). 『서구교육학 도입의 기원과 전개』. 서울: 문음사.

김영래(2003). 『칸트의 교육이론』. 서울: 학지사.

김영래(2006). 「체계적 교육학의 필요성과 가능성」. 『교육철학』 36, 46-63.

김지연(2012). 『대한제국관보의 일본어어휘 수용연구』. 서울: 제이앤씨.

나인호(2011). 『개념사란 무엇인가』. 서울: 역사비평사.

남억우 외(1990). 『최신 교육학대사전』. 서울: 교육과학사.

레이먼드 윌리엄스, 김성기 역(2010). 『키워드』. 서울: 민음사.

박근갑 외(2009). 『개념사의 지평과 전망』. 서울: 도서출판 소화.

박영섭(1986). 「국어 한자어의 기원적 계보 연구」. 성균관대학교 대학원 박사학위논문.

성백효 역주(2004/1991년 초판). 『맹자집주』. 서울: 전통문화연구회.

안성찬(2009). 「전인교육으로서의 인문학-독일 신인문주의의 '교양'(Bildung) 사상」. 『인문논총』 62, 99-126.

오천석 외(1961). 『현대교육총서2 교육사』. 서울: 현대교육총서편찬위원회.

외르크 피쉬 외, 안삼환 외 역(2010). 『코젤렉의 개념사 사전(전 11권)』. 서울: 푸른역사.

유옥겸(1907). 『간명교육학』. 서울: 우문관.

이경희(2010). 「독일 고전주의 문학의 교양교육적 의미」. 『교양교육연구』 14(1), 115-132.

이정우(2012). 『개념-뿌리들』. 서울: 그린비.

이한섭(2014). 『일본에서 온 우리말 사전』. 서울: 고려대학교출판부.

이환기(1995). 『헤르바르트의 교수이론』. 서울: 교육과학사.

임상우(2015). 「베를린 훔볼트 대학」. 『서강인문논총』 42, 359-382.

정영근(2004). 「교육학에 "도야(Bildung) 개념이 필요한가?」. 『교육철학』 32, 165-180.

정영근(2008). 「훔볼트의 도야(Bildung) 개념」. 『교육철학』 43, 131-150.

최근식(1953). 『교육학개론』. 서울: 정음사.

최종인(2016). 「도야(Bildung)의 교육적 의미」. 『교육의 이론과 실천』 21(1), 119-143.

프리드리히 크론(2010). 「일반교육 프로그램에 구현되는 훔볼트의 인간교육 이념이 현대 정보사회에서 갖는 의미」. 『교양교육연구』 4(1), 5-19.

하영선(2009). 『근대한국의 사회과학 개념 형성사』. 서울: 창비.

한용진(2014). 「근대 교육개념의 수용에 관한 개념사적 고찰」. 『교육사상연구』 28(1), 337-359.

한용진(2016). 「일본국 군주 호칭에 관한 일고」. 『한국교육사학』 38(2), 55-78.

한용진·김자중(2009). 「대한제국기 교육학 교재 분석」. 『한국교육학연구』 15(3), 5-34.

한용진·김자중(2015). 「근대 '교사' 개념의 수용과 변천에 관한 개념사적 고찰」. 『한국교육사학』 37(3), 103-121.

한용진·김자중(2016). 「근대 '교수' 개념의 수용에 관한 개념사적 고찰」. 『한국교육학연구』 22(4), 43-61.

한용진·조문숙(2017). 「근대 '학교' 개념의 수용에 관한 개념사적 고찰」. 『한국교육사학』 39(2), 153-173.

헤르바르트 J. F., 김영래 역(2006). 『헤르바르트의 일반교육학』. 서울: 학지사.

헤르바르트 J. F., 이근엽 역(1988). 『일반교육학』. 서울: 연세대학교출판부.

황호덕·이상현(2012). 『개념과 역사, 근대 한국의 이중어 사전: 외국인들의 사전편찬사업으로 본 한국어의 근대1·2』(동아시아 개념어총서). 서울: 박문사.

教育学術研究会 編(1903). 『教育事典』第4冊. 東京: 同文館.

能勢栄 他(1893). 『ヘルバルト主義の教育説』. 福島活版舍.

鈴木貞美(2013). 「東アジア近現代の概念編制史研究の現在」, 『東アジアにおける学芸史の総合的研究の継続的発展のために』(国際研究集会報告書), 国際日本文化研究センター.

森岡健二(1991). 『近代語の成立』. 東京: 明治書院.

細谷俊夫 編(1990). 『新教育学大事典』. 東京: 第一法規.

松月秀雄(1932a). 「陶冶の語源と其の本質」. 『朝鮮の教育研究』5(7), 5-13.

松月秀雄(1932b). 「陶冶」. 『文教の朝鮮』, 7~10월.

野田義夫(1930). 『文化教育學原論』. 東京: 人文書房.

田中文憲(2014). 「日本的教養(1)~教養主義をめぐって~」. 『奈良女子大学紀要』42, 1-22.

佐藤熊治郎(1920). 『三大教育学説の約説と批判』. 目黒書店, 234-312.

竹島博之(2013). 「ドイツにおける教養の展開と政治的陶冶」. 『東洋法学』56(3), 97-125.

尺秀三郎(1895). 『講習必携実用教育学』. 長崎県有志教育会.

哲学事典編纂委員會(1997). 『哲学事典』第26刷, 改訂新版. 東京: 平凡社.

『두산백과』. http://terms.naver.com/.

『조선왕조실록』. http://sillok.history.go.kr/search/.

『한국민족문화대백과사전』. http://encykorea.aks.ac.kr/.

国立国会図書館デジタルコレクション. http://dl.ndl.go.jp/.

남궁영, 「人格을 養成ᄒᆞᄂᆞᆫ데 敎育의 效果」. 『대한유학생회보』제1호, 1907년 3월 (한국사데이터베이스, http://db.history.go.kr).

西川長夫, 「近代日本における文化受容の諸問題」(総合プロジェクト研究). (http://www.ritsumei.ac.jp/).

張厚泉, 「西周の翻訳と啓蒙思想」. https://ricas.ioc.u-tokyo.ac.jp/asj/html/067.html.

沈国威, 「漢字文化圏における近代語彙の形成と交流」, 関西大学学術リポジトリ http://hdl.handle.net/10112/11020.

제2부

교수·학교·교사·학생의 개념사

제5장

근대 '교수' 개념의 수용

　이 장에서는 근대 '교수(教授)' 개념이 우리나라에 어떻게 수용되었는가를 개념사적으로 살펴보고자 한다. 일반적으로 교수라는 용어는 대학에서 '가르치는 사람'을 지칭하기도 하지만, 이 글에서는 가르치는 행위와 관련하여 살펴보고자 한다. 전통시대에 '교수'라는 용어는 가르치는 행위보다는 관직명으로 많이 사용되었는데, 1880년대에 들어와 지식을 가르치는 행위로서 '교수'라는 용어가 확산되기 시작하였다. 1890년대 우리나라에서 간행된 영한/한영사전에서는 teach와 instruct, educate, elevate, edify 등을 개념적으로 엄밀하게 구분하지는 않았던 것으로 보인다. 하지만 헤르바르트 교육학이 소개되고 독일어 'Erziehender Unterricht'를 교육적 교수로 번역하면서, 지식 전수를 위한 '교수' 개념은 '교육' 개념과 구분되게 되었다. 그럼에도 불구하고 우리나라에서 서양의 '교수' 개념은 지적 도야 이외에 심신의 수양까지도 포함하는 것으로 사용되면서, 궁극적으로 교육과 구분하기 어렵게 되었다. 비록 교육은 교수를 포함하는 넓은 개념이라고 하지만, 종종 교육과 교수가 유사한 개념으로 혼용되는 것은 가르치는 행위(=교수)가 올바른 인간 형성(=교육)을 위한 것이라는 전통적 교육개념의 영향이 남아 있기 때문이라 생각된다.

주제어 교수, 교육, 개념사, 최광옥, 윤태영, 헤르바르트

1. 머리말

근대 한국에서 '교수(敎授)' 개념이 어떻게 수용·전파되었을까? 일반적으
로 교수라는 용어는 대학에서 '가르치는 사람'을 지칭하기도 하지만, 이 글에서
는 '가르치다'라는 의미로 교수행위와 관련하여 살펴보고자 한다. 통상 교육(敎
育)은 가르치는 행위인 '교수'와 배우는 행위인 '학습(學習)'의 두 가지 개념을 모
두 포함하는 것이지만, 오늘날 '교육하다'라는 단어는 종종 '가르치다', 즉 '교수
하다'와 거의 동의어처럼 사용되는 경향이 있다. 그리고 이런 현상은 한영사전에
서도 볼 수 있는데, 다음(Daum) 인터넷 영어사전에서 '교육'은 "1. education, 2.
training, 3. teaching, 4. instruction, 5. academic" 등으로, '교수'는 "1. teaching,
2. instruction, 3. tuition, 4. a professor, 5. faculty" 등으로 설명되고 있다. 한영
사전에 나타나는 teaching이나 instruction은 교육과 교수 모두에 등장하고 오히
려 교육의 의미로 흔히 사용하는 pedagogy는 다음 한영사전에는 나오지 않는다.

최근 구글(https://books.google.com/ngrams)에서는 특정 단어가 1800년 이
래 문헌 속에서 얼마나 많이 사용하였는가를 그래프를 통해 보여 주고 있다. 아

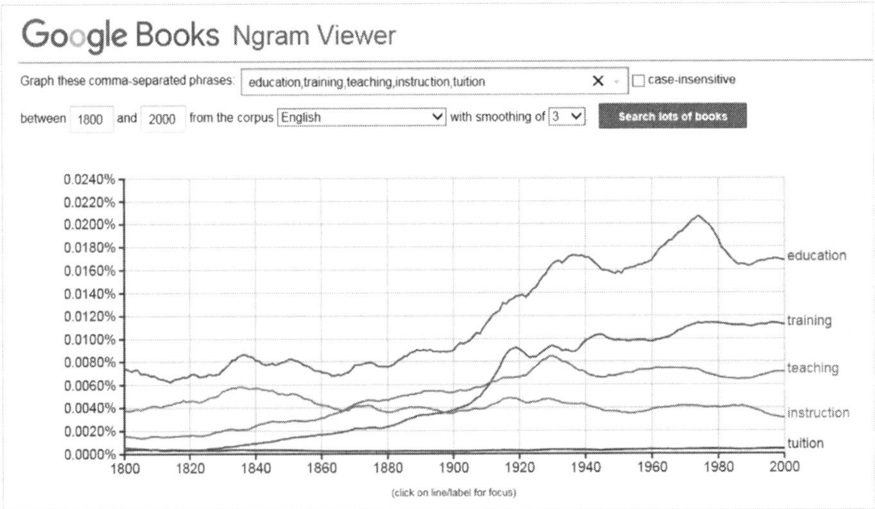

[그림 5-1] 교수 관련 영어 용어 빈도 검색

직 한글 검색은 제공하지 않지만, 교육 및 교수와 관련된 education, training, teaching, instruction, tuition 등 5단어를 검색해 보면 [그림 5-1]과 같이 시기별로 빈도수의 많고 적음을 한눈에 볼 수 있다. 교수에 한정하여 teaching과 instruction의 빈도를 살펴본다면, 1860년대 중반부터 teaching이 instruction보다 많이 사용되기 시작하였으며, 2000년대에는 거의 두 배의 빈도를 보여 주고 있다. 그리고 training은 1900년을 기준으로 instruction을 넘어서고, 20세기가 시작되고 난 이후 1910년 무렵부터는 teaching마저도 추월하며 education 다음으로 많이 사용되고 있다. 또한 training의 용어빈도가 급속히 증가한 시기가 제1차 및 2차 세계대전과 겹쳐지는 것을 알 수 있다.

　이 글에서는 먼저 전통시대와 근대 시기를 통해 우리나라에서 '가르치다'와 관련된 용어로 어떤 단어들이 주로 사용되었는가를 살펴보고(2절), 이어서 서양의 근대 교육학이 일본에 들어오면서 '교수'로 번역되는 과정을 통해 교육과의 관계에서 교수개념을 어떻게 구분하고 있었는가를 확인하며(3절), 이를 통해 당시 우리나라에 수용되는 '교수'라는 용어의 개념적 특성을 규명해 보고자 한다.

　교육 관련 용어의 개념과 관련된 선행연구물로는 한용진(2014), 장지원(2014a; 2014b), 오성철(2015), 강성훈(2016) 등이 있는데, 교수개념보다는 주로 교육개념에 주목하여 연구되어 왔다. 이 중 강성훈의 논문은 이 책 6장에 수록되었는데 제목에 '교수행위'라는 용어를 사용하고 있지만, 실제로는 현대 한국의 개념세계와 언어체계에서 교수-학습 관련 개념들은 '교육'이라는 단일개념에 통합되어 있는 상태라고 하여, 교수개념 그 자체보다는 『조선왕조실록』에 나타난 교육 관련 용어들을 살펴보고 있다. 따라서 교수개념의 수용과 그 개념적 분석을 시도하는 본 장의 연구와는 구별된다고 하겠다. 이 글은 근대 '교수' 개념이 우리나라에 수용되는 과정을 개념사적으로 살펴보는 것에 한정하였다.

2. 우리나라에서의 '교수'(가르치다) 관련 용어

1) 전통시대 '교수' 관련 용어의 쓰임새

전통시대에 우리나라에서 '가르치다'라는 의미로 '교수'라는 용어를 가장 먼저 사용한 문헌으로는 『삼국사기』가 있다. 즉, 신라 국학(國學)을 설명하며 "교수(教授)하는 방법은 『주역(周易)』『상서(尚書)』『모시(毛詩)』『예기(禮記)』『춘추좌씨전(春秋左氏傳)』『문선(文選)』으로 구분하여 학업으로 삼았다."[1]라는 기사와 의학(醫學)과 관련하여 "효소왕 원년에 처음 두어 학생을 가르쳤는데[교수(教授)]"[2]라는 기사가 보인다. 신라 국학은 신문왕 2년(682)에 설립되었으며 효소왕 원년은 서기 692년이니, 아무리 늦어도 7세기에는 가르침 혹은 '가르치다'라는 의미로 '교수'라는 용어가 사용되었음을 확인할 수 있다. 그리고 고구려의 태학(太學)이 372년인 것을 감안하면 이미 4세기부터 가르침으로서 교수행위는 존재하였던 것으로 보인다. 『고려사』에도 태조 13년(930)에 "따로 학원(學院)을 창설하여 6부의 생도를 모아 가르치게 하였다."[3]라는 기사와 "성종 6년(987) 8월에 전년 귀향(歸鄕)을 허락받은 학생들에게 가르침을 줄 스승이 없으므로 교서를 내려 말하기를"[4]이라는 문장이 보인다. 모두 교수는 '가르치다'는 뜻으로 사용되고 있었다.

한편, 『조선왕조실록』의 교수 관련 용어를 한자 단어검색을 통해 찾아보면, '교수(教授)'가 763건으로 가장 많고, 그다음으로 '교화(教化)' 622건, '교회(教誨)' 528건, '교훈(教訓)' 385건, '교양(教養)' 366건, '훈회(訓誨)' 228건, 그리고 '교습(教習)' 144건 등이다.[5] 다만 『조선왕조실록』에서 가장 많이 등장하는 교수(教授)라는 단어는 실제로는 '가르침' 혹은 '가르치다'라는 의미로 사용된 것은 51건(6.7%)에 불과하고,

---

1) "教授之法, 以周易·尚書·毛詩·禮記·春秋左氏傳·文選, 分而爲之業." 『삼국사기』. 卷第三十八 雜志 第七.

2) "醫學, 孝昭王元年初置, 教授學生." 『삼국사기』. 卷第三十九 雜志 第八.

3) "別創學院 聚六部生徒教授." 『고려사』. 卷七十四 志 卷第二十八.

4) "六年八月 以前年許還學生, 無師教授, 教." 『고려사』. 卷七十四 志 卷第二十八.

5) 이 밖에 '훈학(訓學)'과 '교학(教學)'은 각기 12건에 불과하여 이 글에서는 생략하였다.

705건(92.4%)은 교수관과 같은 관직명으로서, 혹은 일반명사인 직함으로서 교수 (教授) 아무개라든가, 지역명(예: 開城教授, 外方教授, 三邑教授 등), 부서명(예: 四學 教授, 惠民署教授 등), 교수과목(예: 儒學教授, 武學教授, 醫學教授, 律學教授, 算學教 授, 地理學教授, 詩學教授, 命課學教授, 治腫教授, 漢學教授, 籌學教授, 命學教授, 學教授 등)을 붙여 사용되고 있다.[6] 한편 "봉교수(奉教授)○○(무엇)"과 같이 봉교(奉教) 와 수(授)○○의 문장구조가 보인다. 즉 왕의 명령인 '교명(教命)'을 받들어[봉(奉)] ○○에게 (무엇을) 수여한다[수(授)]'는 내용이 7건(0.9%) 등장하고 있다. 가르치다 는 의미로 검색된 내용을 다시 임금별로 정리해 보면 〈표 5-1〉과 같다.

〈표 5-1〉 『조선왕조실록』 '교수(教授)' 용어 중 '가르치다/총 기사 건수'의 분석　　　( ) 속은 %

왕명 \ 용어	教授	왕명 \ 용어	教授	왕명 \ 용어	教授
1대 태조	1 / 13 (7.7)	12대 인종	0 / 1 (0.0)	숙종보궐	1 / 1 (100)
2대 정종	0 / 1 (0.0)	13대 명종	0 / 14 (0.0)	20대 경종	1 / 1 (100)
3대 태종	0 / 39 (0.0)	14대 선조	4 / 22 (18.2)	21대 영조	3 / 36 (8.3)
4대 세종	4 / 99 (4.0)	선조 수정	3 / 12 (25.0)	22대 정조	1 / 37 (2.7)
5대 문종	1 / 6 (16.7)	광해군중초본	2 / 22 (9.1)	23대 순조	2 / 5 (40.0)
6대 단종	2 / 8 (25.0)	광해군정초본	2 / 21 (9.5)	24대 헌종	0 / 1 (0.0)
7대 세조	3 / 22 (13.6)	16대 인조	3 / 17 (17.6)	25대 철종	0 / 1 (0.0)
8대 예종	0 / 7 (0.0)	17대 효종	1 / 18 (5.6)	26대 고종	11 / 21 (52.4)
9대 성종	1 / 150 (0.1)	18대 현종	0 / 4 (0.0)	27대 순종	0 / 8 (0.0)
연산군일기	1 / 13 (7.7)	현종 개수	1 / 8 (12.5)	순종부록	2 / 3 (66.7)
11대 중종	0 / 132 (0.0)	19대 숙종	1 / 20 (5.0)	합 계	51 / 763 (6.7)

'가르치다'라는 동사적 용례는 고종시대가 11건으로 전체 51건의 21.6%를 차 지하고 있으며, 그중 절반이 '가르친다'는 동사적 용례로 사용되고 있다는 점에서 주목된다. 각 왕별로 총 기사 건수가 10건 이상이면서 동사적 용례가 10%를 넘는 경우는 세조, 선조, 선조 수정, 인조, 고종 등 조선시대 전체에 비교적 고루 퍼져

---

6) 『세종실록』, 세종 14년(1432) 5월 11일의 기사 등. 세종시대 5건과 단종 2년(1454) 1월 22일, 영조 12년(1736) 3월 15일 등.

있다. 그 내용은 주로 '교수(敎授) ○○'(예: 生徒, 學徒, 諸生, 後學, 後生, 子弟, 弟子, 諸弟, 門徒, 兒童, 年幼侍女)와 같이 누구를 가르쳤다는 의미로 사용되고 있지만, 주역을 가르치다(敎授周易, 『숙종실록』, 숙종 5년 3월 11일)라든가, 가르치는 용어(敎授之語)[7]나 가르치는 일(敎授之事)[8], 가르치는 것을 업으로 삼는다[敎授爲業][9] 등의 용례도 보인다. 하지만 고종시대 이전까지 교수라는 단어는 대부분 교수관과 같이 직급으로서 사용되었고, 단지 5.2%(태조에서 철종까지의 용례 731건 중 38건)만이 동사적 용례로 사용되었기에, 50% 이상을 동사적으로 사용한 고종시대와 비교해 보면 교수 용어의 개념적 변화가 있었다고 추정해 볼 수 있다.

2) 근대 개혁기 '교수' 개념

앞에서 살펴본 바와 같이 고종시대에 들어와 '교수'라는 용어는 개념상 변화를 겪게 된다. 이는 서구 교육학의 소개와 근대적인 관제 제정으로 학교제도에 관한 규정이 만들어지는 것과 밀접한 관련이 있다. 먼저 『고종실록』에는 모두 21건의 기사가 있는데, '敎授'라는 용어는 총 23회(3번, 7번 기사는 2회) 사용되고 있다. 이를 시기별로 정리하여 표로 만들어 보면 〈표 5-2〉와 같다. 가장 마지막은 고종실록의 부록으로 편찬위원을 나열한 것인데, 경성제국대학 교수였던 오다 쇼고(小田省吾) 항목을 제외한다면, 고종시대에는 '교수'라는 용어가 관직명과 가르침이 각기 11건씩 사용되고 있음을 알 수 있다. 이에 반해 『순종실록』에 등장하는 6건은 모두 관직명[10]으로만 사용되고 있을 뿐이다.

---

7) "여항(閭巷) 사이에는 이미 몸소 그의 교수(敎授)를 받았다는 말이 나돌고 있습니다(是以閭巷之間, 已有親承敎授之語)." 『선조실록』, 선조 32년(1599) 11월 21일. 동일한 내용이 『선조수정실록』(선조 32년 11월 1일)에도 실려 있다.

8) "동몽 교관(童蒙敎官)을 설치한 것은 그 의도가 우연한 것이 아닌데도 근래에는 교수(敎授)하는 일이 없으므로 옛 법규가 모두 무너졌습니다(童蒙敎官之設, 其意非偶, 而近來無敎授之事, 古規全壞矣)." 『영조실록』 영조 10년(1734) 3월 26일.

9) "공소는 숭정(崇禎) 연간의 진사(進士)로서 난을 피하여 산 속에 숨어 살면서 교수(敎授)로 업을 삼고 청나라에서 관직하지 않았다고 하였습니다(孔昭, 崇禎間進士, 因亂避居山中, 敎授爲業, 不仕於淸國云)." 『현종개수실록』 현종 4년(1663) 7월 27일, "신(臣)은 교수(敎授)를 직업으로 삼아 사는 곳이 일정하지 않습니다(臣以敎授爲業, 不常居住)." 『영조실록』 영조 9년(1733) 8월 23일.

10) 사범학교 교수 1건, 고등학교 교수 4건, 그리고 편찬위원으로 경성제국대학 교수 1건 등이다.

〈표 5-2〉『고종실록』에 등장하는 '教授' 용어 분류

구분	시기	내용	비고
1	고종 5년(1868) 윤4월 6일	安敎之開門敎授	가르침
2	고종 19년(1882) 8월 20일	敎授而成就才俊	가르침
3	고종 24년(1887) 10월 27일	四學敎授輪回住院, 一准章程, 敎授學徒	관직, 가르침
4	고종 25년(1888) 11월 17일	東學敎授輪回入直事	관직
5	고종 30년(1893) 1월 24일	擇其宿望有學行者, 敎授之	가르침
6	고종 31년(1894) 8월 28일	以國文編纂『軍卒敎科書』, 每日限時間敎授事	가르침
7	고종 32년(1895) 3월 25일	(법관양성소) 敎授若干人 … 敎授는 隨時任用홈	관직, 관직
8	고종 32년(1895) 7월 2일	(성균관) 敎授二人, 直員二人, 判任.	관직
9	고종 32년(1895) 9월 28일	書册을 一切敎授ㅎ야	가르침
10	고종 32년(1895) 11월 15일	本國語를 洋人의게 敎授ㅎ기로	가르침
11	고종 33년(1896) 8월 15일	成均館敎授徐相鳳	관직
12	고종 35년(1898) 7월 18일	(동학) 敎長, 敎授, 執綱, 都執, 大正, 中正等頭目	관직
13	고종 35년(1898) 10월 6일	成均館敎授慶賢秀	관직
14	고종 36년(1899) 3월 24일	(의학교) 各種醫學以專門敎授	가르침
15	고종 36년(1899) 4월 4일	中學校以正德, 利用, 厚生之中等敎育敎授	가르침
16	고종 36년(1899) 7월 5일	(의학교) 待國內醫術發建, 更定年限, 敎授深切術業	가르침
17	고종 37년(1900) 11월 3일	(종인학교) 司誨는 敎授를 掌ㅎ며 學員을 監督홀 事	가르침
18	고종 38년(1901) 9월 23일	其餘五經博士, 學正, 敎授之屬	관직
19	고종 42년(1905) 2월 26일	(성균관) 敎授三人, 博士三人, 直員二人, 並判任.	관직
20	고종 42년(1905) 11월 28일	成均館敎授李商永等	관직
21	『고종실록』, 附錄 編纂委員	京城帝國大學敎授從三位勳三等, 小田省吾	관직

한편 개화기인 1880년대에 간행된 「한성순보(漢城旬報)」와 「한성주보(漢城週報)」에서 '교수'를 검색하면 전자에서 7건, 후자에서 4건이 조회된다. 일례로 「한성순보」 1883년 10월 31일자 '한학서행(漢學西行)'이라는 기사에서는 "수년래 영국 옥스퍼드[阿佛多] 대학교는 한학 1과를 특설하고 이를 교수(敎授)하고 있다."라고 언급했다.[11] 또한 조선 정부는 갑오개혁기인 1895년 1월 11일에 「무관학교관제(武官學校官制)」를 제정하여 "교관은 교두의 명을 받아 훈육과 학술의 교수를 담당함"이라고 규정했으며 동년 5월 10일에 「외국어학교관제(外國語學校官制)」를 제정하여 "외국어학교는 생도를 널리 모집하여 외국의 어학을 교수(敎授)하는 곳으로 함" "교관은 생도의 교수(敎授)를 담당하고 부교관은 교관의 직무를 보좌함"이라고 규정했고 동년(1895) 7월 19일에 「소학교관제(小學校官制)」를 제정하여 "소학교 단급·다급의 제도와 남녀를 구별하거나 혼효하여 교수할 경우와 한 교관이 교수할 아동수효에 관함은 학부대신이 정함"이라고 규정했다(대한제국 「관보」, 1895. 5. 12; 1895. 7. 22.; 1896. 1. 5.). 이와 같은 '교수' 개념의 사용은 외국신문이나 법령(특히 일본 법령) 등을 참고한 것으로 보인다.

한편, 1898년 9월 「황성신문」에는 다음과 같이 '교수법'이라는 단어가 처음 등장하는데, 정작 가르치는 의미의 동사로는 '교습'이라는 단어를 사용하고 있다.

> 동문(同文)하는 한 아문을 별설하여 한문, 일본문, 영국·프랑스 등의 문을 교습하여 교린사무를 수거(修擧)하게 하며, 국내 인민 교수법(敎授法)을 강구하여 물명(物名)과 경사(經史)에 이효(易曉)할 장구를 간략하게 갖추도록 국문으로 여러 권을 번역하여, 유치한 남녀에게 학교를 세우고 교습하여 15세 이내에 졸업(이하생략) (「황성신문」, 1898. 9. 28, 국문한문론 하)

---

11) 漢學이 西洋에 流入되다. 「한성순보」(1883. 10. 31); 軍火來華. 「한성순보」(1883. 12. 20); 中西法制異同說. 「한성순보」(1884. 1. 30); 英國學徒近況. 「한성순보」(1884. 3. 18.); 學校. 「한성순보」(1884. 3. 18); 日本載筆. 「한성순보」(1884. 6. 14); 日本王의 政治에 부지런함. 「한성순보」(1884. 6. 14); 私立學校. 「한성주보」(1886. 8. 16); 初等師範學校. 「한성주보」(1886. 8. 16); 中等學校. 「한성주보」(1886. 8. 16); 論開礦. 「한성주보」(1886. 9. 13).

하지만 같은 해인 1898년 12월 10일자「황성신문」의 기사에 "근일에 일본 풍망(豊岡), 다카하시(高橋) 두 사람이 중국에 왕유(往游)하다가 동문관(東文舘)을 창건하고 중동 양방인을 교수하여 기의(氣誼)를 더하고 화협을 돈독하게 한다더라"[12]라고 하여 '교수'는 가르치는 동사로 사용되고 있으며, 동년 12월 23일자에도 "심상, 고등 연급의 구분이 있어, 5, 6년에 졸업이라 이를 보통이라 하고, 이미 배운각 과 중에 단지 한 과로 급을 정하여 5, 6년 하여 오로지 교수함이 이를 말하여전문이니 …"(「황성신문」, 1898. 12. 23)라고 되어 있다.

한편, 같은 시기에 우리나라에 와 있는 외국인 선교사들이 편찬한 영한사전과한영사전을 보면, 당시 교수와 관련된 용어들이 어떤 단어로 사용되었는가를 확인할 수 있다. 앞에서 살펴본 바와 같이, 교훈과 교수, 가르치다, 훈학 등의 용어를 'teach' 'teaching' 'edify' 'educate'로 번역하였고, 'instruct'는 좀 더 늦은 시기인 1897년 게일에 의해 처음 사용되고 있다. 또한 군사훈련과 관련하여 많이 사용되었던 '교습'이라는 용어는 당시의 한영/영한사전에는 수록되어 있지 않다. 〈표5-3〉은 황호덕·이상현 편의『한국어의 근대와 이중어사전』에서 뽑아낸 것으로,그 내용을 정리해 보면, 먼저 1880년에 리델이 편찬한『한불ㅈ뎐』에는 '교육하다''교훈하다' '훈학하다' '훈회하다'는 수록되어 있지만 '교수하다'라는 용어는 보이지 않는다(황호덕·이상현, 2012a: 145; 226).

1890년에 언더우드가 편찬한『한영ㅈ뎐』에도 '교수하다'는 수록되어 있지 않으며 오히려 '교훈ㅎ오'의 풀이가 "to educate, teach, elevate", '훈학ㅎ오'의 풀이가 "to teach, to instruct"로 되어 있다(황호덕·이상현, 2012b: 75; 103). 또한 1891년에스콧이 편찬한『영한ㅈ뎐』에는 'teach'의 풀이가 "ㄱㄹ치다"라고 되어 있으며 1897년에 게일이 편찬한『한영ㅈ뎐』에는 '교수하다'는 미수록되어 있지만 '교훈ㅎ다'는풀이가 "to teach, to instruct, to make mind"로 되어 있다(황호덕·이상현, 2012c: 356; 2012e: 311). 이를 보아도 조선시대에 '가르치다'라는 의미로 사용된 용어가 '교수'가 아니라 주로 '교훈' '훈학' 등이었다는 점을 알 수 있다. 그런데 1914년에 존스가 편찬한『영한ㅈ뎐』에는 'teach'의 풀이가 "ㄱㄹ치다, 교훈ㅎ다, 교슈ㅎ다"로

12) 斯文之幸.「황성신문」, 1898. 12. 10; 풍망은 도요오카로 읽어야 하지만 원문 그대로 인용

되어 있다(황호덕·이상현, 2012d: 207). 이를 보면 'teach'의 번역어로서 '교수'는 대략 1900년을 전후한 시기부터 '교훈' '훈학'과 같이 전통적으로 '가르치다'라는 의미로 사용된 용어와 경합할 수준으로 사용된 것으로 보인다.[13]

⟨표 5-3⟩ 한영/영한 사전에 나타난 '교수' 관련 용어

권수	사전명	뜻
I	리델,『한불ᄌᆞ뎐』, 1880	교육하다, 교훈하다, 훈학하다, 훈회하다 '교수(하다)'는 미수록
II	언더우드,『한영ᄌᆞ뎐』, 1890	'교수(하다)'는 미수록, 교훈ᄒᆞ오: to educate, teach, elevate, 훈학ᄒᆞ오: to teach, to instruct, teach: ᄀᆞᄅ치오, teaching: 도, 교, 도리, edification: 교훈ᄒᆞᄂᆞᆫ 것, 교훈ᄒᆞᆫ 것, edify: 교훈ᄒᆞ오, ᄀᆞᄅ치오, 쳔션케ᄒᆞ오, educate: 기르오, ᄀᆞᄅ치오, 교양ᄒᆞ오, 교훈ᄒᆞ오, education: 교훈, 교양
III	스콧,『영한ᄌᆞ뎐』, 1891	teach: ᄀᆞᄅ치다, edification, edify: 교훈ᄒᆞ다, educate, education: ᄀᆞᄅ치다, 훈학ᄒᆞ다
IV	존스,『영한ᄌᆞ뎐』, 1914	teach: ᄀᆞᄅ치다, 교훈ᄒᆞ다, 교슈ᄒᆞ다, professor: 교슈, method: method of teaching(교슈법)
V VI	게일,『한영ᄌᆞ뎐』, 1897	교수: A director of studies – attached to a government office, 교훈ᄒᆞ다: to teach, to instruct, to make mind
VII	조선총독부,『조선어사전』, 1920	교슈: 학업을 가르쳐 (내려) 주는(授くる) 것
VIII	게일,『삼천ᄌᆞ뎐』, 1924	teaching: 교편(敎鞭)
	언더우드,『영선ᄌᆞ뎐』, 1925	teach: ᄀᆞᄅ치다, 교슈ᄒᆞ다, 교훈ᄒᆞ다, 전슈ᄒᆞ다 teaching: (1) ᄀᆞᄅ침, 교슈ᄒᆞᆷ, 교훈, 지도ᄒᆞᆷ, 교편을 잡음 (2) 도, 교, 도리
IX	김동성,『최신선영사전』, 1928	교슈: teaching, instruction, a professor
X	게일,『한영대ᄌᆞ뎐』, 1931	교슈: a professor, 교슈법: a methd of teaching, 교슈식: form of teaching, 교슈하다: to teach, to instruct

---

13)『고종실록』은 고종이 세상을 떠난 1919년 이후에 편찬된 것이므로, 실록에서 교수라는 용어를 사용하였다고 하더라도, 당시에 이 용어가 보편화된 것인지는 확증하기 어렵다.

이어 1924년에 게일이 편찬한『삼천ᄌ뎐』에는 'teaching'의 풀이가 "교편(教鞭)"으로 되어 있으며 1925년에 언더우드가 편찬한『영선ᄌ뎐』에는 'teach'의 풀이가 "ᄀᄅ치다, 교슈ᄒ다, 교훈ᄒ다, 전슈ᄒ다"로, 'teaching'의 풀이가 "ᄀᄅ침, 교슈흠, 교훈, 지도흠, 교편을 잡음"으로 되어 있다(황호덕·이상현, 2012f: 92; 736).『영한ᄌ뎐』에는 'teach'의 풀이로 "교슈ᄒ다"가 가장 마지막에 게재되어 있는 것에 비해『영선ᄌ뎐』에는 "교슈ᄒ다"가 "교훈ᄒ다" "전슈ᄒ다" 앞에 게재되어 있다는 점도 주목된다. 그리고 1928년에 김동성이 편찬한『최신선영사전(最新鮮英辭典)』에는 '교슈'의 풀이가 "teaching, instruction"으로 되어 있으며, 1931년에 게일이 편찬한『한영대ᄌ뎐』에는 '교슈하다'의 풀이가 "to teach, to instruct"로 되어 있다(황호덕·이상현, 2012g: 78; 2012h: 183). 이를 보면 대략 1920년대에 'teaching'의 번역어로서 '교수'가 확고하게 자리를 잡았으며 또한 같은 시기에 'instruction'도 '교수'로 번역됐음을 알 수 있다.

3. 근대 교수개념의 이중성

1) 서양 교육학 용어의 일본어 번역

일본에서 근대교육의 발단은 흔히 1872년(明治5) 8월의「학제(學制)」반포에서 비롯된다고 하지만 후쿠자와 유키치(福沢諭吉)는 이미 메이지 유신 직후인 1869년에『뇌총조법(雷銃操法)』이라는 번역서를 통해 제2편의 제목으로 "교수의 순서(教授ノ順序)"라는 표현을 사용하였다. 이로부터 3년이 지난 1872년 8월 3일에 제정된「학제」제39조를 보면, "소학교 외에 사범학교가 있다. 이 학교는 소학에서 가르치는 바의 교칙과 그 교수(教授)의 방법을 교수한다."(文部省, 1972 참고)[14]고 규정하고 있다. 그렇다면 후쿠자와의 저서나「학제」에서 사용된 '교수'라는 용어가 영어로는 어떤 단어였을까.

---

14) 日本文部科学省, http://www.mext.go.jp/b_menu/hakusho/html/others/detail/1317943.htm

당시 일본에서 편찬된 사전을 살펴보면 '교수'는 'instruction'이나 'teaching'의 번역어였음을 알 수 있다. 예를 들면, 1869년에 간행된 『영화대역수진사서(英和対訳袖珍辞書)』를 보면 'teach, taught, teaching'의 풀이는 "教ヘル(가르치다)"였으며 'instruction'의 풀이는 "教ヘ(가르침), 教法(교법), 命令(명령)"이었다. 1873년에 시바타 마사키치(柴田昌吉)와 고야스 다카시(子安峻)가 편찬한 『영화자휘(英和字彙)』를 보면 'teaching'의 풀이는 "教訓(교훈), 教授(교수)"였으며 'instruction'의 풀이는 "教訓(교훈), 教化(교화), 教法(교법), 命令(명령), 吩咐(분부)"였는데 뒤이어 'instructiveness'의 풀이가 "教授スベキ(교수할 만한 것)"이었다. 이어 이들은 1882년에 『신찬영화자전(新撰英和字典)』을 편찬했는데 이를 보면 'instruction'의 풀이는 여전히 "教訓(교훈), 教化(교화), 訓條(훈조), 教法(교법), 命令(명령), 吩咐(분부)"였지만 'instructive'가 "教授スル(교수하다), 教訓スル(훈화하다)", 'instructiveness'가 "教授スベキ(교수할 만한 것)", 'instructively'가 "教授スベク(교수하도록)"이었다. 이를 보면 일본에서는 대략 1870년을 전후한 시기에 'teaching'과 'instruction'의 번역어로서 '교수'가 정착되고 있었다고 할 수 있다.

이후 일본에서 간행된 교육학 서적에서 '교수'는 'teaching'과 'instruction'의 번역어로 널리 사용되었다. 예를 들면, 교육학자 와쿠 마사타쓰(和久正辰)는 1886년에 저술한 『교육학강의(教育学講義)』에서 "교수술(art of teachings)이란 지식을 전달하고 사고의 힘을 연습하게 하는 것"이라고 서술하였다(和久正辰, 1886: 592). 기무라 잇포(木村一歩)는 1893년에 편찬한 『교육사전(教育辞典)』에서 'instruction'을 '교수'로, 'the teaching of science'를 '이학교수(理學教授)'로, 'object teaching'을 '서물교수(庶物教授)'로, 'concert teaching'을 '제창교수(濟唱教授)'로 번역했다(木村一歩, 1893: 465-480). 쓰치야 마사토모(土屋政朝)는 1883년에 프랑스의 교육학자 앙브루아즈 랑뒤(Ambroise Rendu)의 책을 번역한 『교육학(教育学)』에서 제1편 제1장의 제목을 "교육(エヂュカシオン)과 교수(アンストリュクシン)의 차이"라고 번역했다.[15] 이는 각각 프랑스어 'éducation'과 'instruction의 일본어 표기이다. 1889년에 노세 사카에(能勢榮)는 『교육학(教育学)』을 저술했는데 이 책에서 그는 교수란

---

15) アムブロワズ・ランジュー・フィース 著, 土屋政朝 訳(1883). 教育学 巻之1 体育智育. 辻謙之介 外, 9.

"영어 'instruction'의 원어는 라틴어 'instruere'로 그 뜻은 하나의 목적을 향해 여러 물품을 배열하는 것을 말한다."라고 서술했다(能勢榮, 1889: 53). 이를 보면 일본에서 교수라는 용어는 1870년을 전후한 시기부터 영어 'teaching'과 'instruction'의 번역어로 사용되었는데, 사전에는 교수 이외에도 敎訓(교훈), 敎化(교화), 敎法(교법) 등도 등장하고 있다.

2) 헤르바르트 교육학의 소개와 '교수' 개념

한편, 1880년대 후반에 일본에 헤르바르트 교육학이 소개되면서 독일어 'Unterricht'도 '교수'로 번역되었다. 즉, 1887년에 일본 정부의 요청으로 제국대학에 초빙되어 헤르바르트 교육학을 일본에 소개한 독일인 교육학자 하우스크네히트(E. Hausknecht)의 제자 중 한 사람이었던 유하라 모토이치(湯原元一)는 1892년에 저술한 『보통교수신론(普通敎授新論)』에서 헤르바르트가 언급한 '교육적 교수'에 대해 다음과 같이 언급하고 있다.

> 대학에서는 학리의 연구를 주로 하고 직공학교, 상업학교에서는 직업상 필요한 지식·능력을 가르치는 것을 주로 할지라도 중학 이하의 보통교육에서는 인물 양성이야말로 최대 목적으로 하여 학리의 일반을 살피고 생활상 필요한 지식·기능을 얻는 것은 이 목적에 자연히 수반하는 제2의 목적으로 한다. 고로 전문교육을 칭하여 비훈육적 교수라고 하고 보통교육을 이름하여 훈육적 교수라고 한다(湯原元一, 1892: 4).

위 인용문에서 '훈육적 교수'는 'Erziehender Unterricht'[16]로 우리나라에서는 종종 '교육적 교수' 혹은 '교육적 수업'으로 번역된다. 즉, 1890년을 전후한 시기에 일본에서 헤르바르트의 'Unterricht'는 '교수'로 번역[17]되었을 뿐만 아니라, 독일어

---

16) 우리나라에서는 헤르바르트의 가르치는 행위로서의 교수개념은 종종 '수업'으로 번역하기도 한다 (2006년에 발행된 김영래의 『일반교육학』 국역본; 박의수 외, 2002: 228 각주 19 참조).

17) 헤르바르트 교육학을 일본에 가장 먼저 소개한 노세 사카에(能勢榮)는 『헤르바르트주의 교육설 (ヘルバルト主義の教育説)』에서 헤르바르트가 언급한 모든 교육의 일반적 기초인 'Regierung'

로 교육적 교수의 의미는 단지 지식만이 아니라 훈육 개념을 포함하는 것이었다. 그런데 당시 일본에서 교육(education)과 교수(instruction)는 이미 개념상 상당 부분 혼용되었던 것으로 보인다. 이는 일부 교육학 저서에서 이 두 가지 개념이 혼동되는 것을 경계하였던 다음 세 가지 글을 통해서도 알 수 있다.

첫 번째 인용문은 전술한 쓰치야가 랑뒤의 책을 번역한 『교육학』에서 인용한 것이다. 그에 의하면 교수는 "교육의 한 갈래", 즉 교육의 하위영역으로 "학식과 재지를 얻게" 하는 것이며, 교육은 "그 학수한 것을 운용하기에 적합하게" 하는 것이다.

> 교육과 교수는 중요한 차이가 있다. 그렇지만 평소의 언어 중에는 교육과 교수
> 의 두 단어를 흔히 혼용하고 있다. 그 가장 심한 것은 대중들이 이 두 단어에 속하
> 는 관념을 뒤섞는 것이다. 세간의 부형은 교육 중 오직 수학(修學)의 이익만을 생
> 각하고 다른 이익을 보지 않는 것에 의해 자제를 위해 교수 외에 다른 것을 기망
> (冀望)하는 것을 원하지 않으며 교원도 그 위탁을 받은 자제를 적절하게 교수하기
> 만 하면 그 직임을 다했다고 믿는 경우가 많다. 이는 잘못된 견해로 그 집행해야
> 할 직무를 천오(賤汚)하고 그 성격을 변괴(變壞)하여 그 교수의 진가를 감쇄하는
> 것이다. 교육과 교수는 원래 그 연합·밀착하여 같은 조직 중의 분리할 수 없는
> 원소이다. 그렇지만 교수는 교육의 한 갈래로 이것에 연결되어 있는 것이다. 교
> 수는 사람에게 학식과 재지를 얻게 하며 교육은 그 능력을 강고함으로써 학식을
> 얻고 재지를 실시하게 한다. 교수는 그 일을 학수(學修)하게 하며 교육은 그 학수
> 한 것을 운용하기에 적합하게 한다(土屋政朝 訳, 1883: 9).

둘째 인용문은 기무라가 저술한 『교육사전』에 나오는 부분이다. 그에 의하면 교수는 "지식을 전수하는 것"이며, 교육은 "한 개인의 능력을 연수하여 성덕(聖德)의 수준에 도달하게 하는 것"이었다.

'Unterricht' 'Zucht'를 각각 '억제' '교수' '훈련'으로 번역하였다(能勢栄, 1893: 28).

교수란 지식을 전수하는 것을 말한다. 한 개인의 능력을 연수(煉修)하여 성덕의 경지에 달하게 하는 것을 교육이라고 하고, 외부에 관계된 지식을 한 개인에게 수여하여 그 지식을 창발(暢發)하게 하는 것을 교수라고 한다. 따라서 교육에 종사하는 사람은 교수하는 사람을 그 기계로 하여 비로소 능히 세밀하게 또한 정교한 교육을 실시할 수 있다(木村一歩, 1893: 465-466).

그리고 셋째 인용문은 1894년에 히로세 기치야(広瀬吉弥)가 저술한『교육학(教育学)』에 나오는 부분이다. 그에 의하면 교수는 "오직 그 학과에 정확하게 달성할 수 있는 것을 목적으로 하는 것"이며, 교육은 "사람을 사람답게 하는 모든 목적을 가진 것"이었다. 이를 보면 당시 일본인 교육학자들은 '교수'를 지식의 전달, '교육'은 인간 내면의 변화 또는 도덕적 목적과 관계 있는 것으로 인식했다는 점을 알 수 있다.

교육과 교수는 다른 이름 같은 뜻이라고 간주하는 사람이 적지 않은데 그렇지만 그 뜻은 크게 다르다. 교육은 사람을 사람답게 하는 모든 목적을 가진 것으로 그 신체이든 그 심력이든 그 행위이든 참으로 사람으로서 가져야 하는 완비의 점에 이르게 한다. 즉, 소위 완전한 사람을 만드는 것을 목적으로 하는 것이다. 그런데 교수는 그렇지 않아서 그것을 가르칠 때에 각 그 학과의 목적이 있다. 산술은 그 연산의 법을 알고 가능한 한 신속하게 가능한 한 정확하게 하여 그 성적을 얻기에 이르면 산술교육의 목적은 달성된다. (중략) 이와 같이 교수는 오직 그 학과에 정확하게 달성할 수 있는 것을 목적으로 하는 것이다. 그러나 교육은 교수의 힘을 빌리지 않으면 그 목적을 달성할 수 없다. 교수는 완전하게 교육을 하는 하나의 방편이다. 왜냐하면 교육으로서 그 목적을 달성하게 하려면 교수도 해야 하며 교훈도 해야 하며 예절교육도 해야 한다. 따라서 교수와 예절교육은 교육의 양 바퀴와 같으며 이 양 바퀴를 완비하고 그렇게 한 후 교육의 목적을 달성할 수 있을 것이다(広瀬吉弥, 1893: 119-120).

이상의 내용을 정리해 보면 헤르바르트 교육학이 소개되면서, 즉 교수는 '훈육적'이어야 한다는 '교육적 교수' 이론이 소개되면서, 일반적 지식 전달의 방편인

'교수' 개념과 예절교육까지도 포함하는 교육의 개념을 구분하려는 시도들이 나
타나게 되었음을 알 수 있다.

3) 1900년대 우리나라에 소개된 '교수' 개념

1900년대 우리나라에서 간행되는 교육학 교과서나 논설 등에 나타난 '교수' 개
념을 살펴보자. 먼저 1907년에 간행된 최광옥(崔光玉)의 『교육학(敎育學)』을 들 수
있다. 최광옥은 '교수'가 "교육의 한 방법이니 교수의 목적은 그 결국이 교육목적
에 다름 아닐 것은 알 수 있다. 그러나 다만 교수만으로는 교육의 제반 목적을 달
성할 수 없으니"라고 언급했다. 이어 그는 '교수'를 "형식상 목적"과 "실질상 목적"
으로 나누고 각각을 다음과 같이 설명했다.

> 제1절 형식상 목적: 아동이 수습(手習)하는 기묘한 회화를 보면 평생 관찰하고
> 추리하는 힘이 미약하여 오류함이 얼마나 많을지 놀랄지어다. 고로 교수에 대하
> 여는 먼저 각종 방법으로 아동의 관찰하고 추리하고 판단하는 힘을 발달하게 하
> 여 그 오류를 교정해야 할지니 이는 사상형식을 바르게 하는 것인데 후일 사회에
> 서서 착잡분규한 문제에 당할지라도 능히 그 관찰하기를 그르치지 않고 판단의
> 바름을 잃지 않게 기초를 만드는 것이다.
> 제2절 실질상 목적: 이는 형식상 목적과 같이 사상의 형식을 바르게 함이 아니
> 오. 사상의 실질을 주는 것으로 목적을 정하니 판단, 추리 등의 힘을 기름이 아
> 니오 판단, 추리 등의 재료를 주는 것이다. 다시 논하면 실질상의 지식과 도덕상
> 의 지견을 부여하여 아동의 사상계를 풍부하게 하며 후일 사회에 서서 직접 실용
> 에 적당하게 함으로 목적을 정한 것이라(최광옥, 1907: 10-11).

이를 보면 첫 번째 인용문의 교수의 형식상 목적은 "관찰하고 추리하고 판단하
는 힘을 발달하게" 하는 것, 즉 이른바 형식도야(formal discipline theory)를 의미
한다는 점을 알 수 있다. 두 번째 인용문의 교수의 실질상 목적은 "판단, 추리 등
의 재료를 주는 것"이며 이하의 본문에 '사상계'나 '취미' 등과 같은 헤르바르트 교

육학 용어가 포함되어 있다는 점을 고려하면 헤르바르트의 '교수'를 의미하는 것으로 보인다. 다만 교수의 실질상 목적은 이미 "실질상의 지식"과 함께 "도덕상의 지견(知見)"을 포함하고 있었다.

두 번째로 윤태영(尹泰榮)의 『사범교육학(師範敎育學)』(1907)을 들 수 있다. 그는 '교수'가 "일정한 목적에 의식상 구안상으로 지식과 기능을 부여하는 것"이라고 언급하고 이어 "교육교수"와 "비교육교수"에 대해 다음과 같이 설명하고 있다.

> 교수 의의를 해석하면 일정한 목적에 의식상 구안상으로 지식과 기능을 부여하는 것이라. 즉, 교수는 대개 아동사상계에 영향을 미쳐 그 심신을 형성하는 것이니, 즉 교육교수와 비교육교수라. 교육교수는 아동의 인물을 육성하는 것이요, 단지 지능을 교수하려 함이 아니며, 비교육교수는 외부사정에 응하여 아동에게 지식과 기능을 교수하여 이익과 직업에 적당하도록 하는 것이오. 교육교수는 아동의 심성과 신체의 보편한 발육 · 발연(發練)으로서 주지로 삼아 사람 되는 성격을 얻게 하느니 자세히 말하면 교육목적을 실현하는 주요 방편이 될 만한 교수를 교육교수라 하고, 실업교육과 전문교육은 비교육교수요, 보통교육은 교육교수니라(윤태영, 1907: 38).

이를 보면 윤태영의 '교수'는 헤르바르트의 '교수'와 같은 개념임을 알 수 있다. 이 중 교수를 '비교육교수'와 '교육교수'로 나누고 전자를 전문교육, 후자를 보통교육에 해당하는 것으로 이해하는 방식은 앞에서 살펴본 유하라가 『보통교수신론(普通敎授新論)』에서 "전문교육을 칭하여 비훈육적 교수라고 하고 보통교육을 이름하여 훈육적 교수"라 언급한 것과 유사하다.

한편, 앞의 두 입장과는 달리 장응진(張膺震)은 「태극학보(太極學報)」 1907년 9월 24일자에 "교수와 교재에 대하야"라는 제목의 논설을 싣고, 교수에 대해 다음과 같이 언급하고 있는데, 여기서 교수개념은 교육개념과 거의 동일시되고 있다.

> 교수의 목적은 현세인류의 개화를 적당히 이해할 만한 필요한 내용을 전수하여 아동의 지능을 계발하는 작용이라. (중략) 만일 지식의 다량을 주입함으로써

위주하여 심적 도야를 돌아보지 않고 자못 잡다한 재료를 기계적으로 축적하면 그 사람의 인격을 고상하게 못할 뿐만 아니라 습득한 지식도 활용하기 무로(無路)하여 교수의 본의가 무효로 돌아가리니 그런즉 심적 수련을 또한 경시하지 못할 것이라. 그러나 또 만일 심적 도야로서 유일의 목적을 삼고 지식의 수양을 경시하는 단(端)이 있으면 왕왕 편견·협량에 빠질 뿐만 아니라 세상일에 소원하고 실제에 우활(迂闊)하여 생활상에 실용의 효과를 거두기 불능하리니 고로 교수의 양방은 한편으로는 지식의 재료로서 감관을 연마하여 관찰을 정밀히 하고 기억·예상을 증진하며 추리·판단을 정당히 하고 다른 한편으로는 심적 단련을 더욱 가하여 사상을 고상히 하고 감정을 조화하며 의지를 공고하게 하여 이와 같이 지적 도야와 심적 수양이 불편불기(不偏不倚)하여 양양 병진한 연후에야 교수의 진정한 효과를 기할 수 있을지니 그런즉 교과의 재료찬택(材料撰擇)과 그 순서배열과 전과결합·통일방법의 양부(良否)는 이상의 교수목적을 이루고 이루지 못하는 데 최대한 관건이라(장응진, 1907. 9.: 3-5).

이를 보면 장응진은 전반에는 교수의 목적을 이른바 지적 도야에 있다고 주장했지만 중반부터 "심적 도야를 돌아보지 않고 자못 잡다한 재료를 기계적으로 축적"하는 것에 대해 경계하며 결론적으로 '교수'의 목적이 "지적 도야와 심적 수양"의 병진에 있다는 점을 주장하는 것으로 결론을 맺고 있다. 이 글에서도 '교수'는 지식의 전달과 도덕적 '인격의 완성을 모두 포괄하고 있으며 가르치는 것이라는 의미로 이해되고 있다.

정리하면 서양의 '교수' 개념이 일본과 조선으로 수용되는 과정에서 그 의미는 점차 '지식의 전달'뿐만 아니라 '인격도야'까지를 포함하는 것으로 확대되는데, 이는 아마도 동아시아의 한자 문화권에서 '가르치다'라는 개념은 교수라는 용어 이외에도 교화, 교회, 교훈, 교양 등 넓은 의미의 교육개념과 구분하기 어려운 점이 있었기 때문으로 보인다. 어쩌면 이는 교육의 개념 역시 '보편적인 인간의 형성'이라는 계몽주의적 관념에서 점차 정치경제적으로 '유용한 능력의 습득'을 강조하게 되는 분위기(한용진, 2014: 355) 속에서 헤르바르트의 교육적 교수개념이 수용되면서, 교육과 교수의 개념적 구분이 점차 모호해지게 된 것이라 할 수 있다. 즉, 19세기 이래 학교교육의 발달과 함께 지식 전달을 강조하던 교수개념이 점차

'교육' 개념으로 근접해 가는 과정이기도 하기에 교육은 교수개념을 포괄하면서도 서로의 경계는 모호해지게 되었다.

4. 맺음말

이 장에서는 근대 한국에서 '교수' 개념이 어떻게 수용되었는가를 개념사적으로 고찰해 보았다. 일반적으로 교수라는 용어는 대학에서 '가르치는 사람'을 지칭하기도 하지만, 이 글에서는 '가르치다'라는 교수행위와 관련하여 살펴보았다. 이상의 내용을 요약해 보면 다음과 같다.

첫째, 교수라는 용어가 교수관(敎授官)이라는 명사형보다 '가르치다'라는 동사형으로 사용되는 것은 고종시대부터라 할 수 있다. 둘째, 1880년대의 「한성순보」 등 언론과 1890년대의 각종 교육 관련 규정과 사전 등에서 '교수'는 '가르치다'라는 동사적 활용이 확산되었지만, 여전히 관직명이나 가르치는 사람의 의미로도 사용되었다. 셋째, 일본의 경우 1870년 무렵 영어 teaching과 instruction의 번역어로 '교수'를 비롯하여, 교훈, 교화, 교법 등을 사용하면서 객관적인 지식을 전달하는 것으로 이해하였는데, 이는 인간형성을 의미하는 교육, 즉 'education'과는 구분되었다. 넷째, 1880년대 후반 헤르바르트 학파의 교육론이 번역·소개되는 과정에서 독일어 'Unterricht'도 '교수'로 번역되었는데, 특히 '교육적 교수(Erziehender Unterricht)'의 개념이 소개되면서, '교육'과 '교수'의 개념을 보다 철저하게 구분하려는 시도가 나타나게 되었다. 다섯째, 1900년대 우리나라에 소개된 '교수' 개념은 헤르바르트의 영향으로 '교육'과 구분하려는 시도가 있었지만, 여전히 교수의 목적을 '지적 도야와 심적 수양' 병진이라는 관점에서 교육과 동일시하려는 경향도 보인다. 결국 근대 '교수' 개념의 수용에 관한 개념사적 연구를 통해 얻어진 결론은 다음과 같다.

첫째, 전통시대에 '교수'는 가르치는 행위보다는 가르치는 사람 혹은 관직명으로 많이 사용되었지만, 1880년대에 들어와 언론과 각종 교육규정을 통해 가르치는 행위로서 '교수'라는 용어가 확산되기 시작하였다. 둘째, 1890년대 우리나라에서 간행된 사전에서는 teach와 instruct, educate, elevate, edify 등을 모두 '가르치다' '훈학하다' '교훈하다' '교양하다' 등으로 번역하는 등 개념적으로 교육과 교수를 엄밀하게 구분하지는 않았다. 셋째, 헤르바르트 교육학이 소개되고 독일어 'Erziehender Unterricht'를 '교육적 교수'로 번역하면서, 지식 전수를 위한 교수 개념은 교육의 하위영역으로 자리매김하며 교육 개념과 구분되게 되었다. 넷째, 우리나라에서 서양의 '교수' 개념은 형식적 목적인 지적 도야 이외에 실질적 목적인 심신의 수양까지도 포함하는 것으로 확대되면서, 궁극적으로 교육과 구분하기 어렵게 되었다. 이는 전통시대부터 인간을 올바르게 가르치고 성장시킨다는 의미에서 사용된 다양한 용어들, 예를 들어 교화, 교회, 교훈, 교양, 교습 등과 함께 교육과 교수 등의 개념 구분이 모호할 수밖에 없었기 때문으로, 어쩌면 단어의 엄밀한 분석보다 통합적 의미를 선호하는 한자문화권에서는 이러한 모호함이 오히려 자연스러운 현상이라 할 수 있다. 그리고 이러한 현상, 즉 교육과 교수를 엄격하게 구분하기 어려운 언어 습관은 오늘날까지도 이어지고 있는 듯하다.

🗀 참고문헌

『고려사』.
대한제국『구한국관보』.
『삼국사기』.
『조선왕조실록』.
「태극학보」.
「한성순보」.
「한성주보」.
「황성신문」.

강성훈(2016). "『조선왕조실록』의 교수행위 관련 개념 분석". 『한국교육학연구』 22(1).
박의수 외(2002). 『교육의 역사와 철학』. 서울: 학지사.
오성철(2015). "유길준의 교육 개념에 대한 연구". 『한국교육사학』 37(1).

윤태영(1907).『사범교육학』. 경성: 보성관.

장지원(2014a). "개념사와 형태론을 적용한 '교육적'의 의미 분석".『교육사상연구』28(1).

장지원(2014b). "개념사와 형태론 분석에 따른 '교육적'과 '교육학적'의 차이".『교육사상연구』28(3).

최광옥(1907).『교육학』. 安岳郡: 勉學會.

한용진(2014). "근대 교육개념의 수용에 관한 개념사적 고찰".『교육사상연구』28(1).

Herbart, J. F.(1806). Allgemeine Pädagogik aus dem Zweck der Erziehung abgeleitet. 김영래 역(2006).『일반교육학』. 서울: 학지사.

황호덕·이상현 편(2012a).『한국어의 근대와 이중어사전 Ⅰ [리델(1880). 한불ㅈ뎐]』. 서울: 박문사.

황호덕·이상현 편(2012b).『한국어의 근대와 이중어사전 Ⅱ [언더우드(1890). 한영ㅈ뎐]』. 서울: 박문사.

황호덕·이상현 편(2012c).『한국어의 근대와 이중어사전 Ⅲ [스콧(1891). 영한ㅈ뎐]』. 서울: 박문사.

황호덕·이상현 편(2012d).『한국어의 근대와 이중어사전 Ⅳ [존스(1914). 영한ㅈ뎐]』. 서울: 박문사.

황호덕·이상현 편(2012e).『한국어의 근대와 이중어사전 Ⅴ [게일(1897). 한영ㅈ뎐]』. 서울: 박문사.

황호덕·이상현 편(2012f).『한국어의 근대와 이중어사전 Ⅷ [게일(1924). 삼천ㅈ뎐; 언더우드(1925). 영선자뎐]』. 서울: 박문사.

황호덕·이상현 편(2012g).『한국어의 근대와 이중어사전 Ⅸ [김동성(1928). 最新鮮英辭典]』. 서울: 박문사.

황호덕·이상현 편(2012h).『한국어의 근대와 이중어사전 Ⅹ [게일(1931). 한영대ㅈ뎐]』. 서울: 박문사.

広瀬吉弥(1893).『教育学』. 東京: 文学社.

能勢榮(1889).『教育學』1. 東京: 金港堂.

能勢栄(1893).『ヘルバルト主義の教育説』. 福島町: 鹿島新太郎.

木村一歩 編(1893).『教育辞典』. 東京: 博文館.

文部省 編(1972).『学制百年史 資料編』. 帝国地方行政会.

福沢諭吉 訳(1869).『雷銃操法』1. 東京: 慶応義塾.

柴田昌吉·子安峻 編(1873).『英和字彙』. 横浜: 日就社.

柴田昌吉·子安峻 著(1882).『英和字彙』. 横浜: 日就社.

堀達之助 外(1869).『英和対訳袖珍辞書』. 東京: 蔵田屋清右衛門.

湯原元一(1892).『普通教授新論』. 東京: 金港堂.

和久正辰(1886).『教育学講義』. 東京: 牧野書房.

アムブロワズ・ランジュー・フィース 著, 土屋政朝 訳(1883).『教育学 巻之 1 体育智育』.
　　辻謙之介, http://dl.ndl.go.jp/info:ndljp/pid/808367.

日本文部科学省, http://www.mext.go.kr

제6장

『조선왕조실록』의 교수행위 관련 개념

이 장에서는 현대 한국의 개념세계와 언어체계에서 교수-학습 관련 개념들이 '교육'이라는 단일개념을 중심으로 통합되어 있는 상황을 이해하기 위하여, 다양한 관련 개념이 공존했던 조선시대의 교수행위 관련 개념들을 『조선왕조실록』을 통해 확인해 보고자 한다. 19세기 후반의 사유세계를 고려한다면, 근대의 시기에 적어도 교수-학습에 대한 사유세계에 주목할 만한 변화들이 발생했음을 짐작할 수 있는데, 근대 이전의 사유세계에 존재했던 관련 개념들의 용례와 의미를 일별해 보면, 첫째로, 사대부들이 주체가 되어 왕자(王者)를 대상으로 하여 이루어지는 교육 관련 행위유형이 존재한다. 둘째로, 군주가 주체가 되어 국가에 필요한 인재를 양성하는 것을 목적으로 그 대상을 사대부 및 차기 군주로 하는 행위유형이 존재한다. 이를 지시하는 개념으로 '교양(教養)'과 '교육(教育)'이 확인되었다. 셋째로, 일반 민중을 대상으로 하여 그들의 습속을 정화하는 것을 목적으로 하는 행위유형이 존재한다. 기본적으로 유교의 통치사유로부터 연유하는 교수 관련 개념들의 가능유형을 조선의 대표적 관찬 사료인 『조선왕조실록』에 등장하는 구체적인 개념들과 부합 여부를 분석해 보았다.

주제어 조선왕조실록, 보도(輔導), 보양(輔養), 교양(教養), 교육(教育), 교화(教化)

1. 머리말

서구의 언어체계에는 'teaching'과 'learning'을 하나의 행위로 표현할 수 있는 개념이 존재하지 않았다. 현재 그와 같은 의미를 부분적으로 가지고 있는 'education' 개념은, 잘 알려진 바대로 원래 'teaching' 혹은 'breeding'과 거의 동일한 의미를 가진 개념이었던 것이다. 현재의 학계에 국한한다면 19세기 이래의 아동중심교육사상으로 불리는 사유 및 현대 교육심리학의 발전에 힘입어 그 개념이 상당 정도 'teaching'과 'learning'을 포함하는 것으로 그 의미가 확장되었지만, 특히 일상의 언어체계에서 education은 여전히 'teaching'의 의미를 가진 개념으로 사용되는 경향이 강하다. 이와 같은 현상은 현재 한국을 포함한 한자문화권에서도 동일하게 발견되는데, 이 개념에 대응하는 것은 'teaching'을 의미하는 문자인 교(教)와 breeding을 의미하는 문자인 육(育)이 결합된 것임은 익히 알려져 있다.

그런데 한자문화권에는 현대적 의미의 'education'에 부합하는 문자 혹은 개념이 고대시대부터 존재하고 있었던 것 같다. '효(斅)'와 '교학(教學)'이 그것인데, '斅'는 회초리를 든 사람 앞에서 아이가 책을 펴고 있는 모습을 형상화한 문자이고, '교학'은 '가르친다[教]'는 의미의 문자와 '배운다[學]'는 의미의 문자를 결합시킨 단어이다. 이 두 의미를 통합하는 형태는 여러 가지가 있을 수 있겠으나, 한국의 역사에서 가장 오랫동안 인정되고 유지되어 온 것은, 학습 우위의 통합이었다고 할 수 있겠다. 이는 특히 조선왕조를 거치며 더욱 강력해진 것일 텐데, 유가의 가장 강력한 분파로서 그 시대의 지배적 사상체계였던 성리학이야말로 자발적인 학습을 인간의 본성(모든 인간이 그러한 것은 아닐지라도)으로 간주하고 교수를 그 본성의 발현을 위한 보조 행위로 규정하는 사상체계이기 때문이다. 그러나 '효'와 '교학'은 현재 한국의 일상어나 학문언어의 체계 속에서 그 흔적을 찾아보기가 쉽지 않은 것이 사실이다.

전술했다시피 한자어권에서 'education' 개념에 대한 번역어로 선택된 것은 '교육'이다. 이는 최초 그 개념을 번역할 당시인 19세기 후반에는 분명 적확한 것이

라 평가할 만하다. 그러나 그 개념의 의미가 'teaching'과 'learning'을 포함하는 것
으로 변화되어 왔고, 그 변화된 의미에 부합하는 개념을 가지고 있었음에도 불구
하고 여전히 'teaching' 만을 의미하는 개념을 고수하고 있는 것은 분명 이례적인
것이다. 이는 현재 한국의 언어체계에 존재하는 의미해석의 충돌, 즉 학계의 '교
육' 개념과 일상 언어에서의 '교육' 개념(글자 그대로의 교수와 양육을 의미하는) 사
이에 간극을 낳은 원인이기도 하다.

19세기 후반에 서구의 'education' 개념의 한자어 번역어로 '교육'을 선택한 것
은 사실상 일본 학계였다는 것이 여러 선행연구에 의해 밝혀졌다. 아울러 모리
카와 데루미치(森川輝紀, 2002)는 그와 같은 선택이 단순하게 개념차원에서 이루
어진 것이 아니라, 당대 일본의 정치사회사적 조건 속에서 이루어진 것임을 분석
한 바 있다. 아울러 최근 국내에서도 그와 같은 일본 정계와 학계의 선택이 조선
의 교수-학습 관련 개념의 변화에 매우 중요한 영향을 미쳤음을 밝혀내려는 연
구들이 진행되기 시작했다. 한용진의 연구(2014)는 근대 조선의 교육개념에 변화
를 가져온 동서양의 학문적 영향들을 문헌연구를 중심으로 한 개념사적 분석을
통해 조망한 바 있다. 아울러 앞서 언급한 모리가와의 연구를 번역하기도 했던
오성철의 연구(2015)는『조선왕조실록』(이하『실록』)[1]에 등장하는 교수-학습 관련
개념들의 용례와 의미를 분석하고 그것이 근대를 통해서 변화되어 간 과정을 유
길준으로 대표되는 개화사상가들의 사유와 연관 지어 설명하고 있다. 이와 관련
하여 본 연구자가 주목하는 것은 이 두 연구가 공히 시도하고 있는『실록』에 등장
하는 교수-학습 관련 개념들의 분석이다. 양 연구는 공히『실록』에 등장하는 다
양한 교수-학습 관련 개념에 주목하고 있으며, 동시에 그중 하나로서의 '교육'이
현대 우리의 언어체계에서 차지하고 있는 위상과는 현격하게 차이가 난다는 것
을 그 등장 빈도수를 기준으로 보여 주고 있다.

아울러 그 다양한 개념을 전근대 사회의 특성과 연관 지어 해석하고 있다. 이
부분에서 양자는 다소의 시각 차이를 보여 주는데, 한용진의 경우(2014: 347) 해당
개념들이 "사적 공간 내에서 주로 이루어"진 전통사회 교육의 특징이 반영되어

1) 본 연구에서『조선왕조실록』의 인용은 국사편찬위원회의 홈페이지(http://sillok.history.go.kr/)를
이용했음을 밝힌다.

있다고 본다. 즉, 그 교육목적상 "인격적 자기 수양과 성인의 완성을 지향하고" 있으며, 그 실천 역시 '가르침'이 전제되나 중심은 자발성에 근거한 '배움'에 있다고 보고 있다. 반면, 오성철의 경우(2015: 137-138)『실록』의 '교육' 개념은 그 사전적 어의를 넘어 군주의 통치 활동을 가리키는 것으로 확장된 것이며, 이는 '교화(敎化)'와 동일한데 이를 통해 그 개념이 '정치' 개념과 아직 미분화되어 있음이 확인된다고 판단한다. 아울러 고종 통치기를 기점으로 '교육'이라는 개념의 빈도가 급격히 증가하고 있다는 데는 양자 공히 동의하고 있다.

본 연구에서 일차적으로 주목하는 것은 일견 대립되어 보이는 양자의 입장차이가 실재로는 조선의 사유체계에 존재하는 교수-학습의 각 측면들을 조망하고 있는 것이 아닌가 하는 점이다. 『실록』이 관제(官製) 기록이자 정사(政事) 중심의 기록이라는 것은 주지의 사실이다. 따라서 여기에 등장하는 교수-학습 관련 개념들은 통치행위와 관련되어 서술되었을 가능성이 높을 것이다. 따라서 그에 등장하는 교수행위 관련 개념들이 권력집단 및 국가의 통치행위의 측면에서 진술되었을 가능성 또한 높다. 만일 이것이 사실이라고 하더라도, 그 교육행위가 반드시 해당하는 행위로서의 학습의 자발성을 배제하는 것이라고 볼 수는 없다. 성리학적 사유체계야말로 통치행위의 하나로서의 교육을 자발적 학습을 전제로 하여 그를 조장하고 고무하는 작용으로 규정하는 성격을 강력하게 내포하고 있는 것이다. 역으로 그렇다면『실록』의 내용 분석은 분명 성리학적 사유, 특히 통치사상으로서의 성리학과의 관련성을 충분히 고려하는 가운데 진행되어야 할 것으로 보인다.

본 연구는 앞에서 언급한 선행연구들의 성과를 바탕으로,『실록』에 등장하는 교수-학습 관련 개념들, 그중에서도 오늘날 그와 관련하여 독보적인 지위를 점하고 있는 '교육' 및 그와 의미상 동격에 있는 여타 교수개념들의 용례와 의미를 분석하고자 한다. 이를 위해 다음에서는 유가의 통치사유로부터 그에 부합하는 교수행위 개념들의 가능유형을 연역해 낼 것이다. 그 이후 이 가능유형들이『실록』에 등장하는 구체적인 개념들과 부합하는지의 여부를 분석하고자 한다. 본 연구가『실록』을 그 분석대상으로 삼은 이유는 비단 선행연구들의 성과들을 발전시킨다는 것에 국한된 것은 아니다. 본론에서 상술하겠지만, 성리학을 비롯한 유가의 사유에서 교수행위를 담당하는 것은 거의 전적으로 군주와 사대부로 구성된 권력집단이다. 따라서 전적으로 그들의 입장에서 서술된『실록』에 대한 분석이야 말로 근대 이전의 사유세계 속에서 교육과 관련된 사유 및 개념들을 특정해 낼 수 있을 것으로 기대되기 때문이다. 마찬가지로 선행연구들의『실록』에 대한 분석 시도 역시 바로 이와 같았을 것이다. 따라서 본 연구의 시도가 성공적인 것일 수 있다면, 현재 활발히 연구되고 있는 근대 이후 언어체계에서의 '교육' 개념의 형성과 변화과정을 이해하는 데 하나의 거점이 될 수 있을 것이다.

2. 교수행위와 관련된 조선의 개념체계

1) 유가철학에서 교수행위의 가능유형들

조선이 유교, 정확히는 성리학을 국시로 삼아 출현한 국가라는 사실은 잘 알려져 있다. 춘추전국시대의 공자로부터 연원한 유교의 변화 및 발전양상은 매우 복잡하고 다양하다. 그럼에도 불구하고 한나라 이래로 동아시아의 대표적인 통치 이데올로기였던 유교의 역사는 분명 어떤 범주 내에서 변화의 시간이었다. 모든 인간은 인의예지의 본성을 지니고 있는 존재로서 하나의 종을 이루며, 조건이 허락하는 한 그 본성의 실현은 자연스러운 것이다. 맹자는 "사람이 배우지 않아도 할 수 있는 것은 양능(良能)이고, 생각하지 않아도 아는 것은 양지(良知)이다. 걸음마나 겨우 하는 아이도 어버이를 사랑할 줄 알고, 커서는 윗사람을 공경할 줄 안다. 어버이를 친애하는 것은 인(仁)이고, 윗사람을 공경하는 것은 의(義)이다. 이는 다름 아니라 천하가 그러하기 때문이다."[2]라고 하였다. 또한 정도의 차이가 있겠지만, 유가에서 말하는 정치란 그 본성의 실현을 위한 안정적 조건의 마련과 관련된 행위라 할 수 있을 것이다.

---

2) 孟子曰, 人之所不學而能者, 其良能也; 所不慮而知者, 其良知也. 孩提之童, 無不知愛其親者, 及其長也, 無不知敬其兄也. 親親, 仁也; 敬長, 義也. 無他, 達之天下也(『맹자』, 「진심上」)

곡식과 고기와 자라가 먹기에 충분하고 재목이 사용하기에 충분하면 백성들은 부모를 봉양하고 예법에 따라 장사를 지내는 데 유감이 없어집니다. 그렇게 부모를 봉양하고 장례에 원한이 없도록 하는 것이 바로 왕도(王道)의 시작입니다.[3]

이 안정적 조건의 마련, 즉 정치와 관련하여 맹자가 분업을 필연적인 것으로 생각했다는 것은 잘 알려진 사실이다. 대부분의 인간은 안정적인 생존의 조건을 마련하기 위해 삶의 대부분을 할애해야 한다. 즉, 본성을 실현할 조건을 마련하느라 정작 자기 자신을 실현할 시간을 가질 수 없는 것이다. 이를 해결할 수 있는 방법으로 유교가 선택한 것은 생산차원에서의 일차적 분업이었다. 만일 한 사람이 하나의 일에만 몰두할 수 있다면 생존에 필요한 모든 것을 혼자 해결할 때보다 높은 노동 효율을 기대할 수 있을 것이다. 따라서 생존에 필요한 업무 수만큼의 인간들이 협력한다면 보다 많은 시간을 자기의 개발에 투자할 수 있게 된다. 문제는 그 사실을 깨닫는 데에 본성에 대한 '앎'이 우선한다는 것이다. 여기서 하나의 순환논리가 확인되는바, 본성의 실현은 안정적인 삶의 조건을 필요로 하며, 안정적인 삶의 조건은 본성에 대한 앎을 필요로 하는데, 본성에 대한 앎은 안정적 삶의 조건을 필요로 하는 것이다.

물론 개인 차원에서 본다면 본성을 실현하기 위해 그에 대한 앎이 필요한 것은 아니다. 그것은 일정 정도 삶의 안정성이 보장된다면 가능한 일이다. 그런데 그 조건을 개인 차원에서 마련할 수 없다는 것이 저 순환논리를 발생시키는 것이다. 여기서 유교가 선택한 돌파구는 주어진 계급사회를 활용하는 것이었다. 모든 계급사회는 아니겠지만, 상당수의 계급사회에는 직접생산으로부터 독립된 계급이 존재해 왔다. 그리고 그 계급의 대부분은 정치권력을 소유한 계급이었다. 그들이 어떻게 그와 같은 계급을 형성했는지에 대한 분석 혹은 평가를 차치한다면, 일단 그들은 본성을 깨달을 조건을 확보하고 있는 셈이다. 물론 열악한 조건 속에서 본성에 대한 깨달음을 얻는 이가 나올 수 없는 것은 아니나[4], 그러한 사람은 매우

---

3) 穀與魚鼈不可勝食, 材木不可勝用, 是使民養生喪死無憾也. 養生喪死無憾, 王道之始也(『맹자』, 「양혜왕上」)

4) 공자는 어려서 부모를 잃은 후, 오랫동안 육체노동에 종사했다고 전해진다(박성규, 2005: 2).

드물고 결정적으로 그들에게는 타인에게 안정적인 삶의 조건을 마련해 줄 권력이 없다. 따라서 그들이 선택할 수 있는 방법은 권력을 소유한 이들을 '교육'하는 일이었다.

원래 당대 현실에서 생각할 수 있는 가장 이상적인 사회는 권력을 가진 계급 속에서 본성을 깨닫는 이가 출현하여, 민중에게 안정적인 삶의 조건을 부여해 주는 사회다. 차선은 어려운 조건 속에서도 본성을 깨달은 자가 권력을 확보하여 그러한 정치를 펴는 것이다. 유교에서 상정하는 가장 이상적인 두 군주인 요(堯)와 순(舜)은 각각 전자와 후자를 대표한다고 할 수 있는데[5], 이는 단지 신화적인 이야기일 뿐, 현실적인 선택지는 깨달은 자들이 권력을 가진 자를 교육하여 그로 하여금 이상적인 정치를 베풀도록 하는 것이다. 유교가 말하는 가장 이상적인 인간상으로서의 '군자(君子)'는 문자 그대로 보았을 때 임금이라는 뜻이지만 적어도 유교 내에서는 '임금으로 하여금 이상적인 정치를 베풀도록 가르칠 수 있는 자'의 의미를 갖게 된 이유가 여기에 있다.[6]

이를 통해 유교는 이차적 분업의 형태, 즉 정치-사회적 차원의 분업 형태를 '생산자-학자-권력자'로 규정한다. 이들 사이의 관계는 일단 생산-후원 차원의 것인바, 권력자는 생산자로부터 거둬들인 세금으로 안정적인 생산 및 학습의 조건을 마련해 준다는 의미에서 두 계급의 후원자이다. 아울러 생산자에 대해 학자와 권력자들은 학습-교수의 관계에 있는데, 생산자들이 안정적인 삶의 조건에 안주하지 않고 그를 기반으로 본성을 실현하도록 고무하는 사명이 그들에게 주어져 있다.[7]

교화야말로 이 조건 위에서 '군자(君子)'와 '왕자(王者)'의 모범을 통한 본성실현의 도모다. 공자에 의하면 궁극의 진리에 대한 깨달음은 모든 인간에게 가능한

---

5) 요는 제왕의 아들이었으며, 순 역시 그러하였으나 그의 때에는 이미 가문이 몰락하여 순 자신은 노동계급에 속했다.

6) 잘 알려진 맹자의 다음 언급이 이를 단적으로 확인해 준다 하겠다.
"군자에게는 세 가지 즐거움이 있는데, 천하의 왕노릇하는 것은 여기에 들지 않는다(君子有三樂 而王天下不與存焉)"(『맹자』, 「진심上」).

7) 유교에서 임금은 '군사(君師)', 즉 '임금이면서 동시에 선생인 자'로 표현된다. 『실록』에는 이 단어가 들어간 기사가 총 169개 등장하고 있다.

것이 아니며[8], 본성의 실현에 관한 한 반드시 필요한 것도 아니다. 안정된 조건이 주어진다면, 그에 더하여 깨달은 자의 모범이 제공된다면 인간은 그것 없이도 자연스럽게 자신의 본성을 실현한다. 이는 민중의 지적 능력에 대한 불신이 아니라, 역으로 주어진 조건 속에서 본성을 실현하는 인간의 특징에 대한 신뢰다. 따라서 여기서 강조되는 것이 '군자'와 '왕자'의 수신과 모범인 것이다.

> 계강자가 정사에 대해 공자에게 묻기를, "만일 무도한 자를 죽여서 도덕이 있는 데로 나아가게 한다면 어떻겠습니까?"라고 하니, 공자께서 대답하시기를, "그대가 정사를 하는 데 어찌 사람을 죽이려 합니까? 그대가 착한 일을 하고자 한다면 백성들도 착하게 될 것입니다. 군자의 덕은 바람이고 소인의 덕은 풀이니 풀 위로 바람이 지나가면 반드시 눕게 됩니다."라고 하셨다.[9]

이 경우의 학습-교수 관계는 교사가 모범을 보이면 제자는 자연스럽게 따르게 되는 것으로, 궁극적인 교육내용을 직접 전수하는 형태의 것이 아니다. 플라톤의 '앎 없는 올바름'에 유비될 이 상태는 여전히 일정 시간 이상을 생산에 투자해야 하는 생산계급이 도달할 수 있는 것으로서의 최상이다.

반면, 학자-권력자의 관계는 앞에서 언급한 대로 교수-학습 차원의 것이기도 한데, 이는 그 교육내용(본성에 대한 앎)의 직접 전수를 목표로 하는 관계이다. 따라서 권력자는 자신의 힘으로 자신의 스승이자 여타 계급에 대해서는 자신의 대행자인 동시에 동업자를 길러 내는 자라 할 만하다. 반면, 학자계급은 일단 앎과 관련하여서는 스승을 필요로 하지 않는, 즉 자기교육이 가능한 유일한 계급으로 등장한다. 물론 이 계급 내부에는 명확한 교수-학습 관계가 존재하나, 타 계급과의 관계에서 본다면 그들을 자기교육자로 규정할 수 있는 것이다. 아울러 그들에 대한 '왕자'의 조력은 지적 교수행위와는 분리된 것으로 개념화해야 할 것이다.

---

8) "공자가 말씀하셨다: 백성들을 따르게 할 수 있으나, 알게 할 수는 없다(子曰: 民可使由之, 不可使 知之『논어』,「태백」).

9) 季康子問政 於孔子曰, 如殺無道, 以就有道, 何如. 孔子對曰, 子爲政, 焉用殺. 子欲善而民善矣, 君子 之德, 風, 小人之德, 草. 草, 上之風,必偃(『논어』,「안연」).

따라서 유교의 이상적 정치체제는 학자계급의 자기교육, 즉 학습(學習)에서 출발한다. 이를 위해 권력자는 그들의 학습조건을 마련해 줄 의무가 있다. 성리학을 그 통치 이데올로기로 삼았던 조선의 국제야말로 이와 같은 논리를 따랐던바, 학습에 정진하여 군자를 배출해야 하는 양반계급은 생산으로부터 면제되었으며[10] 농-공-상업에 종사하는 양인이 생산을 전담하였다. 군주는 이 두 계급의 후원을 책임지면서 학자계급으로부터 교육을 받아야 하며, 삶의 모범을 보이며 살아갈 의무를 가지고 있었다.

이상의 논의에 따를 때, 성리학을 비롯한 유가의 정치철학은 교수-학습, 특히 교수와 관련한 다음과 같은 행위유형들이 존재한다고 말할 수 있을 것 같다. 첫째, 사대부들이 행위주체가 되고 '왕자'가 그 대상이 되는 유형이다. 이는 왕자로 하여금 선정을 베풀도록 하는 것을 목적으로 한다. 둘째, '왕자'가 행위주체가 되고 사대부들이 그 대상이 되는 유형이다. 이는 자신의 스승인 동시에 대리인이자 동업자를 양성하는 것이 그 목적이다. 셋째, 사대부들의 자기 재생산으로서의 유형으로 이는 그 재생산 자체가 목적이 된다. 앞서의 유형의 목적이 바로 이 유형의 조장이라고 할 수도 있을 것이다. 넷째, '왕자'와 사대부들이 주체가 되고 민중이 그 대상이 되는 유형이다. 여기서의 목적은 인간으로서의 민중의 본성 실현이 된다.

이하에서는 유가의 정치철학으로부터 연역해 낸 행위유형들이 한국의 전근대에서 어떤 개념들과 결합하고 있는지를 조선의 관제기록인 『실록』을 통해 확인해 보도록 하겠다.

2) 『조선왕조실록』에 등장하는 '교수-학습' 관련 개념들

앞서 언급했던 한용진의 연구는 『실록』에서 총 18개의 '교수-학습' 관련 개념을 찾아낸 바 있다(한용진, 2014: 348). 이 개념들을 그것이 등장하는 기사의 수[11]가 많은 순으로 나열해 보면 다음과 같다.

---

10) 맹자는 어려서 부친을 잃었으나 그 자신이 생산에 종사한 적은 없다(이혜경, 2004: 2, 148).
11) 서론에 언급한 선행연구들은 이를 '용어들의 빈도수'로 보았는데, 한 개념이 한 기사에 중복되어 사용되는 경우가 있으므로 이는 용어들을 포함한 기사의 수로 보는 것이 정확하다고 볼 수 있다.

1. 보도(輔導), 2. 교화(敎化), 3. 교회(敎誨), 4. 보양(輔養), 5. 교양(敎養), 6. 교도(敎導), 7. 수신(修身), 8. 이습(肄習), 9. 강습(講習), 10. 계몽(啓蒙), 11. 교육(敎育), 12. 학습(學習), 13. 양육(養育), 14. 보양(保養), 15. 수기(修己), 16. 덕화(德化), 17. 무육(撫育), 18. 교학(敎學)

이를 그 개념의 의미, 즉 교수와 관련된 개념, 학습과 관련된 개념, 교수와 학습을 통칭하는 개념으로 나눠 보면 다음과 같다.

* 교수 관련 개념: 보도, 교화, 교회, 보양(輔養), 교양, 교도, 계몽, 교육, 양육, 보양(保養), 덕화, 무육
* 학습 관련 개념: 수신, 이습, 강습, 학습, 수기
* 교수-학습 통칭 개념: 교학

이와 같은 분류와 관련하여 일차적으로 주목을 끄는 것은 학습 관련 개념들에 비하여 교수 관련 개념들이 종류 및 등장 빈도 면에서 뚜렷하게 많다는 점이다. 이는 아마도 관제기록이라는 『실록』의 성격에서 비롯된 현상일 것이다. 그 등장 빈도가 가장 많은 '보도'를 비롯하여, '교화' '보양(輔養)' '교양' '덕화' '무육' 등의 개념들은 모두 군왕과 국가의 업무를 지칭하는 개념들이라는 것이 이를 방증하고 있다. 본 연구가 보다 주목하는 것은 이 교수 관련 개념들이 그 대상과 목적, 그리고 행위주체의 측면에서 각각 다르게 사용되고 있다는 사실이다.

일단 이 개념들은 일반적인 교수행위를 의미하는 것들과 특수한 교수행위를 의미하는 것들로 구분해 볼 수 있을 것이다. '교회' '교도' '계몽' 등이 전자에 해당할 것인데, 애초 생물학적 성장을 도모하는 행위의 의미를 갖고 있으나 그 의미가 교수행위로 확대된 '양육' '보양(保養)' '무육' 역시 이 범주에 포함시킬 수 있을 것으로 보인다. 『실록』에는 이 밖에도 교훈(敎訓), 교유(敎諭), 훈도(訓導), 훈련(訓鍊), 교수(敎授), 훈계(訓戒), 훈회(訓誨), 훈적(訓迪) 등의 용어가 이와 같은 의미로 등장하고 있다.

반면, '보도' '교화' '보양(輔養)' '교양' '교육' '덕화' 등은 그 주체와 대상이 특정되

어 있는 개념들이다. 우선『실록』에서 총 689개의 기사[12]에 등장하는 '보도'의 경우 왕과 세자, 그리고 소수이긴 하지만 대군 등의 종친들을 대상으로 한 모종의 행위를 지시하는 데에 한정되어 사용되고 있음이 확인된다. 이 중 세자의 교육에 대해 다루고 있는 기사가 426개, 왕에 대한 교육과 보좌를 다룬 기사가 254개, 대리청정 중인 세자의 교육과 보좌를 다룬 기사가 6개, 대군과 왕의 후손들에 대한 교육에 관한 기사가 6개, 모후에 대한 왕의 교육에 대한 기사가 2개[13], 왕실에 대한 보좌에 관한 기사가 1개, 어린 왕비의 교육을 다룬 기사가 1개이다.[14] 아울러 그 행위의 주체는 세자에 대해서는 왕과 신하들, 왕에 대해서는 신하들(혹은 사대부)이라는 것 역시 확인되었다. 그리고 그 내용을 보면 세자에 대해서는 학문의 교수와 덕성의 개발이 주를 이루며, 특히 군왕에 대해서는 여기에 통치행위에 대한 지도의 의미가 강력하게 결합된다.[15]

이와 함께 보양(輔養)은 이미 사전적으로도 '세자에 대한 교육'을 의미하거니와, 이는『실록』의 기사를 통해서도 충분히 확인되고 있다. 보양(輔養)을 포함하

---

12) 국사편찬위원회의 웹사이트에서 검색 시 713개의 기사가 나오는데, 이 중 광해군일기 중초본(25개)과 정초본(24개)의 중복을 제외하면 기사의 실 개수는 689개이다. 이하에서 언급하는 기사의 개수는 모두 이와 같은 중복을 제외하고 계산된 것임을 밝힌다.

13) 하나는 중종시기 본궁 별좌 석창명의 범죄에 대한 처벌에 중종의 모후 정현왕후(貞顯王后)가 관여하자 조광조가 이를 비판하는 기사에 등장한다.『중종실록』, 중종 14년(1519) 2월 14일. 다른 하나는 숙종 조에 있었던 것으로 인평대군(麟坪大君)의 두 아들의 처벌에 숙종의 모후인 명성왕후(明聖王后)가 관여하자, 부제학 홍우원이 이를 비판하는 기사에 등장한다.『숙종실록』, 숙종 1년(1675) 4월 1일.

14) 열거한 기사들 합이 689개를 넘는 이유는 '보도'가 두 개 이상의 의미로 사용된 사례가 있기 때문이다. 왕에 대한 보좌 및 교육과 세자에 대한 교육의 의미로 사용된 것이 함께 포함된 기사가 6개, 세자에 대한 교육과 왕의 후손들에 대한 교육의 의미로 사용된 것이 함께 포함된 기사가 1개이다.

15) 학문교수에 국한될 경우 명시적으로 '보도성학(輔導聖學)' 혹은 '성학보도(聖學輔導)'의 형태로 등장하는 기사들을 볼 수 있다(보도성학 13개, 성학보도 1개 기사).
"신들은 들으니, 선유(先儒)가 말하기를 '임금의 덕을 성취하는 것은 경연의 책임이다.'라고 하였으며, 또 '임금의 학문은 강학(講學)에 중점을 둔다.'라고 하였는데, 이는 대개 임금의 덕은 하루라도 닦지 않아서는 안 되며, 임금의 학문은 하루라도 강론하지 않아서는 안 된다는 것입니다. 우(禹)와 고요(皐陶)가 모(謨)를 진달한 것과 이윤(伊尹)과 부열(傅說)의 훈고(訓詁)와 설어(爇御)의 잠규(箴規)와 공사(工師)의 송(誦)은 모두 임금의 덕을 보필하고 **임금의 학문을 이끄는 것인데**, 이것이 바로 옛날의 경연입니다(臣等聞先儒曰: '君德成就, 責經筵. ' 又曰: '人君之學以講學爲重. ' 蓋君德不可一日不修, 而聖學不可一日不講. 禹, 皐陳謨, 伊, 傅訓詁爇御之規, 工師之誦, 無非贊襄君德, **輔導聖學**, 此卽古之經筵也).『광해군일기(중초본)』, 광해 7년(1615) 11월 9일. (밑줄 인용자)

고 있는 『실록』의 기사는 총 501개로 그중 399개의 기사에서 '세자에 대한 교육'의 의미로 사용되고 있었다. 이 외에 '왕에 대한 교육'의 의미로 사용되고 있는 기사가 98개, '왕자에 대한 교육'의 의미로 사용되고 있는 기사가 2개, 종친에 대한 교육의 의미로 사용되고 있는 기사가 1개, 태조의 공양왕에 대한 예우를 표현하기 위해 사용된 기사가 1개[16], 병자 보양의 의미로 사용된 기사[17]가 1개였다.[18] 왕에 대한 교육을 의미하는 경우들 중 상당수가 어린 나이에 즉위한 왕(단종, 성종, 중종, 명종 등)에 대한 교육을 표현하고 있다는 것을 감안한다면, 이 단어의 대부분이 '세자에 대한 교육'의 의미로 사용되고 있다고 판단해도 무리가 없을 듯하다. 특히 선조가 25세가 된 시기(1576년)를 기점으로 하여 보양(輔養)이 왕에 대한 교육을 의미하는 경우는 16개 기사에 불과하다는 것[19]을 고려할 때, 조선 초기 이후로는 이 단어가 전적으로 세자에 대한 교육을 의미했다는 것을 알 수 있다.

아울러 그 행위의 주체는 신하들인데, 비록 그것이 형식적으로는 부친임과 동시에 스승인 왕의 책무이지만 실질적으로는 시강원의 관료 등 신하들이 대행하는 형태로 전담했다는 것은 잘 알려진 바와 같다. 그리고 교육의 목적 측면에서 보면 주로 덕성의 함양을 위한 행위를 지시하는 개념임을 알 수 있다. 이는 보양(輔養)이 독립적으로 사용되거나 교육대상과 결합하는 경우, 혹은 보양청이나 보양관같이 그를 담당하는 기관이나 관직과 결합하는 경우를 제외하고, 교육내용 혹은 목적과 결합하는 거의 유일한 형태가 '보양군덕(輔養君德, 총 43개 기사)' 혹은 '보양성덕(輔養聖德, 총 10개 기사)'이라는 것을 통해 확인된다.

이 두 개념들과 함께 관심을 끄는 것이 '계옥(啓沃)'인데, 은나라 고종(高宗)이 재상 부열(傅說)에게 한 말("啓乃心 沃朕心", 『書經』「說命上」)에서 유래하여 '임금에게 충언함'의 의미를 가지게 된 이 개념은 『실록』에서 총 348개의 기사에 등장한

---

16) 『중종실록』, 중종 24년(1529) 6월 2일.

17) 『선조실록』, 선조 26년(1593) 1월 30일. 이는 사세(事勢)의 위기를 병자의 상태에 비유하고 있는 것이다.

18) 왕에 대한 교육과 세자에 대한 교육의 의미로 사용된 경우를 포함하는 기사가 1개 있기 때문에, 각 기사의 합이 501개를 초과하였다.

19) 본 연구의 단계에서 이에 대한 정확한 이유를 확인하지는 못했음을 밝힌다.

다.[20] 앞서 언급한 '보도'나 '보양(輔養)'이 왕자(王者)를 대상으로 한 총론 차원의 교육행위를 지시하는 것이라면, '계옥'은 같은 대상에 대한 구체적인 교수행위(방법)라 할 수 있다. 특히 이는 학문의 교수나 덕성의 개발과는 달리 주로 정책을 정하고 시행하는 것과 관련되어 사용되고 있다.

> 장령 송시열이 인피하기를, "다섯 신하를 멀리 찬축하라는 명이 갑자기 뜻밖에서 나왔는데, 성상께서 뜻하는 바는 감히 알 수 없으나 여러 사람의 뜻이 두려워하면서 모두 너무 지나치다고 합니다. 신이 조용히 **전하를 깨우치지 못한 죄가 크니**, 신을 체직하소서."[21] (밑줄 인용자)

> 직책이 **계옥(啓沃)**하는 자리에 있으면서 유지(有旨)에 응하여 일을 말하였는데 말한 것이 모두 긴요하여 내가 가뭄을 안타깝게 여겨 도와주기를 청한 뜻에 부합되었으니, 내가 매우 가상하게 여긴다.[22] (밑줄 인용자)

이상의 개념들이 주로 신하들, 나아가 사대부들이 그 행위주체가 되는 교수행위였다면, 군왕이 행위주체가 되는 교육 관련 개념들이 존재했다. '교양'과 '교육'이 그것인데, 그 등장 기사의 수에서 양 개념은 주목할 만한 차이를 보이고 있었다. '교양'을 포함하는 기사의 수는 총 360개였던 데 반하여, '교육'을 포함하는 기사의 수는 그 절반이 조금 넘는 214개였다. 여기에 선행연구들의 분석결과, 즉 일본의 영향을 받으며 추진된 갑오개혁 이후 교육개념의 사용빈도가 두드러지게 증가하고 있다는 것을 추가적으로 고려한다면 이 차이는 보다 두드러진다. 갑오개혁 이전 시기로 한정했을 때, '교양'은 총 357개의 기사에 등장하는 반면, '교육'

---

20) 순조는 별강(別講)에서 『성학집요(聖學輯要)』를 강하면서 서경의 이 문장을 논하고 있다(『순조실록』, 순조 6년(1806) 11월 20일 계해 2번째 기사). 세자 시강원에 걸려 있던 현판의 글귀인 '보도계옥(輔導啓沃)'은 순조의 아들 효명세자가 대리청정시기였던 1829년에 직접 쓴 것이다(김태완, 2011: 34 참조).

21) 掌令宋時烈引避曰: "五臣遠竄之命, 遽出意外, 聖意所在, 雖不敢知, 群情震懾, 皆以爲過當, 臣之不能從容啓沃之罪大矣. 請遞臣職", 『효종실록』, 효종 즉위년(1649) 10월 25일.

22) 職在啓沃, 應旨言事, 言皆喫緊, 以副予閔旱求助之意, 予甚嘉尙之, 『정조실록』, 정조 1년(1777) 5월 6일.

은 그 3할 정도에 불과한 123개의 기사에 등장하고 있는 것이다.[23]

양 개념은 일단 자구대로의 의미에 있어서나 실재의 의미, 특히 '인재양성 및 관리'라는 그 목적으로부터 파악되는 의미에 있어서도 특별한 차이를 보이지 않았다. 양자의 차이는 오히려 그 대상설정에서 나오는 것으로 파악되는데, '교양'의 경우 세자 및 태자를 대상으로 한 것이 115개의 기사에 등장하는 반면, '교육'의 경우 단 8개의 기사에 등장한다. 갑오개혁 이전으로 한정하면 '교양'은 115개 전체가 그 시기의 것에 해당하지만, '교육'은 단 1개의 기사만이 해당 시기에 등장하고 있다. 이는 아마도 '교육'이라는 개념의 출처에 그 원인이 있는 것으로 보인다. 잘 알려진 바대로 이 개념은 『맹자』의 「진심」장을 그 출전으로 하고 있는바, 여기서 그 행위주체는 군주가 아니라 '군자'이며 그 대상 역시 '천하인(天下人)'이지 '왕자'가 아니다.[24] 달리 말해서 이는 본시 사대부들, 좀 더 넓게 본다면 양인과 사대부 내에서 발생하는 행위를 지시하는 개념이었던 것이다. 따라서 군주의 행위를 지칭하는 데 있어서 '교양'에 비해 '교육'의 선호도가 낮은 것이 자연스럽다. 아울러 그 대상이 현재 그리고 차기의 군주일 경우 거의 선택되지 않는 이유 역시 설명될 수 있을 것으로 보인다. 동시에 이 개념이 보편성을 획득하기 위해서는 그 주체와 객체에 대한 설정 변화가 있어야 했을 것인데, 여기서 흥미를 끄는 것은 1894년 포고된 소학교 설립 관련 고시문이다. 박정양이 작성한 이 고시문의 서두에는 『맹자』「진심」장의 문구가 '군자(君子)'의 즐거움이 아니라 '왕의 즐거움'으로 변형되어 있다.[25]

이 외에 '교화'와 '덕화'의 경우 그 최상의 행위주체는 군주이며 사대부들이 이를 분담하는 형태로 사용되고 있다. 아울러 그 대상은 일차적으로는 사대부들이며 최종적으로는 일반 백성이다. 이 개념들의 경우 사전적 의미에서도 유추해 볼 수 있듯이, 학문 교수보다는 덕성의 함양이나 습속(習俗)의 정화를 지시하는 것

---

23) 이를 통해 갑오개혁기 이후 '교육'이 '교양'을 포함한 여타 교수 관련 개념들을 흡수했을 것이라 짐작할 수 있을 텐데, 이 원인에 대한 자세한 분석은 추후의 연구로 미룬다.

24) 『맹자』「진심」장이 군주교육을 위한 천하주유가 끝난 후의 맹자의 언행을 기록하고 있다는 것에 주목해야 할 것이다. 동시에 이 장의 주요한 내용 역시 "사제 사이의 문답과 잡사를 다루고 있다(이혜경, 2004: 4)"라는 것 역시 이와 같은 판단의 근거가 된다.

25) "孟子曰 王者有三樂 得天下英材敎育之一樂也"(박정양, 1894: 373; 김경미, 2000: 25에서 재인용).

으로 사용되고 있음을 확인하였다. 물론 학문 교수 자체가 배제되는 것은 아니며 오히려 그것이야말로 교화의 중요한 수단임은 분명하다. 그러나 그 구체적 형태를 살펴보면 일단 왕의 교화행위로 가장 중요한 것은 스스로 학업에 힘쓰는 모습을 보여 주는 데 있으며, 이는 일차적으로 신하들을 대상으로 한 것이다.

> 공손히 생각하건대, 주상 전하는 성철(聖哲)한 자질과 광명한 학문과 효우(孝友)하는 지정(至情)은 천성에서 나오고, 교화의 선정(善政)은 몸소 행하는 데에서 비롯합니다. 세상이 태평하여도 오히려 지극하지 못하다 이르시고, 많은 어진 이가 이르러도 오히려 빠진 이가 있음을 염려하여, 친히 여러 유신(儒臣)에게 책문하여 문치를 일으키니, 진실로 천재일우(千載一遇)의 아름다운 정치입니다.[26]

이와 같은 군주의 모습은 관료들 및 사대부들의 학문정진에 모범으로 작용할 것이며, 그들에 의한 백성들의 풍속교화가 이루어진다는 것이 『실록』에 나타나는 교화의 표면적 모습이다. 그러나 군주에 대한 교육을 담당하는 것이 관료들을 비롯한 사대부들이라는 점을 상기한다면, 그들이 생각했던 교화의 실질적 모습은 관료들의 지도를 받은 군주의 선정 이외의 것이라 보기는 어렵다. 이와 같은 판단은 '교화' 개념이 자주 등장하는 시기를 통해 방증될 텐데, 이 개념이 포함된 기사들이 출현하는 빈도에 따라 통치시기를 살펴보면 중종–성종–명종–선조–정조–영조–인조[27] 등의 순으로 나타난다. 이를 다시 재위 기간 대비 등장하는 기사의 비율로 정리하면 중종–명종–성종–정조–인조–선조–영조 순이다.[28] 이 군주들의 공통점은 비교적 어린 나이에 등극했거나(중종, 성종, 명종, 선조), 반정을 통해 등극했거나(중종, 인조), 재위 기간 중 전란이나 사화 등의 변고가 있었던(중종, 명종, 인조, 선조, 영조) 군주들이라는 점이다. 중종의 경우 그 장기간의 재위기간(39년)을 고려하더라도 그보다 더 긴 재위기간을 가진 영조 대(53년)의 기사 등장 빈도와 비교할 때 두드러지게 높은 기사 빈도를 보인다. 이는 그가 앞에서 지적

---

26) 恭惟主上殿下, 聖哲之資, 光明之學, 孝友之至, 出於天性, 教化之善, 本於躬行. 世道泰, 而猶謂其未至, 群賢至, 而猶慮其有遺, 親策群儒, 以興文治, 誠千載一時之嘉會也, 『태종실록』, 태종 6년(1406) 5월 13일.

27) 각각 175개 – 56개 – 56개 – 46개 – 37개 – 35개 – 33개 기사가 등장한다.

28) 1년당 4.48개 – 2.54개 – 2.24개 – 1.48개 – 1.22개 – 1.09개 – 0.66개의 비율로 등장한다.

한 세 가지 경우 모두에 해당하는 군주라는 것을 통해 설명이 가능할 것 같다. 즉, 여하한 이유들로 군주의 권력기반이 불안정한 시기에, 군주의 선정(성학을 통한 교화)을 당부하는 사대부들의 간언과 상소가 증가하는 것이다. 결과적으로 '교화' 와 '덕화'의 경우 그 대상으로서 사대부들보다 일반 백성들에 집중된 의미를 가지고 있는 것으로 생각할 수 있다.

본 연구에서 마지막 분석대상으로 삼은 용어는 '무육(撫育)'이다. 이는 자구대로의 해석과 함께 그 활용에 있어서도 '생물학적 성장'과 관련된 개념이기 때문에 교수 관련 용어로 포함시키기에는 일단 무리가 있어 보인다. 그럼에도 불구하고 앞에서 서술한 바와 같이, 유가의 정치철학에서 민생의 물리적 조건을 마련해 주는 것을 권력집단의 주요한 임무로 간주하고 있다는 것을 상기해 볼 필요가 있을 것이다. 『실록』에서 총 74회 등장하는 이 용어는 다양한 대상, 예를 들어 유아 혹은 아동이나 자녀, 처자 등의 일반적인 것들뿐만 아니라, 노비, 왜노(倭奴), 변방 야인, 신료, 세자와 종친에까지 이르는 대상들의 물리적 안녕을 보장하는 의미로 사용되고 있다. 그중에서도 물론 그 빈도수가 많은 것은 아니나, 백성과 결합하여 그들의 삶을 안정시키는 행위를 의미할 때 이는 교화의 근본으로서 유가적 통치목표 달성을 위한 교수행위가 되는 것이다.

> 요는 선왕들의 정치를 행하고 **어루만져 기르는** 도리를 극진히 하며 또 반드시 효도하고 우애 있고 예의 바르게 가르치면 백성들이 부모를 섬기고 처자를 보살피는 즐거움을 잃지 않게 될 것이므로, 사람들이 모두 윗사람을 어버이같이 여기고 어른을 섬기는 마음이 생기게 될 것이니, 화합과 신의는 그 가운데 있게 될 것입니다.[29] (밑줄 인용자)

이상에서 살펴본 바와 같이 『실록』에 등장하는 교수-학습 관련 개념들, 특히 교수 관련 개념들은 그 지시하는 행위의 주체와 대상, 그리고 내용의 측면에서 유가적 통치이념에 부합하는 형태로 분화되어 있음을 확인하였다. 이를 정리해 보면,

---

29) 要在行先王之政, 而盡撫育之道. 又必教之以孝悌, 習之以禮義, 則民不失仰事俯育之樂, 而人皆有 親上事長之心, 和與信, 在其中矣, 『중종실록』, 중종 34년(1539) 10월 20일.

첫째, 사대부들이 주체가 되어 '왕자'를 대상으로 하여 이루어지는 행위를 지시하는 개념들이 있다. 이에 해당하는 것이 '보도(輔導)' '보양(輔養)' '계옥(啓沃)'이다. 이 중 '계옥'은 '보도'의 구체적인 한 형태의 위상을 가진 것이다. 둘째, 군주가 되어 국가에 필요한 인재를 양성하는 것을 목적으로 그 대상을 사대부 및 차기 군주로 하는 행위를 지시하는 개념이 있다. '교양(敎養)'과 '교육(敎育)'이 이에 해당하는데, 이 두 개념은 실질적 교수행위는 사대부들이 담당하며 그 물리적 조건의 마련을 군주가 담당한다는 공통점을 가진다. 이로 인해 이 개념들은 국왕의 책무이자 '국가지사(國家之事)'로 간주된다. 다만 '교육'의 경우 그 대상이 사대부에 국한된다는 측면에서 '교양'과는 차이를 보였다. 셋째, 일반 민중을 대상으로 하여 그들의 습속을 정화하는 것을 목적으로 하는 행위와 관련된 개념들이 있다. 이 행위의 주체 역시 군주와 사대부인데, '교화(敎化)' '덕화(德化)' '무육(撫育)'이 이에 해당한다. 이 중 '무육'은 그 목적이 '교화'인 경우에 한해서 교수개념의 의미를 가지게 된다.

3. 맺음말

이 장에서는 성리학적 통치철학 내의 변별적 교수 관련 행위들을 분류하고, 이를 『실록』에 등장하는 교수 관련 개념들을 통해 확인하고자 하였다. 본문에서의 분석이 성공적인 것이라고 하더라도 결국에는 매우 뚜렷한 한계를 갖고 있다. 따라서 그 한계를 제시함과 동시에 이를 해결하는 데 필요한 연구를, 나아가 차후 국내 교육학 연구들이 수행해야 할 것으로 보이는 개념사적 과제들을 제안하는 것으로 본 연구의 결론을 대신하고자 한다.

본 연구는 그 목적을 달성하기 위한 사료로서 『조선왕조실록』을 선택하였다. 그럼에도 불구하고 그 속의 개념들의 출현 근거를 『논어』와 『맹자』라는 한정된 문헌으로 환원했다는 근본적인 한계를 가지고 있다. 동시에 『실록』 자체가 가지고 있는 관제기록이라는 성격은 근대를 포함하는 조선의 사유역사에 내재되어 있을 교수개념의 상당수를 본 연구의 분석대상에서 배제하도록 했을 수도 있다. 따라서 이 한계들은 적어도 다음의 추가연구를 통해 해결되어야 할 것이다. 즉, 고도로 정교화된 성리학의 사유체계에 대한 심도 깊은 분석이 필요하다. 이를 통해 보다 다양하고 정련된 교수개념이 연역되어야 할 것이다. 그러한 노력을 바탕으로 『실록』의 교수-학습 개념들에 대한 보다 정확한 분석이 수행되어야 한다. 아울러 이를 일반화하기 위한 보다 다양한 문헌에 대한 분석 역시 반드시 필요할 것으로 보인다.

이것이 수행된다면 애초 본 연구의 목적이었던 근대적 교육개념 형성의 과정을 부족하나마 수행할 수 있을 것인데, 이는 비단 문헌분석적 연구가 아니라 그 형성과정을 추동했을 객관적 조건들에 대한 정치사회사적 분석이 요구되는 작업이다. 이에 대해서는 이미 본 연구가 크게 빚지고 있는 선행연구들이 간파했고 시도했으며 그를 통해 의미 있는 성과들이 도출되었다. 본 연구가 또 다른 후속 작업의 전진에 일조할 수 있기를 기대해 본다.

📂 참고문헌

『논어』.
『맹자』.
『조선왕조실록』.

김경미(2000). "갑오개혁기 초등교육개혁의 전개 과정과 그 성격". 『한국교육사학』 22(1).
김태완(2011). 『경연, 왕의 공부』. 서울: 역사비평사.
박성규(2005). 『공자 「논어」』. 서울: 서울대학교 철학사상연구회.
박정양(1894). 「告示文」. 한국문헌연구소 편(1984). 『朴定陽 全集』 4. 서울: 亞細亞文化社.
오성철(2015). "유길준의 교육개념에 대한 연구". 『한국교육사학』 37(1).
이혜경(2004). 『맹자 「맹자」』. 서울: 서울대학교 철학사상연구회.
한용진(2014). "근대 교육개념 수용에 관한 개념사적 고찰". 『교육사상연구』 28.

森川輝紀(2002). 第七章 立身出世主義と近代敎育. 辻本雅史・沖田行司 編(2002), 『敎育社會史: 新體系日本史16』. 東京: 山川出版社.

제7장

근대적 학교체제의 수용과 '중학교' 개념

이 장에서는 서구적 '학교' 개념의 수용과 관련하여 대한제국기 중학교 개념을 살펴보고자 한다. 특히 대한제국기 근대학제의 형성과 중등교육에 대한 연구는 그 중요성에 비해 잘 연구되어 있지 못하다. 흔히 알고 있는 것과 달리 전통시대의 숙상서학(塾庠序學)의 전통에 비추어 보면, 중학교는 세 번째 단계의 학교에 해당한다. 또한 1894년 6월의 갑오개혁으로 '중학교'라는 용어가 처음 등장할 때까지 우리나라에서 근대적 교육기관의 명칭은 '학교'보다는 '학당'이 일반적이었다. 그리고 1899년 「중학교관제」로 시작된 대한제국의 중학교는 심상과와 고등과를 포함하는 7년제 중등학교로, 이는 일본의 5년제 중학교 및 청의 4년제 중학당과도 구분된다. 아직 대학이 설립되지 않은 상황에서 대한제국의 중학교는 실업과 관료로 진출하는 종결교육적 성격이 강했다. 하지만 한편으로는 고등교육기관인 의학교와 법관양성소 입학 자격을 중학교 졸업자로 규정하면서 3단계 학제를 형성하게 되었다. 하지만 통감부기인 1906년 관립 중학교는 「고등학교령」에 의해 고등소학교 수준의 학교로 전락되며 관립 중학교의 명맥이 끊어지는데, 오히려 민간에서는 고종과 학부의 독려로 1905년부터 다양한 사립 중학교가 생겨나기 시작하며 근대 중등교육의 흐름을 이어 가게 되었다.

주제어 학교제도, 중학교, 고등학교, 중등교육, 개념사

1. 머리말

그동안 초등-중등-고등의 3단계 학제에서 가장 연구가 부족한 분야는 중등교육이었으며, 그중에서도 '중학교'는 '고등학교'에 비해 훨씬 더 연구가 적었다. 근대 시기 중등교육이나 중학교에 관한 선행연구로는 김영우와 유봉호의 저서가 있지만, 정작 이 시기 중학교에 관한 연구는 거의 없는 실정이다.[1] 즉, 초등교육 기관으로 서당 연구나 고등교육기관인 성균관 등에 비해 이처럼 중등교육의 연구가 부족한 것은 당시 근대적 '중학교' 개념이 새롭게 들어왔을 뿐만 아니라, 우리나라 최초의 중학교가 비록 1900년에 개교하였지만 1906년에는 폐교되는 등 그 역사가 너무 짧았기 때문이 아닌가 생각된다.

이 글에서는 먼저 근대 학교개념을 이해하기 위한 출발점으로 2절에서는 전통과 근대 학교체제의 만남 속에서 중등교육의 성격이 무엇인가를 살펴보고, 이어서 3절에서는 근대 학교개념의 수용 과정에서 우리나라 학교제도 형성에 영향을 준 일본과 청의 학제 및 중학교(중학당)의 성립과 특성을 확인하고자 한다. 그리고 마지막으로 4절에서는 1899년의 「중학교관제」의 반포와 이를 통해 설립된 대한제국기 '중학교'의 개념과 이러한 학교개념의 민간 확산을 규명해 보고자 한다.

2. 근대적 학교체제의 수용과 중등교육

1) 전통과 근대 학교체제의 만남

우리나라 문헌에 '학교'라는 용어가 처음 등장하는 것은 서기 930년(태조13) 『고

---

[1] 단행본으로 김영우(1995)와 유봉호(1998)의 연구가 있다. 연구논문으로는 송현강(2015)의 연구를 참고할 수 있다. 다만 송현강 논문은 특정 선교계 학교에 관한 연구로 근대시기 중학교의 일반적 성격이나 개념에 관한 연구와는 구분된다.

려사』 기사로, "서경에 행차하여 학교를 처음으로 설치하였다."[2]라는 문장이 있다. 고구려의 '태학(太學)'이나 신라의 '국학(國學)' 등의 용어가 이미 사용되고 있었지만, '학교'라는 용어 자체는 10세기 이후에 본격적으로 사용된 것으로 보인다. 한편『조선왕조실록』에서 '학교(學校)'라는 용어를 한자로 단어검색해 보면 원문 971건(국역 498건)이 검색되는데, 그중에서 중종이 262건(27.0%)으로 가장 많고, 그다음이 고종 141건(14.5%) 등이다. [3] 학교에 대한 언급이 많다는 것은 그만큼 학교에 대한 논의가 왕성하였기 때문으로 생각된다. 실제로 연산군을 퇴위시키고 왕위에 오른 중종 시대와 서구 열강과의 교류를 통해 근대화를 시도하던 고종 시대에는 이러한 현실을 반영하여 학교의 설립과 개혁이 매우 중요한 과제로 다루어졌다고 할 수 있다.

전통시대 학교 관련 용어로는 마을 규모에 따른 명칭으로 '숙상서학(塾庠序學)'이 있다. 먼저『태종실록』11년(1411) 기사를 보면 "예전에는 가(家)에는 숙(塾)이 있고, 당(黨)에는 상(庠)이 있고, 술(術)에는 서(序)가 있어, 어느 땅에도 학(學)이 없는 곳이 없고 한 사람도 가르치지 않는 바가 없었습니다."[4]라고 되어 있다. 다만 여기서 '학'은 국학 혹은 태학을 지칭하는 것은 아니고, 일반명사로서 배울 수 있는 곳으로서의 학교를 의미한다. '학'이 국학(國學)으로 사용되는 사례로는『태종실록』13년(1413) 기사를 들 수 있다. "옛날에 숙(塾)에서 당(黨)으로 올리고, 당에서 술(術)로 올리며, 향대부(鄕大夫)가 사도(司徒)에게 올리고, 사도가 국학으로 올리던 법에 의하여"[5]라는 표현에서 '숙' '상' '서' '학'의 위계적 학교 운영을 엿볼 수 있다. [6] 즉, 전통시대의 숙상서학의 4가지 학교체제는 중앙집권적 왕권강화를 위하여 지방에서 수도로 인재를 선발하여 올려 보내기 위한 장치이며, 이러한 학

---

2) "幸西京, 創置學校."『고려사』세가(世家) 권제1, 930년 12월 1일.

3) 국사편찬위원회『조선왕조실록』, http://sillok.history.go.kr/search/searchResultList.do

4) "古者家塾黨庠術序, 無一地非學, 無一人不敎",『태종실록』태종 11년(1411) 7월 27일. 국사편찬위원회의『조선왕조실록』에서는 '학교'로 번역하고 있지만, 이 글에서는 '학'과 '학교'를 개념사적으로 구분하기 위하여 원문에 입각하여 '학'으로 표기하였음. 이하 동일.

5) "依古者塾升之黨, 黨升之術, 鄕大夫升之司徒, 司徒升之國學之法",『태종실록』태종 13년(1413) 6월 30일.

6) 대유법(代喩法)의 관점에서 본다면 마을의 규모를 의미하는 '당'과 '술'은 각기 '상'과 '서'라는 학교를 상징하는 것이라 할 수 있기 때문이다.

교체제의 정점에 '국학'이 놓여 있었음을 알 수 있다.

이러한 전통시대의 학교체제를 바탕으로 17세기 반계(磻溪) 유형원(柳馨遠: 1622-1673)은 학교 개혁안[7]을 내고 있다. 먼저 수도 한양과 지방의 학교로 구분하여, 각기 방상(坊庠)-향상(鄕庠), 사학(四學)-읍학(邑學), 중학(中學)-영학(營學)을 두고, 가장 높은 수준으로 한양에 태학(太學)과 진사원(進士院)을 두는 4단계 학제를 구상하였는데, 이때 '중학(中學)'이라는 단어가 처음 등장하고 있다. 이때 중학은 성균관과 사부학당(= 사학)의 중간 단계에 놓여지는 새로운 개념의 학교이다.

한편 개화기 최초의 해외 유학생으로 일본과 미국에서 공부하고 돌아온 유길준은 『서유견문』에서 "무릇 국가의 대본(大本)은 교육하는 방도에 있으니 오늘날 천하에 부강하기로 유명한 여러 나라는 모두 이 한 가지 일을 면려(勉勵)"(유길준, 1996: 253)[8]한다고 하며, 서구의 학교 종류를 대상과 연령, 교육내용에 따라 '시작하는 학교' '문법학교' '고등학교' '대학교' 등 4단계로 구분하여 소개하고 있다. 그는 1881년 「조사시찰단(朝士視察團)」의 수행원으로 일본 게이오의숙(慶應義塾)에서 1년여 공부하였으며, 1883년 가을에는 「보빙사(報聘使)」의 수행원으로 미국에 파견되어 모스(E. S. Morse)에게 8개월간의 개인지도를 받고 더머 아카데미에서 1885년까지 공부하였다. 그는 1885년 6월 미국을 출발하여 유럽과 동남아시아를 돌아 12월에 귀국하였으며, 7년간의 연금생활 동안 『서유견문』을 쓰게 된다.[9] 이를 유형원의 학제개혁안과 비교해 보면 〈표 7-1〉과 같다.

〈표 7-1〉 유형원의 학교개혁안과 유길준의 서구 학교 소개

유형원 (17세기)	수도	방상(坊庠) ⇒	사학(四學) ⇒	중학(中學) ⇒	태학(太學) ⇒ 진사원(進士院)
	지방	향상(鄕庠) ⇒	읍학(邑學) ⇒	영학(營學) ⇒	
유길준 (1895)	시작하는 학교 (5-6세부터 4년)	문법학교 (9-10세부터 6년)		고등학교 (14-15부터 4년)	대학교 (19-20세 이상)

7) 유형원(1976), 『반계수록』 교선지제(敎選之制)(上) 학교사목(學校事目) 참조.
8) 이하 서유견문의 인용은 다음을 사용하였다.
   유길준(1996), 『유길준전서[1] 서유견문(全)』 서울: 일조각.
9) 다만 유길준의 『서유견문』은 간행연도는 비록 1895년이지만 탈고한 시점은 1889년이었음을 감안할 필요가 있다(한용진, 2012: 74-75).

비록 200여 년의 시간적 간격을 두고 있지만 반계가 구상한 전통적 학교체제와 유길준이 소개하는 서구의 학교 종류는 인재 양성과 선발을 통한 상급학교 진학 체계를 명확하게 보여 주고 있다. 태종 원년(1401)의 『조선왕조실록』을 보면, "사람이 태어나 여덟 살이 되면, 왕공(王公) 이하 서인(庶人)의 자제에 이르기까지 모두 소학에 들여보내서 가르친다."[10]라고 되어 있는 점을 고려하면, 유형원의 방상과 향상은 8세 입학을 상정하였을 것으로 생각된다. 또한 태종 13년(1413)에 "부학(部學 = 四學)에 재학하며 15세 이상인 자는 식년을 기다리지 말고 그 글을 강(講)하고 그 문장을 시험하여"[11]라 하였는데, 조선 초기에 사학에 다니는 사람 중에서 15세 이상자를 과거에 응시할 수 있도록 한 것을 보면, 적어도 사학과 읍학의 재학생은 15세 이하를 기대하였을 것으로 추정해 볼 수 있다. 특히 유형원의 학교개혁안의 3단계에 위치한 '중학'은 사학보다 상위에 있으며, 태학 진학을 목표로 한다는 점에서 유길준의 고등학교와 비견되는 학교개념으로 추정해 볼 수 있을 것이다.

2) 근대적 중등교육의 이중적 성격

근대적 중등교육의 성격과 관련하여 유길준은 『서유견문』에서 대학 진학을 위주로 편성된 4가지 학교 단계와는 별도로, '일반적인 생활에 이용되는 교육'과 '학문적인 교육'으로 구분하기도 하였다. 여기서 '생활교육'이란 사람이 세상에 태어나서 생활해 가기 위해서는 생계의 경영이 있어야 하므로 그에 꼭 필요한 견문과 지식을 가르치는 교육이라 하였다.[12] 유길준은 생활교육은 모든 사람에게 보편적으로 베풀어지는 것으로, 교육받기를 원하는 모든 사람은 누구나 취학할 수 있도록 정부가 학교를 설립·운영할 것을 제안하며 교육의 '국가관장'(유길준, 1996: 119-127)을 주장하였다.

10) "人生八歲, 則王公以下, 至於庶人之子弟, 皆入小學而敎之", 『태종실록』 태종 1년(1401) 8월 22일.
11) "在部學年十五以上, 不待式年, 講其書試其文", 『태종실록』 태종 13년(1413) 6월 30일.
12) 그 내용으로는 ① 오륜(五倫)에 바탕을 둔 행실, ② 글자 쓰는 법, ③ 그림 그리는 법, ④ 셈하는 법, ⑤ 물산학(物産學), ⑥ 철학, ⑦ 경제학, ⑧ 인체학, ⑨ 세계 여러 나라의 지리, ⑩ 물산·정치·풍속 등이다. 『서유견문』, 제8편, 정부의 민세비용(民稅費用)하는 사무.

이는 산업혁명을 거치며 초등학교를 졸업한 일반 대중의 중등교육에 대한 요
구가 확대되면서 기술·직업교육을 중시하는 교육기관뿐만 아니라 여자교육 등
근대적 교육과정을 가진 중등단계의 학교가 등장하게 되었음을 의미한다. 교육
근대화 과정에서의 중등교육 단계의 학교는 한편으로는 인문교육을 지향하며 대
학 진학을 위한 예비학교, 또 다른 한편으로는 초등학교 졸업생을 대상으로 실업
계 종결교육을 실시하는 상급학교라는 이중적 성격으로 분화된다. 1908년 일본
에서 간행된 오세 진타로(大瀨甚太郎)의 『신찬교육학(新撰教育學)』에서는 서양의
학교제도를 '자유교화'와 '비자유교화'의 두 가지 성격으로 나누어 설명하고, 자
유교화에서도 남녀를 구분하고 있다. 오세는 "학교는 피교육자의 연령, 그 생활
상의 목적 및 사회의 다양한 사정에 따라서, 그 종류를 다르게 하지 않으면 안 된
다."(大瀨甚太郎, 1908: 428)라고 하였다.

오늘날의 관점에서 본다면 불평등하게 보일 수도 있는 내용이지만, 〈표 7-2〉
의 서양 학교 소개를 보면 연령 단계별로 신분과 성별에 따라 복선형 학교체제
가 운영되고 있었음을 보여 준다. 여기서 김나지움(고전중학교)이라 표현되는 '중
학교'는 바로 대학 진학을 지향하는 중등교육 기관이다. 김나지움의 하급은 소년
기 초기와 후기를 포함하며 교육내용도 자유교화, 특히 학문적 교화에 한정되어
있다.

본래 "유럽에서 중등교육은 대학 예비교육기관으로 전근대부터 긴 역사를 가
지며, 중등교육은 중류 중산계급 이상의 사회계층을 위한 학교로서 위상을 가지
고"(教育史學會, 2007: 53) 있었다. 영어로 중등교육은 'secondary education'[13]으
로, 초등교육(primary education)의 상급에 위치하며, 고등교육(higher education)
으로 나아가기 위한 '두 번째' 단계이다. 중학교 개념의 등장과 관련하여, 김미
진·홍후조(2016: 16)는 1888년 미국에서는 8년제 초등학교와 4년제 고등학교
의 8-4학제가 가장 일반적이었는데, 이를 6-6학제로 바꾸는 과정에서 준고교
(junior high school)로서 '중학교'가 등장하였다고 하였다. 양성관(2006: 59) 역시
미국의 전통적인 학제는 8-4제로, 저학년 고등학교(junior high school)의 도입으

---

13) 오늘날 우리나라 중학교들은 영문 학교명으로 junior high school보다 middle school을 주로 사용
하고 있으며, 이는 학교 이메일 주소의 확장자로 사용하는 @ms.kr의 'ms'로도 알 수 있다.

〈표 7-2〉 오세 진타로의 서양 학교 소개(大瀬甚太郎, 1908: 430)

교육목적＼시기별		학령 아동기	소년 초기	소년 후기	청년 초기	청년 후기
교화	자유 교화	학문적 교화: 김나지움 (고전중학교) 예비과	김나지움의 하급		김나지움의 상급	대학
		세계적 교화: 실과학교 예비과, 여자 초등학교	실과학교 하급 고등여학교		-	-
	비자유 교화	공예적 교화		공예학교	실과학교의 하급	공예 고등전문학교
		평민적 교화: 평민학교	평민학교 (시민학교)			

로 6-3-3제로 전환되었고 나중에 '중학교 개념(middle school concept)'의 도입으로 5-3-4제로 전환되었다고 하였다. junior high school의 번역어로 '준고교' 혹은 '저학년 고등학교'라는 용어를 사용하고 있는 것은 중학교 자체가 대학 진학을 위한 고등학교에서 나중에 아래쪽으로 분화된 개념임을 보여 주는 것이지만, 오히려 초기의 8-4제가 5-3-4제로 바뀌는 과정을 고려해 보면 미국의 중학교는 초등학교의 상급 수준에 속하는 국민 공통의 보통교육 범주에 속하는 3년 과정이 중학교로 분화되었다고 할 수 있다. 다만 유럽의 복선형 학제를 고려한다면, 미국의 '중학교'는 단선형 학제로 운영되는 공통 교육과정이었다.

3. 일본과 청의 학교제도와 중학교 개념

1) 일본의 학교제도와 중학교 개념

우리나라의 근대 학교 수용과 형성에 가장 큰 영향을 끼친 것으로 추정해 볼 수 있는 일본과 청의 중학교 개념은 이들의 학교제도의 변천을 통해 보다 명확하게 확인할 수 있다. 먼저 일본은 1872년(明治5) 8월에 구미의 학교제도를 참조하여 서둘러 8-6제 「학제」를 반포하였지만 현실적으로는 이를 제대로 시행할 수 없었기에 1877년부터 학제개혁에 착수하였다(文部省, 1964: 5-6). 1879년(明治12)에는 「교육령」을 반포하며 기존의 「학제」를 폐지하고 지역사정에 따른 운영의 자율성을 인정해 주었지만, 다음 해인 1880년 12월 다시 「개정교육령」을 통해 중앙통제를 강화하였다. 1885년 이토 히로부미(伊藤博文) 내각이 결성되고 모리 아리노리(森有禮)가 초대 문부대신이 되어 학교제도를 전면 검토하면서, 1886년(明治19)에는 「소학교령」 「중학교령」 「제국대학령」과 교원양성을 위한 「사범학교령」 등 4가지 학교령을 공포하였고 이를 학교체계의 근간으로 삼았다(文部省, 1964: 6). 이를 정리해 보면 〈표 7-3〉(文部省, 1972: 368-372)과 같다.

일본의 학교제도를 중학교 개념에 한정하여 살펴보면, 첫째로, 메이지 초기인 1873년의 중학교는 14세 이상의 6년제 과정이었는데, 1881년부터 12세 이상으로 입학연령이 내려왔다. 둘째로, 중학교 6년의 기간은 1892년에 8년으로 늘어났지만, 1900년부터는 오히려 5년으로 줄어들었다. 셋째로, 중학교의 성격과 관련하여 1886년 모리 문부대신 시절 「중학교령」의 교육목적(1조)은 "실업에 나아가고자 하는 혹은 고등의 학교에 입학하려는 사람들에게 필요한 교육"이라는 생활교육과 학문교육의 이중적 성격이었는데, 1899년 「중학교령개정」(칙령 제28호)에서는 '고등보통교육'으로 그 목적을 변경하였다. 즉, 중학교는 취업 혹은 진학이라는 두 가지 목적에서 오로지 대학 진학만을 위한 교육기관으로 그 성격이 변경되었다(米田俊彦, 1992: 21). 넷째로, 학교의 명칭과 관련하여 살펴보면 1873년에는 하등-상등 중학교, 1881년에는 초등-고등 중학교, 1892년에는 심상-고등 중학교, 그리고 1900년에는 5년제 중학교와 3년제 고등학교로 상당히 여러 번 명칭을 변경하고 있다. 다만 1900년 이후 고등학교란 더 이상 중등교육기관이기보다는 제국대학에 입학하기 위한 대학예과 과정으로 17세 이상자가 입학하는 고등교육기관이었다. 다섯째, 일본의 중학교는 남자만을 위한 학교로, 여자를 위한 중등교육기관은 '고등여학교'라는 별도의 명칭으로 구분하여 불렀다. 즉 중학교는 대학 진학을 위한 남자 학교만을 지칭하는 개념이었다.

〈표 7-3〉 일본의 학교제도와 중학교(中學校)

연령 / 연도	초등교육 (6~8년)						중등교육 (4~8년)						고등교육		
	6	7	8	9	10	11	12	13	14	15	16	17	18	19	20
1873년 明治 6	심상소학 8년						중학교 6년						대학은 20세 입학 구상 1872년 「학제」		
	하등 소학 4년			상등 소학 4년			하등 중학3년			상등 중학3년					
1881년 明治14	소학교 6년						중학교 6년						동경대학은 17세 입학 1880년 「개정교육령」		
	초등과3년			중등과3년			초등중학 4년				고등중 학 2년				
1892년 明治25	심상소학교 4년				고등 소학교 2년		심상중학교 5년						고등 중학교 3년	제국대학 20세 입학	
							고등여학교 5년						전문학교 17세 입학		
1900년 明治33	심상소학교 4년				고등 소학교 2년		중학교 5년						고등학교 (대학예과) 3년	제국대학 20세 입학	
							고등여학교 4년						전문학교 17세 입학		

2) 청의 학교제도와 중학교 개념

한편, 청의 근대교육은 일본에 비해 전통교육의 기반 위에 서양식 교육제도를 수용하는 방식으로 이루어졌다. 즉, 과거제를 폐지하되 '중주서보(中主西輔)'[14]와 '중체서용(中體西用)'의 관점에서 서원 등 전통교육기관을 근대적인 학당으로 개편하는 방식이었다. 청의 근대학제는 1902년의 관학대신(管學大臣) 장백희(張百熙)가 의정(擬定)한 「흠정학당장정(欽定學堂章程)」(1902. 7. 12.)에 기초하여 성립된 「임인학제(壬寅學制)」(1902. 8. 15.)가 처음인데, 이 학제는 여러 가지 미비점으로 인하여 널리 시행되지 못하였고, 그 뒤 1904년에 「주정학당장정(奏定學堂章程)」에 기초하여 성립된 「계묘학제(癸卯學制)」(1904. 1.)가 수정 · 보완을 거쳐 1912년

---

14) 학당의 교육내용이 중국의 학문을 주(主)로 삼고 서양의 학문으로 보(輔)해야 한다는 것은 정관응(鄭觀應) 이래 이단분(李端棻), 손가내(孫家鼐) 등 당시 여러 사람이 주장한 바이다(김유리, 2007: 33 참조).

〈표 7-4〉 청의 학교제도와 중학당(中學堂)

연령 / 연도	초등교육 (9-10년)										중등교육 (4-5년)				고등교육					
	6	7	8	9	10	11	12	13	14	15	16	17	18	19	20	21	22	23	24	25
1902년 임인학제	몽학당 4년				소학당 6년						중학당 4년				고등학당 3년(대학 예비과)			대학당* 전문 3년 +대학원		
					심상 소학당 3년			고등 소학당 3년												
1904년 계묘학제	몽양원	소학당 9년									중학당 5년					고등학당 3년			대학당	
		초등소학당 5년				고등소학당 4년														

*「임인학제」에서 대학당은 예비과 3년, 전문분과 3년, 대학원으로 삼분하여, 시학관(侍學館) 3년과 사범관(師範館) 4년을 부설하고, 졸업고시 후 예비과의 거인(擧人)과 분과의 진사(進士)를 둔다.

이후에 전국적으로 통일된 근대학교제도가 수립되게 되었다(김유리, 2007: 13). 『계묘학제』는 일본학제를 모방하여 장지동(張之同)이 설계한 것으로 음력으로는 1903년이지만 양력으로 1904년에 해당한다. 특히 청일전쟁 이후 1895년 정관응 (鄭觀應)이 쓴 『성세위언(盛世危言)』의 서양 학교 소개는 근대적 학당을 체계적으로 설립하는 데 참고가 되었던 것으로 보인다.

> 대저 서양 각국의 학교는 3등급이 있으니 초학은 7세에서 15세까지를 한도로 하여 문산(文算)에 대강 통하고 지구사지(地球史志)를 천략(淺略)함을 기준으로 하며, 총명한 자는 외국의 언어문자를 아울러 배울 수도 있다. 중학은 15세에서 21세까지를 한도로 하며 각학을 궁구하고 문류(門類)를 분별한다. 상학은 21세에서 26세 전후를 한도로 하며 정익구정(精益求精)하여 배운 바를 더욱 연마하며 스스로 일사(一事)를 전공한다(『盛世危言』「學校上』: 김유리, 2007: 26에서 재인용).

정관응은 서양학교를 7세에서 15세까지의 '초학'과 15세에서 21세까지의 '중학', 그리고 21세 이상의 '상학'으로 구분하여 설명하고 있다. 1895년 광서제는 자강을 도모할 수 있는 방안을 내외에 강구하도록 명하였는데, 1895년 7월 순천부(順天府) 부윤(府尹) 호율분(胡燏棻)이 올린 '시무10조'에도 학당을 설립하여 인재를 모을 것을 주장하였다. 이 내용에는 각 성(省)의 '서원'을 고쳐서 학당을 설립할 것을 주장한 것(김유리, 2007: 28)으로 되어 있다. 1898년 장지동(張之洞)은 『권학편(勸學編)』에서 "경사(京師)와 성회(省會)는 대학당으로 하고, 도부(道府)는 중학당으로 하고, 주현(州縣)은 소학당으로" 개혁할 것을 주장하였다(김유리, 2007: 36). 이러한 과정을 거쳐 1899년에 「경사대학당(京師大學堂)」이 수도 베이징에 설립되었는데, 당시 경사대학당은 "대학이라기보다 중학 중심의 기형적 대학"이었다고 한다.[15] 결국 청의 근대 학교제도는 1902년 8월 15일의 「임인학제」와 1904년에 공포된 「계묘학제」(구자억, 1997: 123)로 완비되었는데, 이를 정리해 보면 〈표 7-4〉와 같다(구자억, 1997: 295).

청의 중등교육 기관인 '중학당'의 개념적 특징을 정리해 보면, 첫째, 입학연령이 16세로 일본의 12세에 비해 훨씬 높다. 둘째, 교육연한은 1902년의 4년에서 1904년에는 5년으로 변경되었는데, 이는 일본이 중학교 연한을 6년제에서 8년제를 거쳐 1900년부터 5년제로 안정된 것과 일치한다. 셋째, 중학당은 기본적으로 남성 중심의 대학 진학을 위한 교육기관이었다는 점에서는 일본과 동일하다. 넷째, 학교 명칭을 '학교'가 아닌 '학당', 즉 '중학당'을 사용하고 있다는 점에서 일본이나 우리와 구별된다. 다섯째, 중등교육의 후반부에 해당하는 '고등학당'은 1900년의 일본처럼 중등교육이 아니라 대학 진학의 예비과라는 점에서 고등교육의 범주에 속하고 있다. 이는 중학당이나 고등학당이 이미 만인을 위한 생활교육이 아니라, 관료 양성을 위한 자유교양과 전공의 학문적 교육과정을 갖추고 있음을 의미하는 것이라 할 수 있다. 결국 청의 근대 학교는 장지동 등의 주장에서도 알 수 있듯이, 기존의 전통적 학교를 근대 학교로 변혁하려는 시도를 보이고 있다.

---

15) 장의식은 당시 오홍갑의 비판을 인용하여, "대학에 해당하는 시학원(侍學院) 학생은 20여 명에 불과하고 중학생 150여 명, 소학생 20여 명의 인적 구성은 더 큰 문제였다."라고 하였다(장의식, 2012: 194).

4. 근대 학교개념의 수용과 중학교

1) 갑오개혁과 「중학교관제」의 반포

개화기 우리나라에서 '중학교'라는 용어가 처음 등장하는 것은 갑오개혁기인 1894년 6월 28일의 「각아문관제」제정과 관련되는데, 당시 「학무아문관제」[16]에는 '소학교' '중학교' '대학교' 등의 용어가 보인다. 그리고 다음 해인 1895년 3월 25일 학무아문을 학부로 개편하는 「학부관제」(칙령 제46호)의 학무국 규정 내용은 다음과 같다.

> 제6조 학무국에서는 다음의 사무를 맡는다. 1. 소학교와 학령 아동의 취학에 관한 사항이다. 2. 사범학교에 관한 사항이다. 3. 중학교에 관한 사항이다. 4. 외국어학교, 전문학교 및 기술학교에 관한 사항이다. 5. 외국에 파견하는 유학생에 관한 사항이다(『고종실록』 고종 32년 3월 25일).

여기서 주목할 것은 1894년의 「학무아문관제」와 달리 1895년의 「학부관제」를 제정할 때에는 소학교, 중학교를 비롯하여 사범학교, 외국어학교, 전문학교, 기술학교 등을 언급하고 있지만, 유독 '대학교'라는 용어만은 생략되었다. 아무튼 1895년 7월 19일 「소학교령」(칙령 제145호)이 반포되고 4년이 지난 1899년 4월 4일 「중학교관제」(칙령 제11호)가 반포되었다. 「소학교령」(칙령 제145호)은 제7조에서 "소학교 수업연한은 심상과 3년, 고등과 2년으로 정"하였고, 16조에서는 "만 7세에서 15세까지 8년간을 학령"(『일성록』 1895. 7. 19.)으로 삼았기에, 비록 수업 연한은 5년간이지만 입학 연령은 약간의 융통성이 있어 학생들 간에도 어느 정도 나이 차이가 존재하는 구조였다. 1897년 대한제국의 선포와 함께 시작된 광무개혁의 흐름 속에서 1899년 반포된 「중학교관제」는 당시 사회분위기를 고려

---

16) "1. 전문학무국(專門學務局)에서는 중학교(中學校), 대학교(大學校), 기예학교(技藝學校), 외국어학교(外國語學校)와 전문학교(專門學校)를 맡아 본다." 『고종실록』 고종 31년(1894) 6월 28일.

할 때 일본의 영향 못지않게 청의 학교제도 개혁의 영향을 추정해 볼 수 있다. 이는 1895년의 을미사변과 1896년의 아관파천을 겪으면서, 일본에 대한 민심이 극도로 악화되었고 대한제국기의 관료들도 친청파로 구성되었기 때문이다. 실제로 1897년에서 1900년까지 관립 외국어학교 입학생 숫자를 보면, 한어학교가 전체 6개 관립 외국어학교의 절반 이상을 차지하고 있으며, 당시 일본어학교는 5% 미만의 미미한 수준이었다(한용진, 2017: 73-77). 하지만 학제개혁이 이미 갑오개혁기에 시작되었다는 점을 고려한다면 일본의 학교제도에 의한 영향도 무시할 수 없을 것이다.

「중학교관제」가 반포된 것은 학부대신 신기선의 「중학교관제 청의서(請議書)」[17]가 1899년 3월 27일에 접수된 것과 밀접한 관련이 있다. 이 청의서 내용을 보면, 이미 1898년 무렵에 소학교를 졸업한 사람들이 수십 명이나 되는데 마땅히 들어갈 중학교가 없다는 점과 1899년 예산에 중학교 비용이 산정되어 있으므로, 중학교를 설립하기 위한 관제를 만들어야 한다는 것이었다. 당시 대한제국의 서구적 학교제도를 일·청과 비교해 보면 〈표 7-5〉와 같다. 일본의 학교제도는 갑오개혁 당시 참고하였을 것으로 생각되는 1892년의 학제를, 그리고 청은 비록 대한제국의 「중학교관제」보다 늦게 반포되었지만, 비교의 편의상 「임인학제」(1902)를 적시하였다.

〈표 7-5〉에서 확인되는 바와 같이 당시 우리나라 중학교의 특징은 첫째 입학연령이 17세 이상으로 일본 12세 및 청의 16세보다 더 높았다. 이는 초등-중등교육을 8-4제 혹은 6-6제의 12년간으로 볼 때, 거의 고등교육에 해당하는 연령이다. 「대한제국관원이력서」 중에서 확인되는 관립 중학교 졸업생들의 이력을 보면, 1900년 9월에 입학한 김진현(金鎭現: 1883년생) 17세, 우중명(禹重命: 1876년생, 1904년 중학교 교관 임명) 24세, 원훈상(元勛常: 1881년생) 19세, 팽종헌(彭鍾獻: 1882년생) 18세, 한학수(韓學洙: 1879년생) 21세와 같이 1기생은 대부분 17세 이상

---

17) 第三號 "竊維爲國이 莫先於興學育才여놀 顧我國에 略有學校之設立이나 只是語學 小學이오 迄無 實學之敎育ᄒᆞ야 常所慨歎이온바 昨年以後小學校卒業生이 爲幾十人 而旣無中學校ᄒᆞ야 就學이 無 處ᄒᆞ온지라 本年度預算에 中學校費를 已爲編入ᄒᆞ고 行將設校ᄒᆞ야 實地學業을 敎授케 ᄒᆞ깃기로 中學校官制勅令案을 會議에 提出事", 「중학교관제청의서」 各部請議書存案 10.

〈표 7-5〉 대한제국 근대 학교제도 및 일·청 근대 학교제도의 비교

학제＼국가	초등교육 (6년)						중등교육 (6년)						고등교육							
	6	7	8	9	10	11	12	13	14	15	16	17	18	19	20	21	22	...	...	...
일본 (1892)	심상소학교 4년				고등소학교 2년		심상중학교 5년					고등중학교 3년			제국대학 20세 입학					
							고등여학교 5년					전문학교 17세 입학								
청 (1902)	몽학당 4년				소학당 6년 (심상소학당 3년 / 고등소학당 3년)						중학당 4년				고등학당 3년			대학당 전문 3년 + 대학원		
대한제국 (1899)	심상소학교 4년				고등소학교 2년		-					중학교 7년 (심상과 4년 / 고등과 3년)								-

이며, 1901년에 입학한 2기생 엄우현(嚴禹鉉: 1884년생), 허섭(許燮: 1886년생), 이완응(李完應: 1887년생) 등은 대체로 14-17세이다. 그리고 1904년에 입학한 5기생 김하정(金夏鼎)은 1885년생으로 19세였다.[18] 둘째로 중학교의 입학연령이 소학교 졸업연령과 접속되어 있지 않았다. 중학교 입학자격과 관련하여 김영우는 "고등소학교(소학교 고등과)를 졸업한 만 17세 이상 25세 이하인 자"(김영우, 1995: 26-32)[19]라 하였지만, 「대한제국관헌이력서」를 확인해 보면 1900년 입학자의 상당수는 한학 출신자들도 있었다. 다만 1901년 이후부터는 관립 소학교 졸업자들이 상당수 그대로 입학하기 시작하였고 입학연령도 14-17세 수준으로 내려오는 것을 볼 수 있다. 셋째로 당시 대한제국의 중학교는 7년제(심상과 4년, 고등과 3년)로 일본의 8년제(심상 5년-고등 3년: 1892년)보다 짧지만, 심상과와 고등과로 구분하는 방식은 유사하다. 다만 7년제라는 점에서는 청의 중학당 4년과 고등학당 3년의 7년제 「임인학제」(1902)와도 유사한데, 임인학제가 대한제국의 「중학교관제」(1899)보다 3년 늦은 1902년에 반포된 것이고, 당시 고등학당 3년은 중등교육 과정이 아니라 고등교육의 범주에 속하는 것이라는 점에서는 차이가 있다.

---

18) 한국사 데이터베이스 한국근현대인물자료, http://db.history.go.kr/
19) 참고로 의학교의 입학자격은 연령 20-30세이며, 상공학교는 연령규정이 없다.

대한제국 당시의 관립 외국어학교 입학자는 대략 만 15세-23세였으며, 사범학교나 법관양성소의 입학자격 20세 이상과 비교해 보면, 중학교 17-25세는 외국어학교보다는 높지만 사범학교나 법관양성소보다는 낮았다. 그런데 중학교가 학교 계통도상 소학교와 이어지지 않는 이유로 안기성은 "교육개혁을 추진한 정치엘리트들이 아직 근대 학교제도 운영에 익숙지 않아 노정하게 된 미숙성"(안기성, 2016: 133-134)을 제시하였지만, 소학교의 학령이 15세까지였고, 관헌이력서를 보면 당시 소학교 졸업자들의 연령이 실제로는 13세보다 훨씬 더 많았던 상황이기에 어쩌면 이러한 현실을 반영하여 17세 이상으로 정한 것이 아닌가 생각된다.

2) 중학교의 개념과 성격

당시 중학교의 개념을 앞에서 본 입학연령이나 교육연한 이외에도 교육내용의 관점에서 확인해 본다면, 「중학교관제」(칙령 제11호, 1899. 4. 4.)의 제1조에 중학교는 "실업에 나아가려는 인민에게 정덕(正德), 이용(移用), 후생(厚生)의 중등교육을 보통으로 가르치는 곳"[20]이라는 설립 목적에 주목할 필요가 있다. 먼저 '실업에 나아가려는 인민'이라는 표현은 당시 중학교의 성격이 대학교 진학을 위한 학문을 하는 곳이라기보다 유길준의 이원적 학교개념에서 볼 수 있는 '실용적인 생활교육'을 위한 곳으로 볼 수 있다. 하지만 「중학교관제」 반포 다음 해인 1900년 9월 3일 학부령 12호로 반포된 「중학교규칙」 제3조를 보면 "중학교 고등과 졸업생은 판임관과 전문학에 들어갈 자격을 갖는다."[21]라고 하였다. 이를 보면 중학교의 성격을 유길준의 논리대로 '생활교육'으로 할 것인지, 아니면 '학문하는 곳'으로 할 것인지를 고민했던 것으로 생각된다. 어쩌면 이는 「중학교관제」보다 2달여 늦은 1899년 6월 24일에 칙령 제28호로 반포된 「상공학교 관제(商工學校官制)」가 "상업과 공업의 필요한 실학(實學)을 교육"(『고종실록』 광무 3년 6월 24일)하는 교육기관으로 상공학교를 따로 설립하면서, 더 이상 중학교의 성격을 실업에 한정할 필요

---

20) "第一條 中學校는 實業에 就코져ᄒᆞ는 人民에게 正德利用厚生ᄒᆞ는 中等敎育을 普通으로 敎授ᄒᆞ는 處로 定흠이라", 「중학교관제」(칙령 제11호) 『고종실록』 고종 36년(1899) 4월 4일(양력).

21) 第三條 中學校에 高等科卒業生은 判任官과 專門學에 入ᄒᆞᆯ 資格이 具有흠이라. 「중학교규칙」

가 없어졌고 동시에 앞으로 설립할 대학교 진학을 명시화한 것이라 생각된다.

1899년 4월에 「중학교관제」가 반포되었음에도 실제로 중학교가 개교한 것은 1900년 9월로 보인다. 당시 중학교 학생 모집의 어려움과 관련하여 「제국신문」 (1899. 9. 15.)을 보면, "요즘 각 어학교, 의학교, 중학교 학도들이 영성(零星)하니 각 교장들이 회동하여 학도를 많이 모집하는 방략을 논의하고 그 의견서를 학부에 제정(提呈)하다."[22]라고 되어 있다. 즉, 학생들이 제대로 모이지 않는 어려움을 호소하고 있는데, 약 두 달 뒤인 11월 5일 기사에는 "중학교와 의학교, 어학교의 교장들이 학부에서 경비를 제대로 지원해 주지 않는다는 이유로 사직을 청하였다는 내용"[23]도 보인다. 결국 중학교는 1899년에는 학생 모집을 제대로 하지 못한 채, 1900년 9월 10일에 신입생을 받게 된 것으로 보인다. 이는 1900년 9월 3일 학부령으로 반포된 「중학교규칙」 제3조에 "중학교 고등과 졸업생은 판임관과 전문학에 입학할 자격을 준다."[24]라고 되어 있어, 중학교 고등과 졸업자가 상위의 관료로 진출하거나 고등교육기관으로 나아갈 수 있는 자격을 열어 줌으로써 학생모집이 원활하게 되었기 때문이다.

당시 중학교의 교육내용과 관련하여 「황성신문」(1900. 12. 28.)에는 '지지(地志)' '물리' '경제' '산학' '화학(畵學)' '어학(語學)' 등을 들고 있다.[25] 비록 그 운영이 아직 매끄럽지 않다는 비판이기는 하지만, 당시로서는 근대적 교육과정을 배울 수 있는 최고수준의 교육기관이었음은 확실하다. 이미 정부는 1900년 10월 25일에 추가적으로 「외국어학교, 의학교, 중학교 졸업인을 각 해당 학교에 수용하는 데 관한 안건」(칙령 제40호)[26]을 공포하여 각 학교의 졸업생이 해당 부서에 채용될 수 있도록 하였다. 또한 1904년 4월 2일에 「각 학교 졸업인 수용규칙」(칙령 제10호)을

---

22) "이 날짜 데국신문에 의하면 근일에 各 語學敎·醫學校·中學校學徒들이 零星하니 各 校長들이 會同하여 學徒를 많이 募集하는 方略을 議論하고 그 意見書를 學部로 提呈하다." 「데국신문」 광무 4년(1900) 9월 15일.

23) "이 날짜 「데국신문」에 의하면 中學校長 이필균·醫學校長 池錫永·語學校長 조한백이 學部에서 經費를 支撥하지 않음을 들어 辭職을 청하다.", 「데국신문」 광무 4년(1900) 11월 5일.

24) 第三條 中學校에高等科卒業生은判任官과專門學에入홀資 格이具有홈이라. 「중학교규칙」(학부령 제12호: 1900. 9. 3.), 『관보』 1900. 9. 7.

25) 「황성신문」 광무 4년(1900) 12월 28일, 논설: 論中學校 課程.

26) "外國語學校醫學校中學校卒業人收用於各該學校件", 『고종실록』 광무 4년 10월 25일.

반포하였는데, 그 제1조에 "이제부터 국민이 모두 소학교에 입학하여 졸업한 후에는 중학교로 승진하고, 중학교를 졸업한 사람은 본부 시험을 거쳐 그 자격대로 각 관아에 파송 견습하여 상당한 직임에 쓸 것"[27]이라 하여, 중학교 졸업자들의 취업까지도 관심을 갖고 있었다.

또한 1905년 4월에는 의정부령(議政府令) 제1호로 「문관전고소규칙(文官銓考所規則)」[28]을 공포 시행하여 중학교 졸업생과 외국 유학생을 모두 회시에 직접 응시할 수 있도록 문호를 열어 주었다. 즉, 중학교 졸업생과 외국 유학생은 회고에 직접 응시하도록 하였고, 같은 해 6월 23일에는 학부에서 중학교 졸업 시험을 거행하여 허섭(許燮) 등 7명의 급제자를 선발하였다. 비록 「대한제국 관헌이력서」를 보면 중학교 '고등과' 입학이나 졸업에 대한 이력을 찾을 수 없기에 '심상과'만 운영되었던 것으로 보인다. 게다가 통감부기인 1906년 8월 27일에는 「고등학교령」(칙령 제42호)이 반포되어 '고등학교'가 '중학교'를 대치하게 되었다. 「고등학교령」은 제6조에 입학자격을 연령 12세 이상 보통학교 졸업자로 규정하였고, 남자에게 필요한 '고등보통교육'[29]을 목적으로 한다고 되어 있었다. 「중학교관제」가 "중등교육을 보통으로 가르치는 곳"(제1조)인 데 반해, 고등학교는 고등의 '보통교육'을 실시하는 학교임을 알 수 있다. 즉, 중학교를 대체하여 세워진 학교는 남자만을 대상으로 '고등보통교육'을 실시하는 학교이기에, 실제로는 심상소학교의 상급인 고등소학교의 명칭을 고등학교로 발표한 것에 불과하다. 이는 1906년에 통감부가 설치되고, 일본의 고문관들의 영향력이 커지면서 기존의 중학교를 비롯한 학교들의 위상이 급속히 추락하게 되었음을 의미한다.

특히 1907년 7월 고종황제가 퇴위하고 난 이후 통감부는 9월 28일자로 칙령 제

---

27) "第一條 自今으로 國民이 皆 小學校에 入學하여 卒業한 이후는 中學校로 陞進하고 中學校에 卒業한 者는 本部 試驗을 經하여 其 資格대로 各 官衙에 派送 見習하여 相當한 職任에 需用할 것." 「황성신문」 광무 8년(1904) 4월 6일.

28) "第八條 官立中學校에서 卒業훈 者와 外國에 留學훈야 中學校以上 科程을 卒業훈 者는 會考에 直赴호되 銓考委員이 該科目中 面講만 受홈이라." 「文官銓考所規則 附文官銓考所細則」(의정부령 제1호), 한국사 데이터베이스 한국근대사기초자료집, http://db.history.go.kr/에서 2016년 11월 18일 인출.

29) "第一條 高等學校는 男子의게 必要훈 高等普通教育을 施홈으로 目的을훔", 「고등학교령」(1906. 8. 27., 칙령 제42호).

24호를 반포하여, 외국어학교·의학교·중학교 졸업자를 해당 학교에 수용하는 관제를 폐지하였다.[30] 통감부의 입장에서는 이제 더 이상 대한제국의 학교에서 근대적 인재를 양성할 필요가 없어졌기 때문으로 보인다. 결국 1899년에 김옥균의 집터에 설립된 중학교(일명 관립 중학교 혹은 한성중학교)는 1906년 8월에 4년제 관립 한성고등학교로 명칭이 변경되며 문을 닫고 말았다.

3) 중학교 개념의 민간 확산

19세기 말 우리나라에 수용되는 중학교 개념과 관련하여 영한/한영사전의 번역어를 확인해 보면 정작 '중학교'라는 용어는 등재되어 있지 않고, 영어 'school'은 "학당, 글방, 학교"[31]로 번역되어 있다. 즉, 1890년에 간행된 언더우드의 『한국어사전(A Concise Dictionary of the Korean Language)』에서 '학당'은 "school, place of study, college"[32] 등으로 설명되고 있다. 한편, 다음 해인 1891년에 간행된 스콧(James Scott)의 『영한사전(English-Corean Dictionary)』에서 영어 'school'은 "학방, 학당, 글방"[33]으로 나오는데, '학방'이라는 용어가 추가되지만, 오히려 '학교'라는 용어는 보이지 않는다. 1886년의 배재학당이나 이화학당의 이름에서도 알 수 있는 것처럼[34], 개화기 우리나라의 근대적 교육기관 명칭은 학교보다 학당이 일반적인 용어였다. 청의 경우에도 1898년에 '경사대학당'을 설립하였고, 1902년 학제개편에서도 소학당-중학당-대학당과 같이 '학당'이라는 용어를 사용하였던 것을 보면, 일반 민간인들에게는 '학교'라는 용어보다 '학당'이라는 용어가 더 익숙

---

30) "勅令 第24號 鑛務學校官制와 外國語學校·醫學校·中學校 卒業人을 該 學校에 收用하는 官制와 宗人學校官制를 아울러 廢止하는 件을 頒布하다." 『순종실록』 융희 원년(1907) 9월 28일.

31) Horace Grant Underwood(1890), *A Concise Dictionary of the Korean Language*, 황호덕·이상현 편(2012a), 『한국어의 근대와 이중어 사전(영인편 II)』, 서울: 박문사, 226쪽(영인본 460쪽).

32) Horace Grant Underwood(1890), *A Concise Dictionary of the Korean Language*, 황호덕·이상현 편(2012a), 『한국어의 근대와 이중어 사전(영인편 II)』, 서울: 박문사, 29쪽(영인본 63쪽).

33) Scott. James(1891), *English-Corean Dictionary*, 황호덕·이상현 편(2012b), 『한국어의 근대와 이중어 사전(영인편 III)』, 서울: 박문사, 212쪽(영인본 254쪽).

34) 1896년 대일본해외교육회가 설립한 학교 명칭도 '경성학당(京城學堂)'이었다(한용진, 2004: 267-293).

하였던 것으로 생각된다.

하지만 갑오개혁 이후 '학교'라는 용어는 점차 민간으로 확산되기 시작하였다. 특히 1899년 4월 27일 고종은 "나라에 학교를 설치한 것은 인재를 양성하여 장차 지식과 견문을 넓히고 더욱 전진하게 하여 만물의 도리를 알고 일을 처리하여 이루며 기물의 사용을 편리하게 하여 재물을 풍부하게 하는 기초의 근본을 삼자는 것이다."[35]로 시작되는 「홍학조칙(興學詔勅)」을 발표하여 유교의 국교화와 신교육을 통한 부국강병의 통치원리를 천명하였다. 이는 「중학교관제」가 반포된 4월 4일에서 20여 일 후의 일이다. 그 결과 비록 중학교는 아니지만 지방에 공·사립 소학교가 확산되어 갔는데, 지방관과 지방민들이 학교의 규모를 갖춘 후 정부에 보고하면 정부에서 검토한 후 공립소학교로 인정하고 교원을 파견하는 방식을 취하였다(「황성신문」 1899년 1월 14일). 그러나 1900년 이후에는 국가재정의 곤란으로 보조금이 제대로 집행되지 못하였고, 주요 재원으로 사용되던 공유재산을 활용하기도 곤란해졌다.

그럼에도 불구하고 1904년 3월 학부대신은 「권학규칙(勸學規則)」을 발표하여 "모든 사람이 소학교에 들어가야 하며, 3~5년 후부터는 학교를 졸업한 사람만을 등용하겠다."라는 원칙을 밝혔다(「황성신문」 1904년 3월 23일). 또한 고종은 1904년 이후 1907년까지 매년 「홍학조칙」을 통해 국권의 위기를 극복할 수 있는 국민교육을 고취하였는데, 1904년의 「홍학조칙」에서 고종은 "정부에 명해서 학교를 증설하고 인재를 배양하도록 할 것이니 신민들은 자제를 학업에 전념케 하여 국권의 위기에 분발하여 국위를 선양할 수 있도록 하라"(『관보』 광무 8년 5월 25일)라고 하여 신민들이 교육에 나설 것을 직접 독려하고 있다.

소학교의 충실화는 중학교 증설의 토대가 되는 것이기에, 비록 관립 중학교는 1906년 「고등학교령」 반포로 문을 닫았지만, 「대한제국 관헌이력서」를 보면 1905년 이래로 사립 중학교가 등장하여 중학교의 맥을 이어 가고 있는 것을 볼 수 있다. 경기도 용인 출신의 김정규(金正奎: 1883년생)[36]는 1892년부터 리숙(里塾)에

---

35) "國家之開設學校, 作成人材, 將以廣知見而求進益, 以爲開物成務利用厚生之基本也.", 『고종실록』 고종 36년/광무 3년(1899) 4월 27일.
36) 한국사 데이터베이스 한국근현대인물자료 162번, http://db.history.go.kr/

서 5년간, 그리고 1897년부터 향교(鄉校)에서 6년간 수업하고 1903년에는 서울에 올라와 사립 낙동의숙(洛洞義塾)에서 2년간 공부하고 1905년에는 광무학교(光武學校)에서 5개월 공부한 후 1906년 7월 23살의 나이에 보성중학교(普成中學校)에 입학한 것으로 되어 있다. 그는 탁지부 세무주사 판임 7급으로 관료 생활을 시작하였다. 또한 서울 출신의 김언모(金彦模: 1885년생)[37]는 1892년 한문서당에서 공부하고, 1906년에는 사립 보통학교 보습과를 거쳐 1907년 사립 경신중학교(儆新中學校)에 입학하였고, 1909년 10월 수학과 및 측량과를 졸업한 후에 일본 와세다대학(早稲田大學)으로 유학을 가는데 1908년 9월에는 하기 사범과도 수료한 것으로 나온다. 결국 통감부와 총독부 시대하에서 우리나라의 근대 학교제도는 제대로 발전할 수 없었지만, 적어도 1899년「중학교관제」를 통해 시작된 중학교 제도는 사립 중학교로 이어지면서 관료로 진출하거나 고등교육 기관으로 나아가고자 하는 사람들에게 중요한 학력 발판을 마련해 주었다고 할 수 있다.

5. 맺음말

본 연구는 코젤렉(Reinhart Koselleck)의 개념사라는 역사연구방법론을 활용하여, 근대적 학교체제가 우리나라에 수용되는 과정과 대한제국기의 중학교 개념을 고찰해 보았다. 개념사는 하나인 특정 용어가 시대적 현실을 반영하며, 동시에 현실을 변화시키는 요소라고 본다. 본 연구에서 학교의 개념은 기본적으로 대상과 입학연령, 그리고 교육내용이라는 3가지에 주목하여 살펴보았다. 이상에서 논의된 근대적 학교체제 수용과정과 중학교 개념을 정리해 보면 다음과 같다.

첫째, 전통시대의 '숙상서학(塾庠序學)'의 전통과 유형원의 학교개혁안 및 유길준의 서구 학교 종류에 비추어 보면, 중학교는 세 번째 단계의 학교에 해당한다. 즉, 17세기 유형원의 학교개혁안(방상/향상-사학/읍학-중학/영학-태학)의 학제는 200여 년의 시간 차이에도 불구하고 유길준이 『서유견문』에서 소개한 서구의 '시

---

37) 한국사 데이터베이스 한국근현대인물자료 222번, http://db.history.go.kr/

작하는 학교-문법학교-고등학교-대학교'의 4단계 학제와 유사하다. 인재양성과 선발을 통한 상급학교 진학체계에서 유형원의 학교개혁안 제3단계에 위치한 '중학'은 유길준의 '고등학교'와 비견되는 개념이라 할 수 있다.

둘째, 1894년 6월의 갑오개혁으로 '중학교'라는 용어가 처음 등장할 때까지 우리나라에서 근대적 교육기관의 명칭은 '학교'보다는 '학당'이 일반적이었다. 1886년의 배재학당이나 이화학당처럼 고종이 하사한 학교이름은 '학당'이었고, 1890년대 초반까지도 언더우드의 영한/한영사전에 '중학교'라는 용어는 등재되어 있지 않았다. 1894년의 「학무아문관제」를 통해 소학교-중학교-대학교를 순차적으로 설립하기로 하면서 중학교라는 용어가 공식적으로 사용되기 시작하였다.

셋째, 대한제국의 중학교는 17세에서 25세가 입학하는 학교로 13세에 졸업하는 소학교와 직접 연결되지는 않았다. 이는 당시 소학교 졸업생들의 실제 나이를 반영하였기 때문이라 생각된다. 한편 대한제국의 중학교는 심상과 4년과 고등과 3년의 7년제 중등학교로, 입학연령과 교육연한 등의 기준에서 볼 때, 12세 이상 남성 대상의 8년제 중학교(심상중학교 5년, 고등중학교 3년)인 일본의 중학교나, 16세 이상 남성을 대상으로 하는 청의 중학당과도 구분된다.

넷째, 대한제국의 중학교는 아직 대학이 설립되지 않은 상황에서 관료로 진출하는 종결교육적 성격을 갖고 있었다. 이는 대학 진학을 목표로 하는 일본의 중학교나 청의 중학당과는 구별된다. 특히 1905년 4월의 「문관전고소규칙(文官銓考所規則)」(의정부령 제1호)은 중학교 졸업생과 외국 유학생을 모두 회시에 직접 응시할 수 있도록 문호를 열어 주었다. 또한 같은 해 6월 23일에는 학부에서 중학교 졸업 시험을 거행하여 허섭(許燮) 등 7명의 급제자를 선발하는 등 관료로 선발하였다. 하지만 이는 대학교 설립을 전제로 한 대한제국의 교육체제가 실제로는 통감부 체제하에서 제대로 발전되지 못하였기 때문이라 하겠다.

다섯째, 통감부기인 1906년 관립 중학교는 「고등학교령」에 의해 고등소학교 수준의 고등학교로 위상이 낮아지게 되었지만, 다른 한편으로는 고종과 학부의 독려로 1905년 무렵부터는 다양한 사립 중학교들이 생겨나게 되었다. 즉, 대한제국 정부는 국가재정상의 문제로 직접 관학을 설립하여 확산시키기보다「흥학조칙」과 「권학규칙(勸學規則)」 등을 통해 민간의 학교 설립과 진학을 적극 권장하였다. 이로 인해 1905년부터는 사립 중학교가 각지에 설립되어 전국적으로 확산되었다.

🗂 참고문헌

『고려사』.

(구한국)「관보」.

『대한자강회월보』.

「뎨국신문」.

『일성록』.

『조선왕조실록』.

「황성신문」.

구자억(1997). 『중국의 교육』. 서울: 원미사.

김미진·홍후조(2016). "자유학기제의 지속가능성과 중학교육의 정체성 탐색". 『교육과정
연구』34(1).

김영우(1995). 『학교제도: 한국근대학제 100년사』. 서울: 한국교육학회 교육사연구회.

김유리(2007). 『서원에서 학당으로』. 파주: 한국학술정보[주].

나인호(2011). 『개념사란 무엇인가』. 고양: 역사비평사.

노대환(2010). 『한국개념사총서: 6. 문명』. 서울: 도서출판 소화.

부산대학교 점필재연구소 고전번역학센터(2012). 『대한자강회월보 편역집 1: 교육, 학술의
근대적 전환』. 서울: 소명출판.

손인수(1987). 『한국교육사』. 서울: 문음사.

송현강(2015). "한말·일제강점기 군산 영명학교·멜볼딘여학교의 설립과 발전". 『역사학
연구』59.

안기성(2016). 『대한의 교육역사』. 서울: 학지사.

양성관(2006). "미국 학제의 변천-초·중등교육의 수업연한을 중심으로". 『比較敎育硏究』
16(4).

유길준(1996). 『유길준전서[1]. 서유견문(全)』. 서울: 일조각.

유봉호(1998). 『한국 근·현대 중등교육 100년사』. 서울: 교학연구사.

유형원(1976). 『반계수록』. 청주: 충북대학교출판부.

장의식(2012). "의화단 사건 후 경사대학당의 정지와 재개". 『중국사연구』 77.

최윤용(2008). "서당의 교육방법과 현대적 의의". 『한문고전연구』 17.

한용진(2004). "경성학당에 관한 연구". 『한국교육사학』 26(2).

한용진(2012). 『근대 한국 고등교육 연구』. 서울: 고려대학교 민족문화연구원.

한용진(2017). "관제기(1894-1906) 관립 외국어학교 연구". 『한국교육학연구』 23(1).

한용진 · 김자중(2015). "근대 '교사' 개념의 수용과 변천에 관한 개념사적 고찰". 『한국교육사학』 37(3).

황호덕 · 이상현 편(2012a). 『한국어의 근대와 이중어 사전 II』. 서울: 박문사(Underwood, Horace Grant. 『A Concise Dictionary of the Korean Language』. 1890 포함)

황호덕 · 이상현 편(2012b). 『한국어의 근대와 이중어 사전 III』. 서울: 박문사(James, Scott. 『English-Corean Dictionary』. 1891 포함)

教育史學會 編(2007). 『教育史研究の最前線』. 東京: 日本圖書センター.

大瀬甚太郎(1908). 『新撰教育學』. 東京: 成美堂書店.

文部省(1964). 『學制九十年史』. 東京: 文部省.

文部省 編(1972). 『學制百年史』. 東京: 帝國地方行政學會.

米田俊彦(1992). 『近代日本中學校制度の確立』. 東京: 東京大學出版會.

다음 백과, http://100.daum.net/encyclopedia/view/b20j0305a.

다음 한국어사전, http://dic.daum.net/word/view.do?wordid=kkw000238335&supid=kku000304726.

한국교육학술정보원 학술연구정보서비스, http://www.riss.kr/index.do.

한국사 데이터베이스 한국근대사기초자료집, http://db.history.go.kr/.

한국사 데이터베이스 한국근현대인물자료, http://db.history.go.kr/.

제8장

근대 '교사' 개념의 수용

이 장에서는 일반적으로 '가르치는 사람'을 의미하는 '교사(敎師)'라는 개념에 대하여 살펴보고자 한다. 먼저 어원과 관련하여 '교(敎)'와 '사(師)'에 대하여 살펴보고, '교사'의 의미가 시대에 따라 달라지고 있음을 확인해 보고자 한다. '교사'라는 용어가 문헌상에 처음 등장하는 것은 임진왜란 때로 주로 외국인 군사 교관을 지칭하였다. 이어 1598년 이후에는 훈련도감에 교사대(敎師隊)가 설치되면서 내국인도 군사 조련을 담당하는 사람이라면 '교사'로 부르게 되지만, 그 사회적 지위는 낮아진 것으로 보인다. 교사 용어가 다양하게 사용된 것은 근대 시기로 군사 교관 이외에 선교사를 교사라고 부르고 있다. 또한 외국어학교, 의학교 등 다양한 전문 교육을 담당하는 외국인은 교사라고 불러 내국인에 대한 호칭인 '교관'이나 '교원'과는 구분되었다. 하지만 1900년대에 들어와 '교사' 개념은 법률적 규정과는 관계없이 학교에서 교육을 담당하는 사람의 통칭으로 각종 언론과 교육학 교재 등에서 널리 사용되기 시작하면서 일반적으로 가르치는 사람을 지칭하게 되었다.

주제어 교사, 교사대, 교관, 교원, 개념사

1. 머리말

오늘날 '가르치는 사람'을 지칭하는 용어로는 '교사' '교원' '선생님' '스승' 등이 있다. 대학에서는 특별히 '교수'라는 표현을 쓰기도 하지만, 선생님을 제외하면 '교(敎)' 혹은 '사(師)'라는 글자와 관련되고 있다. '가르치는 사람'을 지칭하는 용어의 법률적 근거를 살펴보면 「초·중등교육법」 제19조(교직원의 구분)에 "① 학교에는 다음 각 호의 교원을 둔다."라고 하고, 그 밑에 "1. 초등학교·중학교·고등학교·공민학교·고등공민학교·고등기술학교 및 특수학교에는 교장·교감·수석교사 및 교사를 둔다."고 규정하고 있으며, 「고등교육법」은 제14조 (교직원의 구분)에 "② 학교에 두는 교원은 제1항에 따른 총장이나 학장 외에 교수·부교수 및 조교수로 구분한다."라고 규정하고 있다. 이를 보면 교원은 법률적 용어이며, 교장·교감·교사 또는 총장·학장·교수 등을 모두 포괄하는 개념이라고 할 수 있다. 반면, '교사'는 교원의 범주에 속하는 법률적 용어이기도 하지만, 교육학과 전공과목으로 「교사론」은 있어도 「교원론」이라는 과목은 없는 것을 보면, 교사라는 단어는 '가르치는 사람'을 지시하는 대표적인 개념이자, 다양한 의미의 층을 갖고 있는 개념이라 할 수 있다. 따라서 이 글에서는 교사라는 용어에 주목하고, 교사라는 개념이 근대 시기에 어떻게 수용되고 변화되었는가를 개념사라는 역사 연구방법론을 통해 고찰하고자 한다.

개념사라는 관점에서 볼 때, 근대 우리나라는 새로운 학교제도가 도입되면서, 기존의 전통적 학교제도와는 다른 새로운 교육제도가 들어와 가르치는 사람의 호칭 역시 과거와는 다른 용어, 혹은 기존의 용어라 하더라도 새로운 개념이 덧붙여져 사용되게 되었다. '가르치는 사람'으로서 교사개념은 현실과 관계를 맺으면서 현실을 반영하기도 하고 때로는 스스로 변화하게 되었던 것이다. 이 글에서는 외국어로서 teacher라는 용어가 어떤 단어로 번역되고 전파·수용되었는가의 관점보다는 우리의 전통 속에서 사용되던 기존 용어가 근대에 들어와 어떻게 다른 의미로 변용되게 되었는가에 주목하고자 한다. 즉, "언어 행위(speech act) 속에서 개념이 작동(실행)된 방식을 민감하게"(나인호, 2014: 87) 보고자 한다. 김용구가 개념이란 "그것을 사용하고 주장하는 집단이나 계층의 가치관을 반영하고 장소(topos)와 시간(tempo)에 따라 달라지게 마련"(김용구, 2008: 17)이라 한 것도 이러한 맥락과 뜻을 같이한다. 19세기 말 이래로 우리나라는 개화기와 일제강점기, 미군정기와 해방·독립 등 사회 전반적으로 격변기를 겪으면서 언어나 문자 생활에 있어서도 큰 변화를 겪게 되었다. 이는 서양의 경우 코젤렉이 1750년에서 1850년의 100년간을 '말안장의 시기(문턱의 시기)'라 보고, "전통적 어휘(단어)들이 근대적 기본개념으로 변화되었다."(나인호, 2014: 96)라고 주장한 것과도 통한다. 이렇게 본다면 우리나라에서 19세기 말에 근대 교육과 관련된 용어들의 개념적 변화는 충분히 예상해 볼 수 있으며, 이러한 변화 이전에 특정 단어가 갖고 있는 원래의 개념이 무엇이었는가를 다시 확인하는 작업도 필요하다고 하겠다.

　본 연구의 구성은 다음과 같다. 먼저 제2절에서는 전통시대에 '교(敎)'와 '사(師)', 그리고 '교사'의 의미를 점검해 보고, 제3절에서는 근대 '교사' 용어의 실제적 쓰임과 관련하여 개념적 수용과 변천에 대해 살펴보고자 한다. 그리고 제4절은 맺음말로 전통시대로부터 근대에 이르기까지 '교사' 개념이 갖는 교육적 의미를 생각해 보고자 한다.

2. 전통 사회에서 '교(敎)'와 '사(師)', '교사'의 개념

1) '교(敎)' 개념

　'교사' 개념을 이해하기 위해 먼저 '교'와 '사'를 따로 떼어 순차적으로 그 개념을 살펴보고자 한다. 모로하시 데쓰지(諸橋轍次)의 『대한화사전(大漢和辭典)』(1984b: 502-503)에서 '교(敎)'의 사전적 의미를 찾아보면 전체 11가지이나 고문(古文) 글자와 성씨를 제외하면 ① 가르치다, ② 가르침, ③ 학교, ④ 선생, 교사, ⑤ 종지(宗旨), ⑥ 문체의 이름[명(名)], 제후의 명령서, 교지(敎旨), ⑦ 사역의 조동사(しむ, せしむ), ⑧ 본받다[효(殽)], ⑨ 배우다[학(學)], 가르치다[효(斅)] 등 대략 9가지 의미를 갖는다. 이 사전에 정리된 '교'의 네 가지 의미의 용례를 통해 간단히 살펴보면 다음과 같다.

1) '가르치다'의 '교(敎)': "선(善)에로 이끈다."는 의미로, 『예기』 「학기(學記)」에 "교라는 것은 선(善: 잘함)을 조장해서 그 잃은 것을 구제하는 것이다(敎也者, 長善 而救其失者也)"라 하였다. 이때 가르침이란 단순히 학생에게 특정한 전문 지식을 전달하는 가르침이라기보다는 '잘함[선(善)]'으로 인도해 주는 것이다. 이 밖에도 "기예를 익숙하게 하다."[1]의 의미로 『전국』 「진책(秦策)」에 "병법지교(兵法之敎)"라는 표현이 있고, 그 주(注)에 "교는 익힘(敎, 習也)"이라 되어 있기에, '익숙해지다'라는 의미도 갖고 있다.

2) '가르침'의 '교(敎)': "위에서는 베풀고 백성들은 본받는 것"[2]으로, 『서경』[3] 「순전(舜典)」에서 "정성을 다하여 오교를 펴되, 너그러움이 있게 하라(敬敷五敎, 在寬)"라고 하여, 순임금이 설(契)에게 사도(司徒)라는 직책을 맡기면서 너그러운 마음으로 백성들에게 다섯 가르침을 잘 베풀라고[4] 당부하고 있다. 『예기』 「악기(樂記)」에서도 "가르침은 백성의 춥고 더움이다(敎者, 民之寒暑也)"라고 하였는데, 이는 "천지의 도는 춥고 더움에 때가 없으면 사람이 병들고, 비바람에 절도가 없으면 기근이 든다."[5]라는 문장에 이어 나오는 것으로, 적절한 시기에 맞게 가르치는 것의 중요함을 말하고 있다.

3) '학교'의 '교(敎)': 시대에 따른 학교 명칭의 변화로 하(夏)나라 시대의 학교를 '교(敎)'라 불렀다. 그 용례로 『후한서・장제기』에는 '삼대가 사람됨을 행하고, 교(敎)와 학(學)을 근본으로 삼는다'[6]라고 적혀 있다고 하고, 이어서 다음과 같은 주를 달고 있다. 즉, 『전한서』에 따르면 삼대의 도(道)가 있고, 마을에 학교가 있는

---

1) 'ならはす'는 "慣らはす・習はす"라 되어 있고, 이는 ① 익숙하게 하다(慣れさせる), 익숙해지다(しつける)와 ② 몸에 익히게 하다(身につけさせる), 배우게 하다(学ばせる)이다. 『学研全訳古語辞典』

2) "교(敎)란 위에서 베풀고 아래서 본받는 것(敎, 上所施, 下所效也)" 『설문(說文)』(諸橋轍次, 1984b: 502).

3) 이하 『서경』의 인용은 동양고전종합 DB(http://db.cyberseodang.or.kr/front/main/main.do) 참고.

4) 이때 다섯 가르침을 『서경』의 순전(舜典)에서는 "부자유친(父子有親), 군신유의(君臣有義), 부부유별(夫婦有別), 장유유서(長幼有序), 붕우유신(朋友有信)의 오륜(五倫)"으로 적고 있다. 하지만 『서경』에서 말하는 오교는 군신관계는 빠진 가족윤리로 "아버지는 의롭고, 어머니는 자애롭고, 형은 우애하고, 동생은 공손하고, 자식은 효도하고(父義, 母慈, 兄友, 弟恭, 子孝)"라고 한정하고 있다.

5) 天地之道, 寒暑不時則疾, 風雨不節則饑, 敎者, 民之寒暑也 敎不時則傷世 『예기』 「악기(樂記)」 14.

6) 三代導人敎學爲本 『後漢書・章帝紀』(諸橋轍次, 1984b: 502).

데 하(夏)에서는 이를 교(敎)라 칭했고, 은(殷)에서는 상(庠), 주(周)에서는 서(序)라 불렀다. 유방이 말하기를 하(夏)에서 말한 교(敎)는 교(校)로 보아 마땅하다[7]는 것이다.

4) '스승'의 '교(敎)':『대한화사전』에서는 '교(敎)'를 '선생' '교사'라 정의하고 있다. 그 용례로는『통전(通典)』「직관(職官), 국자감」에 보면, 교는 '조교'로, "진(晉)나라 함녕 4년(288)에 국자감을 처음 세우고, 조교 15인을 두어 생도를 가르치게 하였다."[8]라고 되어 있다.

이 밖에도 '교'와 관련하여 주자(朱子: 1130-1200)는『소학』내편「입교(立敎)」첫 문장으로『중용(中庸)』의 첫 문장을 인용하여, "자사자(子思子)가 말하기를 하늘이 명한 것을 성(性)이라 하고, 성을 따르는 것을 도(道)라 하고, 도를 닦는 것을 교(敎)라 한다."[9]라고 하였다. 즉, '교'는 도를 닦는 수도(修道) 행위라는 것이다. 가르침을 세운다는 입교의 내용은 사실 인간으로서 배움의 근본을 논하는 것이니, 그렇게 본다면 '교'는 그냥 가르치는 것만이 아니라 인간으로서 배우기 위한 기본자세를 논하는 것이라 할 수 있다. 이상에서 '교'라는 글자가 단순히 동사로서 '가르치다' 이외에 명사로 '가르침' '학교' '스승' 등으로 사용되었음을 확인할 수 있다.

2) '사(師)' 개념

어떤 직업의 접미사는 그 직군의 사회적 신분을 나타내는 경우가 있다. 특히 전통 사회와 같이 신분제 사회에서는 이러한 현상이 더욱 뚜렷하다. 조선시대에 사대부란 사(士)와 대부(大夫)를 지칭하는 것으로, 사회적 신분이 높은 양반 관료들을 지칭하는 표현이었다. 오늘날 '사' 자 붙은 직업들 중에서 변호사는 '사(士)'가, 그리고 판사, 검사는 '사(事)'가 붙어 있다. 반면에 교사와 의사, 간호사는 '사(師)'로 표기되고 있다. 모로하시의『대한화사전』에서 '사(師)'는 무려 29가지 뜻을 갖고 있는데, 고어와 성씨를 제외하면 크게 다음 네 가지로 나눌 수 있다. 첫째로

---

7) 三代之道 鄕里有敎 夏曰敎 殷曰庠 周曰序; 劉放曰 夏曰敎『前漢書』(諸橋轍次, 1984b: 502).

8) 助敎, 晉 咸寧四年 初立國子監 置助敎十五人 以敎生徒,『通典』職官 國子監 (諸橋轍次, 1984b: 502).

9) 曰, 天命之謂性, 率性之謂道, 修道之謂敎『중용』.

군제(軍制)와 관련된 내용들[10], 둘째는 무리와 관련된 것[11], 셋째는 우두머리, 관리 혹은 신[12], 넷째는 가르치는 자와 관련된 용어[13] 등이고, 이 밖에도 본받기[법야(法也)]나 근심[우야(憂也)] 등 다양한 의미를 갖는다.

1527년에 간행된 최세진(崔世珍)의 『훈몽자회(訓蒙字會)』에서도 '사(師)'는 ① 군대, ② 많은 백성, 또는 사람이 많다, ③ 스승의 의미(박성훈, 2013: 250)를 갖고 있었다. 어느 경우나 군대의 의미가 가장 먼저 나오고 이어서 무리를 말하는데, 『주역(周易)』 64괘(卦) 중에서 7번째인 사(師)괘에서는 특히 무리와 우두머리를 논하고 있다.[14] 즉, "단(彖)에서 '사'는 중(衆)이라 하였고, (…중략…) 무리로 하여금 바르게 하면 왕 노릇할 수 있다."라고 하였으며, 또한 "상(象)에서는 땅 가운데 물이 있는 것이 '사'이니, 군자가 보고서 백성을 용납하고 무리를 모은다."라고 되어 있다. 그런 의미에서 '사'는 많은 무리나 군대를 바르게 인도하는 우두머리인 군사(軍師)를 의미하기도 하였다.

또한 주(周)나라의 삼공제도에서 유래하는 '사'는 태자의 교육을 담당하는 국가 최고의 가르치는 직급으로 태사(太師), 태부(太傅), 태보(太保)의 한 역할을 맡고 있었다. 그러나 후한 이후 당송시대와 고려시대에 들어와 삼공(三公)은 태위(太尉), 사도(司徒), 사공(司空)으로 불렀고, 이들은 정1품 벼슬인 삼사(三師)와 더불어 임금의 고문 역할을 하는 국가 최고의 명예직이 되었다(한용진, 1998: 339-361). 조선시대에 들어와서도 "삼사·삼공은 동쪽에 있어 북면(北面)하는데 서쪽

---

10) 사(師): ① 주(周) 시대의 군제로 2500명을 칭함, ② 군(軍), 군대, ③ 전쟁, 정벌, ④ 춘추필법으로 장군이 비열한데 병졸이 많음[장비병중(將卑兵衆)], ⑤ 춘추필법으로 군대가 패배했을 때 장수의 이름을 말하지 않고 사패(師敗)라고 함(諸橋轍次, 1984a: 434).

11) 사(師): ⑥ 역(易) 64괘의 하나로 감하(坎下 ☵) 곤상(坤上 ☷)의 괘로 무리가 모여 있는 모습[중취지상(衆聚之象)], ⑦ 일주(一州), ⑧ 십도(十都), ⑨ 중인(衆人), 대중(大衆), ⑩ 무리[중(衆)] 등(諸橋轍次, 1984a: 434).

12) 사(師): ⑪ 장관(長官), 수(師), ⑯ 악관(樂官), ⑱ 관리, ㉕ 신의 칭호[풍사(風師), 우사(雨師)] 등(諸橋轍次, 1984a: 434).

13) 사(師): ⑫ 가르치는 재주(周) 시대에 백성을 교도(敎導)하는 관직], ⑬ 사람을 가르쳐 이끄는 자, ⑭ 천자(天子)의 스승으로 대사(大師), ⑮ 여자에게 부도(婦道)를 가르치는 여자, 여사(女師), ⑰ 기예(技藝)를 가진 사람, ⑲ 스승이 되다 등(諸橋轍次, 1984a: 434).

14) 彖曰 師衆也 (…중략…) 能以衆正 可以王矣, (…중략…) 象曰 地中有水師 君子 以 容民畜衆. 『주역』 「사괘(師卦)」.

을 상(上)으로 하고"15)라고 하여, 여전히 삼사는 삼공과 구분하여 제도를 유지하고 있다. 조선시대에 가르치는 자를 지칭하는 가장 높은 직급은 1392년 세자관속의 정2품(나중에 정1품) '사(師)'였다. 『대전회통』이전(吏典) 경관직(京官職)을 보면, '세자시강원(世子侍講院)'과 '세손강서원(世孫講書院)'에 각기 사(師)·부(傅) 1인씩을 정1품과 종1품으로 모시고 있다.16) 『조선왕조실록』태조원년(1392) 7월 28일 기사를 보면, "세자관속(世子官屬)은 모두 강학(講學)과 시위(侍衛) 등의 일을 겸해 관장하고 있는데, 좌사(左師) 1명 우사(右師) 1명 정2품"17)이라 하여 세자를 가르치는 사람으로 두 명의 '사'를 두고 있다.

『조선왕조실록』에 보면 태종 때에 사헌부 대사헌 이원(李原) 등이 상언하여 동궁을 세우고, 또 사부를 둘 것을 청하였는데, 그 내용 중에 가의(賈宜)가 지은 『신서(新書)』「보부편(保傅篇)」을 언급하며, "보(保)는 그 신체를 보전하는 것이요, 부(傅)는 덕의로 돕는 것이요, 사(師)는 교훈으로 인도하는 것이니, 이것이 삼공의 직책"이라 하였다.18) 즉, 고려시대에 이어 조선 초기에도 임금이 덕행이 있는 신하와 충직하고 도가 있는 선비로 하여금 태자의 교육을 맡도록 하였는데, '사'는 교훈(敎訓)을, '부'는 덕의(德義)를 담당하였던 것이다. 뒤에 사와 부는 세자시강원의 정1품직으로 영의정과 의정(議政)이 각기 겸임하였다.19) 이를 보면 '사'는 교훈으로 태자를 이끌어 주는 서연(후에 세자시강원)의 스승을 지칭하는 것이었다.

이미 공자의 『논어』에서 "옛것을 깊이 이해하고 새로운 것을 안다면 사(師)가 될 수 있다(溫故而知新, 可以師矣)"라고 하였는데, 이는 '사'라는 존재가 단지 태자나 임금을 가르치는 높은 관직명 이외에도 옛것과 새로운 것에 대해 온전히 이해하는 능력을 갖춘 자를 의미하는 것임을 보여 주는 것이다. 결국 전통시대의 '사'

15) 三師三公在東北面西上, 『태종실록』 태종 12년(1412) 5월 26일.
16) 吏典 / 京官職 / 正三品衙門 / 世子侍講院 "師 一人 正一品, 領議政이 兼任한다. 傅 一人 正一品, 議政이 兼任한다. 貳師 一人 從一品", 吏典 / 京官職 / 正三品衙門 / 世孫講書院 《續》 "王世孫을 모시고 講義하는 任務를 擔當한다. 師·傅 各 一人 從一品"(『대전회통』, 1983).
17) 世子官屬: 皆兼, 掌講學侍衛等事. 左右師各一, 正二品. 『태조실록』 태조 1년(1392) 7월 28일.
18) 保, 保其身體; 傅, 傅之德義; 師, 道之敎訓, 此三公之職也. 『태종실록』 태종 1년(1401) 8월 22일.
19) 때로 사부라는 단어는 단지 관직에 있는 사람이 아니라 왕의 장인을 지칭하기도 하였다. 태종 이방원은 여흥 부원군(府院君)인 민제(閔霽)를 '사부'라고 불렀다(上呼霽爲師傅)는 기사가 보인다. 『태종실록』 태종 6년(1406) 12월 10일.

는 크게 두 가지 개념을 갖는다고 할 수 있다. 하나는 군사 제도와 관련된 무리 혹은 이들을 통솔하는 자이며, 다른 하나는 삼공제도에서 비롯되어 태자의 스승이 되어 교훈으로 인도하며 '가르치는 사람'이라 할 수 있을 것이다.

3) 전통 사회에서 '가르치는 사람'으로서 교사(敎師)

전통시대에 우리나라에서 가르치는 사람을 지칭하는 일반적인 용어는 시대에 따라 차이가 있다. 안경식은 "교사의 탄생: 신라사회의 '교사'"라는 글에서 전통 사회의 교사를 ① 정치교육의 책임자로서 '군사(君師)', ② 종교교육의 담당자로서 '무(巫), 천군(天君), 화랑', ③ 사회교육의 담당자로서 '고승(高僧)', ④ 학교교육의 담당자로서 '박사(博士)와 조교(助敎)'라 하였다(안경식, 2013: 123-153). 하지만 일반적으로 학교교육에 한정하여 가르치는 사람을 살펴본다면, 고구려의 태학이나 백제, 그리고 신라의 국학에서 가르치는 사람으로는 '박사(博士)'가 있고, 이 밖에도 신라에는 조교(助敎)·사업(司業)·주부(主簿) 등의 관직명을 볼 수 있다. 그리고 고려시대 국자감에는 사업·박사·조교·좨주(祭酒)·승(丞)·주부·학정(學正)·학록(學錄)·학유(學諭)·직학(直學) 등의 교관이 있었고, 지방의 향학에는 문사(文師)·문학(文學)·교수관이라는 이름의 교관이 파견되었다.

한편, 조선시대 성균관에는 대사성(大司成: 정3품), 좨주(祭酒: 종3품), 악정(樂正: 정4품), 직강(直講: 정5품), 전부(典簿: 종5품), 박사(博士: 정7품), 순유박사(諄諭博士: 종7품), 진덕박사(進德博士: 정8품), 학정(學正: 정9품), 학록(學錄: 정9품), 직학(直學: 종9품), 학유(學諭: 종9품), 서리(書吏: 9품)(『태조실록』 태조 1년 7월 28일) 등 학교·이업(肄業) 등의 일을 담당하는 사람들이 있었고, 사부학당에서 가르치는 사람으로 종6품 교수(敎授)와 9품의 훈도(訓導)를 볼 수 있다. 이 밖에도 조선시대 향교의 교관으로 도호부 이상은 교수(유학교수), 그 이하에는 훈도가 파견되었다. 처음에는 '교수관' '훈도관'이라 하였으나, 15세기에는 '교수'와 '훈도'로 개칭하였다(『세조실록』 세조 12년 1월 15일). 조선 중기 이후에는 교수·훈도의 파견이 폐지되었고, 그 대신 인조 때인 1629년부터 1649년 사이에는 교양관(敎養官)이라는 비정규적인 교관을 각 도에 두었다. 이렇게 본다면 조선시대에 가르치는 사람을 지칭하는 일반명사는 '교원'이나 '교사'가 아니라 '교관(敎官)'이었는데, 다음 인용문을 통해서도 확인할 수 있다.

서울 안의 성균관과 오부 학당으로부터 서울 밖에서는 각도에 이르기까지 모두 교관(敎官)이 있는 것은 인재를 양성하기 때문인 것이니, 마땅히 때때로 고찰하여 그들로 하여금 혹시 태만하지 말게 할 것이다.[20]

즉, 오늘날 교관이라고 하면 주로 사관학교나 신병교육대 등의 훈련소에서 신병들이나 주특기를 가르치는 사람으로 군사 훈련을 담당하는 사람에 한정되고 있는 것과는 개념적으로 차이가 있다. 조선 초기에 각 군현에 향교가 신설되면서 교육과 교화를 위해 파견된 교관들의 명칭은 때로 교수관(敎授官), 교도관(敎導官), 제독관(提督官), 교양관(敎養官), 혹은 학관(學官)으로도 불렸다. 특히 '가르치는 사람' 명칭은 '관(官)'이라는 글자가 붙어 있고 대부분 관직과 관련되는 것이기에 시대나 제도가 바뀌어 해당 관직이 사라지면 그에 해당하는 용어도 더 이상 사용되지 않게 되었다.

이제 조선시대에 한정하여 교사개념을 확인하기 위하여 일단 『조선왕조실록』에서 해당 단어를 한자로 검색해 보면, 원문 141건(국역 93건)을 찾을 수 있다. 〈표 8-1〉은 조선왕조실록에서 검색된 '교사(敎師)' 용어 빈도를 왕별로 나타내 본 것으로 언급되지 않은 경우에는 검색 수 0건을 의미하므로 표에서 생략하였다. 특히 전체 검색 기사 141건의 약 3/5인 82건이 임진왜란이 있던 선조 때에 집중되고 있으며, 그다음으로 많은 것은 고종 때로 전체의 약 1/4인 37건이 된다. 즉, 선조와 고종 때에 전체 검색 기사의 84%가 집중되고 있다. 순종부록의 6건은 1911년(순종 4)부터 1923년(순종 16)까지의 내용이기에 엄밀하게는 조선·대한제국 시기를 벗어나는 것이지만 일단 표에는 포함시켰다.

---

20) 內自成均五部, 外至各道, 皆有敎官, 所以養成人材, 宜以時考察, 勿令或怠.『태조실록』태조 7년 (1398) 9월 12일.

〈표 8-1〉『조선왕조실록』의 '教師(교사)' 원문 검색 빈도(총 141건)

왕명	건수	왕명	건수
연산군	1	영조	1
선조	82	정조	3
광해군일기(중초본)	4	고종	37
광해군일기(정초본)	2	순종	2
인조	2	순종부록	6
숙종	1	합계	141건

　　가장 처음에 등장하는 연산 1년(1495) 5월 28일 기사는 충청도 도사 김일손의 상소문으로 "스승이 교생(校生)을 가르치지 못할 뿐만 아니라 교생(校生)이 도리어 스승을 가르치게 되니"[21]라 하였는데, 교(教)자가 스승[사(師)]을 '가르치다[교(教)]'라는 동사로 사용된 경우[22]이기에 이를 제외하면, '교사'라는 단어가 실록에 처음 등장하는 것은 선조 27년(1594)부터이다. 즉, "이번에 중국 장수 및 교사(教師)가 연이어 죽고"[23]라 하였는데, 문맥상 여기서 교사란 군사훈련을 담당하는 사람이다. 이는 선조가 "모화관(慕華館)에 거둥하여 습진(習陣)을 친히 사열하고 습진이 끝난 후 중국 교사 호여화(胡汝和)·왕대귀(王大貴)를 접견"[24]하였다는 기사와 그다음 해인 선조 28년(1595) 1월 14일 비변사에 전하여 말하기를 "모든 일은 스승에게 나아가서 배우지 않을 수 없는데, 하물며 군사에 관한 일에 있어서야 더욱 그러하지 않겠는가."[25]라는 기사로도 확인할 수 있다.

　　당시 중국인 교사의 직급과 관련하여 선조 28년(1595) 2월 29일 기사를 보면 선조가 "시어소(時御所)에 나아가 교사인 천총(千摠) 조충(曹忠)과 파총(把摠) 은문룡

---

21) 『조선왕조실록』에 의거하여 '연산군'보다는 '연산'으로 표기함. 非唯師不能教生, 而生反教師. 『연산군일기』 연산 1년(1495) 5월 28일.

22) 유사한 용례로 『고종실록』 고종 42년(1905) 1월 4일(양력)에도 "스승이 제자를 가르치는 것이 아니라 제자가 스승을 가르친다.(師非教弟子, 弟子乃教師)"라는 표현이 나온다.

23) 今者天將及教師, 相繼卒逝. 『선조실록』 선조 27년(1594) 3월 5일.

24) 上幸慕華館, 親閱習陣. 習陣後, 接見天朝教師胡汝和, 王大貴. 『선조실록』 선조 27년(1594) 4월 12일.

25) 傳于備邊司曰: "凡事不可不就師而學焉, 況兵乎". 『선조실록』 선조 28년(1595) 1월 14일.

(殷文龍) · 진응룡(陳應龍) 등 세 사람을 접견"[26]한 것으로 되어 있다. 여기서 천총 (千摠)과 파총(把摠)은 각기 정3품과 종4품 무관직에 해당하는 매우 높은 직급이 다. 이들이 훈련을 담당하는 사람이라는 것은 같은 기사 내용 중에서 "우리는 이 미 손경략의 명을 받아 12명이 여기에 왔으니, 훈련시키는 일에 감히 마음을 다 하지 않겠습니까."[27]라는 접견 내용을 통해 확인할 수 있다. 이후에도 선조가 명 나라 관리인 교사를 접견하는 내용은 실록에 여러 차례 기록되어 있다.

그런데 선조 31년(1598)이 되면 훈련도감에 교사대(教師隊)를 두고 이들 중에서 기예가 성취된 사람을 교사로 삼아 다른 군인들을 가르칠 것을 요청하고 있다. 이는 중국인 교사를 조선인으로 대체하는 작업이고, 내국인 교사 선발에 관한 최 초의 기록으로 보인다.

> 도감에서 살수 중 가장 정밀하게 익힌 자 12명을 뽑아 교사대(教師隊)라고 칭
> 하고, 가설(加設) 주부(主簿) 한교(韓嶠)로 하여금 통솔하여 유격의 진중에 가 질정
> 을 받게 하소서. 많이 배워 기예가 성취된 뒤 이들을 교사(教師)로 삼아 중외의 군
> 인들을 두루 가르치게 한다면 (하략…)[28]

교사대는 좌(左)교사대와 우(右)교사대로 구성되어 있으며(『선조실록』 선조 39년 5월 26일), 훈련도감에 설치된 교사대 관련 기사는 광해 2년(1610) 10월 6일에도 보인다. 즉, 함경감사의 요청에 따라 "교사대 한두 명을 함께 데리고 가 같이 교 습"[29]하라든가, 광해 10년(1618) 6월 15일에는 훈련도감에서 천총 박형준이 "따로 과조(科條)를 세우고 각각 교사를 정한 다음 삼수(三手)의 기예를 마음을 다해 훈 련시킨 결과 3년이 지난 지금에 와서는 거의 모두 재예(才藝)를 이루게 되었다." 라는 이유로 포상을 신청하는 등의 기사가 있다. 하지만 이보다 앞선 시기로 임

---

26) 午時, 上御時御所, 接見教師千摠曹忠, 把摠殷文龍 · 陳應龍等三人. 『선조실록』 선조(1595) 28년 2월 29일.

27) 俺旣承經略之命, 十二人來此. 其於訓鍊之事, 敢不盡心. 『선조실록』 선조 28년(1595) 2월 29일.

28) 故自都監出殺手中最爲精習者十二人, 名爲教師隊, 使加設主簿韓嶠領之, 就正於遊擊陣中, 頗有 所學. 藝成之後, 當以此輩爲教師, 編教中外軍人, 『선조실록』 선조 31년(1598) 7월 25일.

29) 都監教師隊一二名, 並爲帶去, 與同教習. 『광해군일기』 광해 2년(1610) 10월 6일.

진왜란이 끝난 직후인 선조 39년(1606)에 보면 교사대 소속 인물이 궁가(宮家)에 투탁하며 '비부(婢夫)'라 불리는 등 노비처럼 취급되는 상황도 벌어진다.

> 훈련도감 포수(砲手) 등으로서 궁가에 투탁(投托)한 자는 다음과 같다. "임해군 (臨海君)의 집에는, 좌사 전초(左司前哨) 이다물손(李多勿孫), 전사 좌초(前司左哨) 지천남(池千男) 등은 본가의 노자(奴子)라 일컫고, 우사 중초(右司中哨) 허환수(許 還守)·윤인(尹認)·황업동(黃業同), 우사 좌초 고덕남(高德男), 우교사대(右敎師 隊) 지응복(池應福) 등은 비부(婢夫)라 칭하였으며.[30]

이같이 평시 상황에 교사의 처우가 형편없었을 것이라 추정하게 되는 또 다른 기사는 특히 정조 때인 1779년에 통어영을 강화부에 합치는 기사[31]에서도 찾아 볼 수 있다. 즉, 22개 직군이 나열되고 있는 중에 교련관(敎鍊官)은 가장 먼저 다 루어진 데 반해, 교사는 도훈도(都訓導) 바로 아래인 17번째로 기재되고 있어 그 서열이 상당히 낮았음을 추정하게 한다.

하지만 병자호란이 발발한 인조 5년(1627)의 11월 18일 기사에는 "언월도(偃月 刀)와 철추(鐵椎), 편곤(鞭棍) 등의 기예는 반드시 교사가 있어야 학습할 수가 있 다."라고 하며, 어영청이 정병 훈련을 위해 훈련도감 교사 6인을 차출해 줄 것을 건의했다는 내용이 있다. 또 그다음 해인 1628년 9월 29일에는 병조(兵曹)가 "도 감의 포수 가운데 기예가 이루어진 자로 30인을 뽑아 교사를 정해 준 다음 검술 을 가르치게 하여"[32]라는 기사를 보면 평시와 전시 상황에 교사의 위상은 매우 달 랐던 것으로 추정된다.

---

30) 訓鍊都監砲手等投托宮家者. 臨海君家: 左司前哨李多勿孫, 前司左哨池千男等, 本家奴子稱云; 右 司中哨許還守·尹認·黃業, 同右司左哨高德男, 右敎師隊池應福等, 婢夫稱云. 『선조실록』 선조 39년(1606) 5월 26일.

31) 교련관(敎鍊官) 2인, 기패관(旗牌官) 12인, 군수 감관(軍需監官) 1인, 영리(營吏) 2인, 군기색(軍 器色) 2인과 고자(庫子) 2명, 군량색(軍粮色) 3인과 고자(庫子) 3명, 군뢰(軍牢) 4명과 순령수(巡 令手) 6명, 등롱수(燈籠手) 8명, 사령(使令) 2명, 나장(羅將) 4명, 중영 군뢰(中營軍牢) 2명과 순령 수(巡令手) 4명, 도훈도(都訓導) 2인, 교사(敎師) 1인, 별파진(別破陣) 1인, 쟁수(錚手)·고수(鼓 手)·열발수(鈝鈸手)·호총수(號銃手) 등 4명, 도합 65명. 『정조실록』 정조 3년(1779) 3월 8일, (밑줄 필자).

32) 擇都監砲手之成才者三十人, 定爲敎師, 使之敎鍊劍術. 『인조실록』 인조 6년(1628) 9월 29일.

결국 조선시대 '교사' 개념은 임진왜란 시기인 1594년(선조 24)에는 군사 조련을 위해 지원 나온 중국인 군사교관에 한정하여 사용되던 용어였는데, 4년이 지난 1598년(선조 31)이 되면 훈련도감에서 '교사대'를 설치하여 선발된 조선인도 '교사'로 부르고 있다. 하지만 임진왜란이 끝난 직후의 조선인 교사는 평시 상황이 되면서 궁가에 투탁하는 등 노비처럼 그 처우가 낮아졌던 것으로 보인다. 비록 전시인 병자호란 때에는 교사의 중요성이 다시 언급되었지만 18세기 말의 기록에서 교사의 사회적 위상은 종9품인 훈도만큼 매우 낮았던 것으로 보인다.

3. 근대 '교사' 개념의 수용과 변천

1) 근대적 '교사(教師)' 개념의 새로운 수용과 변용

이 절에서는 근대 '교사' 개념과 관련하여, 전통시대에 군사 조련을 담당하는 가르치는 사람으로 사용되던 '교사'라는 개념이 근대적 학교체제 속에서 어떻게 개념사적으로 수용되고 변천하는가를 확인해 보고자 한다. 이 시기의 교사는 크게 다음 세 가지 개념으로 사용되고 있다.

첫째는, 기존의 군사 조련을 담당하는 자라는 의미가 여전히 사용되고 있다. 다만, 1880년대에는 선조 때처럼 다시 외국인에 한정된 듯한데, 갑오개혁 이후에는 내국인도 '교사'로 호칭하고 있다. 즉, 고종 18년(1881) 6월 20일 기사에는 "일본 교사(教師) 호리모토 레이조(掘本禮造)가 지난번에 일본 공사(公使)의 간청으로 인하여 교장(敎場)에 남아 있으면서 군사들을 연습시키고"[33]라는 기사가 보이고, 그다음 해인 고종 19년(1882)에는 임오군란으로 인해 "조선에서 초빙한 일본 육군교사도 참해를 입었다."[34]라는 기사가 보인다. 또한 고종 22년(1885)에는 갑신정변과 관련하여, 심순택은 "중국과 일본이 군대를 철수하고 미국의 교사는 아직 도착하지 않았기 때문에 러시아가 그 틈을 타서 일본주재 참찬관(參贊官) 스페예

---

33) 日本教師堀本禮造, 向因公使所懇, 方留教場, 錬習兵士.『고종실록』고종 18년(1881) 6월 20일.

34) 朝鮮所聘日本陸軍教師, 亦被慘害.『고종실록』고종 19년(1882) 7월 17일.

르(士貝耶; A. Speyer)를 파견하여 교사를 보내서 군사를 훈련시키는 일을 할 것을 청하였다."[35]라는 기사가 보인다. 고종 25년(1888) 2월 신설된 연무공원(鍊武公院)에 초빙된 미군 대령 출신 커밍스(F. H. Cummins)와 소령 출신 리(J. G. Lee) 등을 육군교사(陸軍教師)라 부르고 있으며(『고종시대사』 3집 고종 26년 8월 25일), 영국 해군 대위 칼드웰(Caldwell)은 총제영(總制營) 수군교사(水軍教師)로 초빙된 사람이다(『고종시대사』 3집 고종 31년 4월 13일). 고종 27년(1890)에는 연무공원에 초빙된 다이(茶伊; William M. Dye)와 닌스테드(仁時德; F. H. Neinstead) 등 교사들의 공로를 가상히 여겨 품계를 내리고 있다.[36]

둘째는, 종교를 널리 전파하는 선교사를 교사라 부르는 경우이다. 고종 3년(1866) 11월 5일 기사를 보면 승문원에서 중국 예부의 공문을 임금에게 보고하면서 "교민(教民)과 선교사[원문은 교사(教師)]들을 살해하고 예수교 배우기를 원하지 않는다."[37]라는 표현이 나온다. 원문의 교민교사(教民教師)를 번역한 것인데, 번역문에서 '교민'을 교사와 구분하지 않고 한 단어로 본다면, 교민교사란 백성들에게 종교를 가르치는 교사이므로 선교사로 번역한 것이 적절하다고 생각된다. 유사한 용례로는 고종 31년(1894) 7월 10일 '프랑스 선교사'라는 표현인데, 그 원문은 법교사(法教師)였다. 즉, 법국(法國)의 교사는 바로 프랑스 선교사이며, 고종 40년(1903) 8월 21일(양력)에 나오는 "이른바 홍교사(洪教師)라는 자는 프랑스 사람인데"[38]라는 기사에서 홍교사는 맥락상 프랑스 선교사로 보아야 할 것이다. 한편, 「황성신문」 광무 6년 (1902) 5월 29일 기사에는 한국의 불교를 시찰하기 위해 일본 정토종에서 파송한 시시가타니(獅谷) 대법사(大法師)를 '일등교사(一等教師)'라고 적고 있다.[39] 이는 기독교계 선교사뿐만 아니라 불교계의 큰스님도 교사라

---

35) 因中日撤兵, 美國教師尙未抵, 俄國乘其間, 遣駐日參贊官士具邪, 要請派教師鍊兵. 『고종실록』 고종 22년(1885) 5월 25일.

36) 다이를 병조 참관에, 닌스테드를 병조 참의에 임명하고 있는데, "연무공원(鍊武公院)과 통위영(統衛營), 장위영(壯衛營)의 조련이 이미 성과가 있었으니, 교사(教師)들의 여러 해 동안의 공로가 가상하다."라는 문장이 보인다. 『고종실록』 고종 27년(1890) 윤2월 26일.

37) 又竝詰責殺害教民教師, 不願習教. 『고종실록』 고종 3년(1866) 11월 5일.

38) 所謂洪教師者, 法國之人, 而淸溪洞是渠寓居也. 『고종실록』 고종 40년(1900) 8월 21일.

39) 日本淨土宗에서 一等教師獅谷大法師를 我韓에 派送ᄒᆞ야 韓國에 在ᄒᆞᆷ 佛教를 視察次로, 再昨日 漢城에 入ᄒᆞ얏ᄂᆞ대 陰四月二十三日, 明洞淨土宗에서 說法ᄒᆞᆫ다더라. 「황성신문」 광무6년(1902) 5월

불렀음을 보여 주는 것이다.

　한글로 '선교사'를 『조선왕조실록』에서 검색해 보면 총 8건이 등장하는데 숙종 때 기사는 각주 설명[40]이기에 이를 생략하면 실은 고종 시대에만 7건 등장하는 셈이다. 그런데 한자 원문을 찾아보면 '교사(敎士)'가 4건, 그중 2건은 전교사(傳敎士) '교사(敎師)'가 2건, 그리고 '선교승(宣敎僧)'이 1건으로 다양하다. 특히 고종 3년(1866) 11월 5일 우리나라에서 중국 예부로 당일 회답한 자문(咨文)에는 선교사를 '교사(敎士)'로 적어 보내 중국 예부의 '교사(敎師)'와는 다른 표기를 하였다.[41] 하지만 12년 뒤인 고종 15년(1878) 5월 4일 프랑스 선교사를 체포한 일과 관련하여 북경에서 보내온 공문은 우리나라에서 사용하던 '교사(敎士)'로 표기하였고, 같은 해 6월 6일 일본 외무성이 조선 정부에 프랑스 선교사를 석방할 것을 청하는 공문에서는 '선교승(宣敎僧)'이라는 용어로 적혀 있다.[42] 선교사의 한자 표기가 비록 다양하나 단순히 선비라는 의미의 '사(士)'나 종교적 맥락에서 불교 용어인 '승(僧)'보다 무리를 이끄는 스승이라는 의미의 '사(師)'를 붙여 선교사를 교사(敎師)로 불렀던 것이 아닐까 추정해 볼 수 있다.

　셋째는, 서양 근대 과학기술과 어학 등을 가르쳐 주는 사람을 뜻한다. 외국인 전문가를 초빙하여 설립된 근대적 교육기관의 가르치는 사람을 지칭하는 경우이다. 고종 18년(1881)에 청나라에 파견된 영선사와 관련하여 『조선왕조실록』 동년 2월 26일 기사를 보면, "무기 제조는 먼저 공도(工徒)들을 파견하여 만드는 법을 배우고 기술은 교사를 초청해서 연습하며"[43]라는 언급이 등장한다. 여기서 '교사'는 무기 제조 기술을 가르치는 사람이라는 점에서 군사 조련을 담당하는 교사와

29일.

40) 『숙종실록』 숙종 32년(1706) 10월 27일의 '선교사'라는 용어는 역주로 설명된 것이다.

41) 臣等閱看朝鮮國抵禮部原咨, 蓋以「英國人馬力勝等, 强欲通商該國, 藉稱中國曾有咨文, 又竝詰責殺害敎民敎師, 不願習敎.」 … 以該國敎士, 欲往朝鮮傳敎, 請先行文, 臣等拒絶, 竝勸其毋往, 卽經罷議. 『고종실록』 고종 3년(1866) 11월 5일 庚申 3번째기사 / 승문원에서 중국 예부의 공문을 보고하다.

42) 初六日. 議政府啓: "卽見日本外務省書契, 則以爲'聞駐箚我國, 佛蘭西全權公使所說, 近來有佛國宣敎僧四五人, 到貴國捕縛下獄, 若至慘刑, 則佛國應不束手. 『고종실록』 고종 15년(1878) 6월 6일. 일본 외무성이 프랑스 선교사를 석방할 것을 청하는 공문을 보내오다.

43) 器械則先遣工徒而學造, 技藝則邀來敎師而演習. 『고종실록』 고종 18년(1881) 2월 26일.

는 구분된다고 하겠다.

그리고 다음 해인 고종 19년(1882) 12월에는 통리교섭통상사무아문(統理交涉通商事務衙門)을 설치하고 그 산하에 동문학(同文學)을 설립하였는데, 당시 「한성순보」에 "영국인 할리팩스를 교사로 맞이했다."라는 기사(1886년 2월 22일)가 보인다. 그리고 고종 23년(1886)에 설립된 육영공원(育英公院)에서도 '가르치는 사람'을 '교사'라고 지칭하고 있다. 같은 해 8월 1일에 내무부가 「육영공원절목(育英公院節目)」을 작성해서 고종에게 보고(『고종실록』 고종 23년 8월 1일)한 내용을 보면, 육영공원에서 '가르치는 사람'을 "외국인으로 성품이 선량하고 재간 있으며 총명한 사람 3명을 초빙하여 '교사(教師)'라고 부를 것이며 가르치는 일을 전적으로 맡아보게 한다고 하였다.

고종 25년(1888) 7월 『조선왕조실록』에는 "전선가설교사(電線架設教師) 영국인 핼리팩스(奚來百士; T. E. Hallifax)에게 통정대부라는 품계를 주었다."라는 기사가 보이며, 시기적으로 좀 늦지만 고종 36년(1899) 전선교사(電線教師) 뮤렌스테스(彌綸斯; Mühlensteth)에게 3품 옥훈장을 주도록 지시하고 있다(『고종실록』 고종 36년 12월 9일; 『고종시대사』 제4집 광무3년 12월 9일). 한편, '대일본해외교육회(大日本海外教育會)'에서 고종 33년(1896) 세운 경성학당(京城學堂)에도 교사 4인을 두도록 하였으며(『고종시대사』 제4집 건양원년 5월 29일), 다음 해인 1897년 영어학교 교사 영국인 박스웰(博士衛; Sergant Boxwell)을 재고용하여 생도를 교련했다는 기사도 보인다(『고종시대사』 제4집 건양2년 2월 9일). 1905년에 의학교교사(醫學校教師)로 육군 삼등 군의정(三等軍醫正) 오타케 다케쓰구(小竹武次)에게 팔괘장을 하사하는 기사((『고종실록』 고종 42년 1월 18일) 등을 보면 갑오개혁 이후에도 다양한 분야에서 근대적 학문과 기술, 어학 등을 가르치는 외국인 전문가들을 교사라 칭하였음을 알 수 있다.

2) 1900년 이후 '교사' 개념의 변천

갑오개혁 이후 본격적으로 근대적 국가 교육체제를 도입하기 시작하면서도 여전히 근대 학교에서 '가르치는 사람'에 대한 호칭은 '교관(教官)'과 '교원(教員)'으로

규정되어 있었다. 1895년 4월 16일에 제정된 「한성사범학교관제」(칙령 제79호)[44]
는 주임 또는 판임의 '교관'과 판임의 '교원'으로 규정하고 있다. 즉, 제8조에서 "교
관은 생도의 교육을 담당함"이라 되어 있고, 제10조에서 "교원은 부속소학교 아동
의 교육을 담당함"(송병기 외, 1970a: 349)이라고 규정하고 있다. 같은 해 5월 10일
에 제정된 「외국어학교관제」(칙령 제88호) 역시 제4조에서 가르치는 사람을 '교관'
이라고 규정하고 있다(송병기 외, 1970a: 380). 이 같은 현상은 1899년 4월 4일에 제
정된 「중학교관제」(칙령 제11호)[45]에서도 마찬가지였다. 여기서 '교관'은 전통시대
에 관직에 있으면서 가르치는 사람을 지칭하는 일반용어였지만, '교원'은 고종 시
대 이전에는 사용된 적이 없었던 새로운 용어였다.[46]

　이 같은 교육법령의 규정에도 불구하고 외국어학교를 비롯하여 상공학교나 일
본어학교 등에 근무하는 외국인들은 여전히 '교관'이 아니라 '교사'로 기록되고 있
다. 이는 외국인 전문가들을 교사로 불렀던 기존 개념이 유지되고 있었기 때문으
로 보인다. 예를 들어, 1896년 영어교사 허치슨(『고종실록』 고종 36년 5월 20일)을 비
롯하여, 1899년에는 전선(電線) 교사인 뮤렌스테스(彌綸斯; Mühlensteth)(『고종실록』
고종 36년 12월 9일), 1906년에는 상공학교 교사 구노 스에고로(久野末五郎), 일본어
학교 교사 나가야마 오토스케(長山乙介) 등[47]과 1908년 핼리팩스, 프램톤(佛岩敦; G.
Russell Framton), 요하네스 볼얀(佛耶安; Johannes Bolljahn), 마르텔(馬太乙; E. Martel),
두방역(杜方域) 등(『순종실록』 순종 1년 6월 16일)은 모두 교사로 호칭되고 있다.

　그런데 1900년을 기점으로 가르치는 사람의 일반적 호칭으로 '교사'라는 용어
를 보다 널리 사용하기 시작하였다. 이 날짜 「뎨국신문」[48]에 의하면, 학부에서
「사립학교규칙」을 제정하여 각 사립학교에 지시한 내용은 다음과 같다.

---

44) 제6조에서 "한성사범학교에 아래와 같은 직원을 둔다. 학교장 1인(주임), 교관 2인 이하(주임 또
　　는 판임), 부교관 1인(판임), 교원 3인 이하(판임), 서기 1인(판임)"라는 언급이 보인다. 『관보』
　　1895년 4월 16일.
45) 제5조에서 중학교에서 가르치는 사람을 '교관'이라고 함. 『관보』 1899년 4월 6일.
46) 『조선왕조실록』에서 교원(敎員)을 한자로 단어검색해 보면 총 13건으로 모두 고종 32년(1895)
　　7월 19일부터 고종 43년(1906) 9월 13일 사이에 보인다. 여기에는 사범학교에서 가르치는 사람도
　　교원이라 부르고 있다.
47) 『고종실록』 고종 43년/대한 광무 10년(1906) 12월 29일.
48) 「뎨국신문」 광무 4년(1900) 4월 14일; 『고종시대사』 제5집, 광무 4년(1900) 4월 14일.

제 6조: 1. 각처(各處) 소학교 교원을 38인 이상 모집하여 가르친다. (… 중략 …)

　　　　1. 교사가 태만하면 교장과 학무국장이 경중에 따라 면책(面責) 시벌(施
　　　　　罰)한다.

　　이 중에서 첫 번째 항목의 소학교 '교원'이라는 용어와 별도로 마지막 항목에
서는 가르치는 사람으로서 '교사'의 태만 여부에 따라 처벌할 수 있도록 규정하고
있다. 고종 42년(1905) 6월 5일 학부에서는 "교사를 각별히 선발하고 가르치는 방
법도 되도록 간단하면서도 알기 쉽게 하되 반드시 낮은 데로부터 높은 데로 올라
감으로써 묵거나 넘겨 뛰는 일이 없도록 하라."[49]라는 기사가 보이며, 특히 당시
간행된 교육학 서적에는 교사라는 단어가 자주 등장한다. 예를 들면, 유옥겸(兪玉
兼) 역술의 『간명교육학(簡明敎育學)』(1908)을 보면, 교수의 단계와 교육자의 자격
을 논하면서 '교사'를 주어로 사용하고 있다.

　　교사는 항상 반드시 모범될 수 있는 가치가 있는 사람을 예시하되, 천천히 행
　　하여 명료히 알 수 있게 할지니, 만약 교사가 신체에 장애가 있어 몸소 선량한 모
　　범을 보이기 어려운 경과에는 학도 중에 가장 익숙한 사람을 선발하여 대신하게
　　할 수 있다. (중략) 칠러가 말하되 교사가 배움에 나아가는[進學] 힘이 없고, 또한
　　배움에 나아감이 필요하지 않다고 믿어 날로 배움에 나아감을 바라지 않는 사람
　　은 그 무능을 명시하는 사람이니, 이와 같은 사람은 처음부터 교사 됨에 부적당
　　하거나 비록 일시는 적합할지라도 불구하여 그 부적임함이 표현될지니(유옥겸,
　　1908: 152, 262-263).

　　또한 당시 간행된 잡지에도 교사라는 단어가 자주 등장한다. 예를 들면, 『대한
자강회월보(大韓自强會月報)』에 김성희(金成喜)가 기고한 "교사의 개념"이라는 기
사를 보면, 독일인 칸트의 말을 인용하며, 교사의 역할과 교육의 중요성을 강조하
고 있다.

---

49) 自學部, 另簡敎師, 爲學之規, 務令約而易曉, 必自卑升高, 毋使汗漫逕庭. 『고종실록』 고종 42년
　　(1905) 6월 5일.

그런즉 교사는 학교에 중심이오, 피교육자의 구상적(具象的) 모범이라. 인류의 정신을 유발하며 재지를 양성하여 국가를 구조하는 재료를 만드니, 고로 덕의지학사(德意志學士) 강덕(康德, 역자주: 칸트)이 말하길, 사람을 사람답게 하는 것과 나라를 나라답게 하는 것이 교육력 여하에 있다 하니 교육하는 사람은 매우 유의할지어다(『대한자강회월보』 제9호, 1907년 3월 25일).

그러나 통감부기인 1906년 8월에 제정된 「학부직할학교 및 공립학교관제(學部直轄學校及公立學校官制)」를 보면, 학부직할학교(관립보통학교, 성균관, 관립한성사범학교, 관립한성고등학교, 관립한성일어학교, 관립한성한어학교, 관립한성영어학교, 관립한성덕어학교, 관립한성법어학교, 관립인천일어학교) 중 관립보통학교와 성균관을 제외한 학교의 '가르치는 사람'을 교관(판임관)이라고 지칭하였다(송병기 외, 1970b: 85). 그런데 다음 해인 1907년 12월에 개정된 「학부직할학교 및 공립학교관제」에서는 학부직할학교 중 관립보통학교를 제외한 학교의 '가르치는 사람'을 교수(주임관)로 개칭했다(송병기 외, 1970c: 143). '가르치는 사람'이 '교관'에서 '교수'로 개칭되면서 그들의 관등도 판임관에서 주임관으로 상향되었다. 결국 언론이나 교재에는 '교사'가 보편적으로 사용되지만, 법률적 용어는 여전히 교관 혹은 교수를 선호하였음을 알 수 있다.

4. 맺음말

이상에서 살펴본 내용을 정리해 보면, 근대 '교사' 개념의 수용과 변천 과정에는 전통시대의 가르치는 사람을 지칭하는 용어들이 시대적 상황에 따라 개념상 조금씩 변화되었음을 확인할 수 있다. 이상의 내용을 정리해 보면 다음과 같다.

첫째, 임진왜란 이후 나타나기 시작한 전통시대의 '교사' 개념은 주로 외국인 군사 교관을 지칭하였다. 이는 교사라는 단어를 '교'와 '사'로 나누어 볼 때, '사(師)'의 개념에 군사의 의미가 첫 번째로 논의되고 있었던 것과 밀접한 관련이 있다. 특히 『조선왕조실록』에 한정하여 살펴보면 '교사'라는 용어는 1594년에 처음 등장하였으며, 특히 명나라에서 군사 조련을 담당하기 위해 우리나라에 파견된 사람들을 지칭하는 용어였다.

둘째, 1598년 훈련도감에 교사대(教師隊)가 설치된 이후에는 군사 조련을 담당하는 내국인도 '교사'로 불렀으나, 평시 상황에서 이들의 사회적 지위는 그다지 높지 않았던 것으로 보인다. 즉, 임진왜란 시기 중국인 교사들은 정3품 천총(千摠)과 종4품 파총(把摠) 등의 무관직이었던데 반해, 정조 시대의 교사는 종9품 훈도 수준에 불과하였던 것으로 보인다.

셋째, 근대 시기에 들어와 '교사' 개념은 기존의 군사 분야의 교사 이외에도 선교사를 비롯하여 동문학과 육영공원, 경성학당, 그리고 우무학당이나 전무학당 등 다양한 근대적 학문과 기술 분야에서 가르치는 사람을 지칭하는 용어로 확대되어 사용되었다.

넷째, 대략 1900년 이후부터 '교사' 개념은 법률적 용어와는 별도로 교육을 담당하는 사람의 통칭으로 학부의 각종 문서와 신문이나 잡지 등 언론, 그리고 교육학 교재 등에서 일반적으로 사용하게 되었던 것으로 보인다. 그럼에도 불구하고 통감부기에는 교육법규에 '교사'보다 교관 혹은 교수를 사용하였던 흔적을 볼 수 있다.

결국 전통시대에 관직과 관련하여 사용되는 '가르치는 사람'에 관한 용어들은 사회가 변화되어 그러한 관직이 사라지면 더 이상 사용되지 않게 된다. 가르치는 사람으로서 '교사'라는 단어를 구성하는 '교(敎)'와 '사(師)'를 기반으로 파생되는 교사, 교수, 교원, 교관 등의 단어들은 근대 이후에도 여전히 사용되고 있다. 다만 이미 조선시대 '교육' 개념이 학무(學務)뿐만 아니라 군무(軍務)와도 직접적으로 관련되어 있었던 점[50]은 '교사' 개념에서도 다시 한번 확인해 볼 수 있었다.

---

50) 1894년 12월에 발표된 「홍범14조」 내용 중에서 교육과 관련되는 사항으로는 이제까지 11번째의 "나라 안의 총명하고 재주 있는 젊은이들을 널리 파견하여 외국의 학문과 기술을 전습받는다(國中聰俊子弟, 廣行派遣, 以傳習外國學術技藝)"만을 주목하여 왔지만, 12번째의 "장관(將官)을 교육하고 징병법을 적용하여 군사 제도의 기초를 확립한다(敎育將官, 用徵兵法, 確定軍制基礎)"는 문장도 교육개념의 군사적 성격을 보여 주는 것으로 주목할 필요가 있다(한용진, 2014: 351 참조.).

📁 참고문헌

『고종시대사』.

『구한국관보』.

『대전회통』.

『대한자강회월보』.

「뎨국신문」.

『예기』.

『중용』.

「한성순보」.

「황성신문」.

賈宜. 박미라 역(2007).『신서(新書)』. 서울: 소명.

김용구(2008).『만국공법』. 서울: 도서출판 소화.

고려대학교 민족문화연구원 역주(1983).『대전회통』. 서울: 경인문화사.

나인호(2011).『개념사란 무엇인가』. 고양: 역사비평사.

나인호(2014). "한국 개념사 연구, 무엇이 문제인가: "한국개념사총서"의 이론적 감수성".
　　『개념과 소통』 13. 춘천: 한림과학원.

박성훈 편(2013).『훈몽자회주해』. 파주: 태학사.

성백효 역주(2011).『현토완역 주역전의(周易傳義)』(上). 서울: 전통문화연구회.

송병기 외 편(1970a).『한말근대법령자료집 Ⅰ』. 대한민국 국회도서관.

송병기 외 편(1970b).『한말근대법령자료집 Ⅴ』. 대한민국 국회도서관.

송병기 외 편(1970c).『한말근대법령자료집 Ⅵ』. 대한민국 국회도서관.

안경식(2013). "교사의 탄생: 신라사회의 '교사'".『한국교육사학회 학술발표논문집』.

유옥겸 역술(1908).『간명교육학』. 서울: 우문관.

한용진(1998). "서연의 교육이념과 성격".『교육문제연구』 10(1).

한용진(2014). "근대 교육 개념의 수용에 관한 개념사적 고찰".『교육사상연구』 28(1).

諸橋轍次(1984a).『大漢和辭典』卷4. 東京: 大修館書店.

諸橋轍次(1984b).『大漢和辭典』卷5. 東京: 大修館書店.

불교사전, http://buddha.dongguk.edu/bs_list.aspx.

조선왕조실록, http://sillok.history.go.kr/main/main.jsp.
한국민족문화대백과사전, http://encykorea.aks.ac.kr.

제9장

근대 '학생' 개념의 변용

　이 장에서는 일반적으로 '배우는 사람'을 의미하는 '학생(學生)'이라는 용어의 개념적 변화에 대하여 알아보려고 한다. 오늘날 교육학의 흐름은 가르치는 것에서 스스로 배우는 쪽으로 그 중심축이 옮겨지고 있다. 그런 의미에서 학생이라는 용어의 사전적 의미와 전통시대의 개념, 그리고 근대 시기에 학생 개념이 어떻게 변화되었는가를 살펴보는 것은 교육학의 흐름을 이해하는 데에도 의미가 있다고 생각된다. 오늘날에는 모든 배우는 사람을 지칭하는 '학생'이라는 용어가 전통시대에는 각 왕조에서 세운 최고교육기관에서 학문을 닦는 사람에 한정하여 사용된 개념이었다. 다만 조선시대에는 여기에 아직 벼슬하지 못한 유생, 즉 유학(幼學)을 포함하게 되었다. 그리고 근대 시기에 들어와 영어 student와 pupil은 각기 '학생'과 '생도'로 번역되었는데, 이는 전통시대의 학생과 생도의 위계적 개념 차이를 반영한 것이라 할 수 있다. 한편 1881년 청나라에 파견된 영선사(領選使) 일행과 함께 파견된 자들은 학도(學徒)라 호칭하였고, 1886년에 세워진 육영공원에서 배우는 사람들은 학원(學員)이라는 용어를 사용하였다. 즉 근대 시기에 서구적 학문을 익히는 사람들을 처음에는 학생보다는 학도, 학원 등으로 불렀고, 성균관에서는 학생 대신 특별히 유생(儒生)으로 불리게 되었다. 하지만 학생개념은 해외 유학생을 포함하여 여전히 수준 높은 학문을 익히는 의식 있는 사람을 지칭하는 대표적인 용어로 사용되고 있었다.

주제어 학생(學生), 생도(生徒), 학도(學徒), 학원(學員), 유생(儒生)

1. 머리말

최근 교육학의 흐름은 가르치는 행위로부터 스스로 배우는 쪽으로 중심축이 변화되고 있다는 생각이 든다. 교사 중심의 가르침에서 학생 중심의 배움으로, 교(敎)에서 학(學)으로의 변화이다. 어쩌면 이는 개개인의 지적 호기심에서 출발하였던 배움으로서의 교육행위가 근대 공교육의 발달로 인해 학교에서 교수법 중심의 가르침을 강조하는 입장으로 넘어갔다가, 다시 자기 성장을 위한 '배움'으로 돌아오는 과정이라 보아도 좋을 것이다.

오늘날 우리나라에서는 '가르치는 사람'을 교사나 선생, 교수 등 다양한 용어로 부르고 있지만, 배우는 사람에 관해서는 학교 급별에 관계없이 거의 '학생(學生)'으로 통칭하고 있다. 이는 근대 시기까지 배우는 사람을 '학생' '생도(生徒)' '학도(學徒)' '학원(學員)' 등 다양하게 불렀고, 일본의 경우 오늘날까지도 초·중등학교에 다니는 사람을 생도라 하여 고등교육기관에서 배우는 학생과 구분하여 부르는 것과는 구별된다. 실은 우리나라도 해방 이후까지 한동안 '학도'라는 용어를 사용하였고[1], 요즘에도 사관학교에서는 '생도'라는 용어를 사용하고 있다. 그럼에도 불구하고 오늘날 배우는 사람의 일반적 명칭은 '학생'이다.

본 연구는 일반적으로 '배우는 사람'을 의미하는 '학생'이라는 용어가 근대 시기에 어떻게 변용되었는가를 개념사라는 역사연구방법론을 통해 고찰하고자 한다. 개념사의 관점에서 볼 때 근대 우리나라는 새로운 학교제도가 도입되면서, 기존의 교육 관련 개념들이 미묘하게 변화된 시기이다. 이는 전통적 학교제도와는 다른 새로운 교육제도가 들어오면서, 교육개념을 비롯하여 교사, 학생, 학교 등의 교육 관련 용어들이 외국어의 번역어로 채택되거나 혹은 기존의 용어에 새로운 개념이 덧붙여져 사용되었기 때문이다.

교육학 분야에서 개념사 연구는 비교적 최근에 시작되었다. 하지만 학생개념

---

[1] "경성의 중등학교 이상 학도들 조선학도총궐기대회 개최"(『매일신보』 1945년 8월 29일), "조선학도대, 학생의 날 기념행사 개최"(『매일신보』 1945년 11월 2일) 등, 『자료대한민국사』 제1권 참고. 이 밖에도 한국전쟁 때에는 '학도병'이라는 용어도 사용되었다.

에 대하여 직접적으로 다루고 있는 선행연구는 잘 보이지 않는다. 비록 이승원 (2008)의 연구는 개념사적 연구는 아니지만 근대전환기 교육담론과 학교·학생 의 표상에 대하여 다루고 있다. 즉, 당시 "담론적 교육과 일상적 실천의 균열" 속 에서 학교교육이 어떻게 변해 갔는가를 살피면서 근대 학생에 대하여도 언급하 고 있다. 이 글에서는 먼저 2절에서는 사전적 의미에서 '학생' 개념과 전통시대의 '학생' 개념을 비교하여 보고, 3절에서는 근대 '학생' 개념의 수용과 변용에 대하여 당시의 관찬 사료와 법령, 그리고 신문 등 다양한 용례를 통해 그 흔적을 집중적 으로 살펴보고자 한다. 마지막 4절에서는 맺음말로 근대 학생개념의 변용을 정리 해 보고자 한다.

2. '학생' 개념에 관한 기본 이해

1) 사전적 의미에서의 '학생' 개념

오늘날 많은 사람은 자신의 삶을 통해 교육을 실제적인 것으로 경험해 왔기 에, 교육이 어떤 것인지 당연히 알고 있다고 생각하는 경향이 있다(田中智志, 1999). 그러나 우리들이 평소 알고 있다고 생각하는 어떤 용어가 과연 과거에는 어떤 의미로 사용되었는가에 대하여는 그다지 관심을 갖지 않는다. 이는 교육 뿐만 아니라 교육 관련 용어로서 교사나 학생 등의 용어에도 적용될 수 있을 것 이다.

이 글에서는 학생개념의 기본 이해를 위하여 두 권의 사전을 활용해 보고자 한 다. 첫째는, 학생의 현대적 개념과 관련하여 국립국어원의『표준국어대사전』이 다. "학생(學生)[-쌩]「명사」① 학예를 배우는 사람. ② 학교에 다니면서 공부하는 사람. ≒학도, ③ 생전에 벼슬을 하지 아니하고 죽은 사람의 명정, 신주, 지방 따 위에 쓰는 존칭. ④『역사』신라 때에, 국학에서 가르침을 받던 사람."이라 되어 있다. 첫 번째 뜻은 단지 배울 '학(學)'에 날 '생(生)'이라는 문자적 의미로 태어나 서 살아가면서 배움의 행위를 실천하고 있는 사람인 데 반해, 두 번째 뜻은 한정된 기간 동안 교육기관에서 공부하는 신분에 있는 사람을 가리킨다. 따라서 첫 번째 의미가 두 번째 의미보다 더 포괄적이지만, 두 번째 의미는 통상 상대방을 부르는 호칭이나 신분적 의미로도 사용된다. 그리고 세 번째 뜻은 생전에 벼슬하지 못하고 죽은 사람을 의미하는 특별한 용례[2]이지만 전통시대의 학생개념에는 이런 의미가 포함되어 있지 않았다는 점은 다음에 나오는 『고법전 용어집(古法典用語集)』을 비교해 보면 알 수 있다. 그리고 네 번째 뜻은 역사 용어로 신라시대 국학에서 교육을 받는 사람으로 '시기'와 '교육기관'을 한정하고 있다.

둘째는, 전통시대의 '학생' 개념을 살펴보기 위하여 법제처에서 간행된 『고법전 용어집』을 참고하였다. 학생개념에 약간의 차이가 보이는데, "① 유학(幼學), 곧 벼슬하지 못한 유생(儒生)[3], ② 학문을 닦는 사람, ③ 신라 때 국학에서 교육을 받는 사람을 일컬음"(법제처, 1979: 858)이라 되어 있다. 이때 유학(幼學)이란 "사족(士族)으로서 아직 벼슬하지 아니한 사람. 학행(學行)이 특별히 출중하면 벼슬할 기회가 있음"[4]이라 되어 있다. 즉, 현대어에서 학생의 세 번째 뜻이 생전에 벼슬 없이 '죽은' 사람을 지칭하는 데 반해 오히려 전통시대에는 벼슬하지 못한 '살아 있는' 유생을 가장 먼저 제시하고 있다. 그리고 '학예를 배우는 사람'이라는 『표준국어대사전』의 첫 번째 의미는 '학문을 닦는 사람'으로 표현되고 있다. '학예'와 '학문'의 차이와 함께 '배우다'와 '닦다[수(修)]'라는 용어 차이는 보이지만 개념상 큰 의미는 없을 것으로 보인다. 그리고 두 사전 모두 역사적 의미로 신라 국학과 같이 국가 최고수준의 교육기관에서 공부하고 있는 사람이라는 의미로 '학생'을 사용하고 있다.

특이한 것은 『표준국어대사전』에 나와 있는 "생전에 벼슬을 하지 아니하고 죽은 사람"이라는 학생개념이 『고법전 용어집』에는 없다는 사실이다. 이와 관련하

---

2) 『다음 영어사전』에서 학생(學生)에 대한 영어 표현은 ① a pupil, ② a deceased scholar who lacks official rank, ③ a student, ④ an undergraduate 등으로 번역되고 있다. 특히 "공식적 지위를 갖지 못하고 죽은 학자"라는 두 번째 표현은 영어 student나 pupil의 사전적 의미에서는 찾아볼 수 없는 한국적 개념이다.

3) 유생(儒生): 유도(儒道)를 닦는 선비(법제처, 1979: 587).

4) 조선조 중기 이후에는 각 도의 유학 중 재능과 행실이 뛰어나고 40세 이상인 사람을 식년(式年) 정월에 그 고을 사람들이 수령에게 보증 추천하여 수령이 관찰사에 보고하면, 관찰사는 그 이름과 재행(才行)을 기록해서 이조(吏曹)에 추천하였음(법제처, 1979: 590-591).

〈표 9-1〉 학생개념의 비교

『표준국어대사전』	『고법전 용어집』
① 학예를 배우는 사람	② 학문을 닦는 사람
② 학교를 다니면서 공부하는 사람 늑 학도 (學徒)	
③ 생전에 벼슬하지 않고 죽은 사람의 명정 (銘旌), 신주, 지방 따위에 쓰는 존칭	① 유학(幼學), 곧 벼슬하지 못한 유생(儒生)
④ 신라 때에 국학에서 가르침을 받던 사람	③ 신라 때 국학에서 교육을 받는 사람을 일컬음

여『조선왕조실록』을 찾아보면 "고학생 김구석의 처 이씨(故學生金龜石妻李氏)"(세조 8년 4월 27일)라는 표현을 비롯하여 모두 62건의 학생 용례가 보인다. 조선시대에는 각 도의 효자 열녀를 표창하거나 은전을 베풀 때, 사람 이름을 열거하면서 그 이름 앞에 각기 진사(進士), 유학(幼學), 고학생(故學生) 등의 표현을 붙이고 있다. 그런데 벼슬하지 못하고 죽은 유생들은 그냥 학생 ○○○이 아니라, 반드시 고학생(故學生) ○○○ 등으로 표기되고 있다. 따라서 원래부터 학생개념에 "생전에 벼슬하지 못하고 죽은 사람"이라는 의미가 있었던 것이 아니라, 고학생을 현대어에서는 그냥 학생으로 줄여서 사용한 것으로 보인다. 과연 언제부터 이렇게 되었는가는 또 하나의 과제로 차치하더라도, 적어도 현대 개념으로『표준국어대사전』과 전통 개념으로『고법전 용어집』에 나타나는 '학생' 개념은 동일하지 않음을 확인할 수 있다. 그렇다면 우리나라에서 '학생'이라는 용어는 언제부터 사용되기 시작한 것일까?

2) 전통시대의 '학생' 개념

앞의『표준국어대사전』에서는 '학생'의 의미로 "신라 때, 국학에서 가르침을 받던 사람"이라 하였고,『고법전 용어집』에서는 "신라 때 국학에서 교육을 받는 사람"으로 규정하고 있다. 두 사전 모두 학생개념을 신라 때 국학에서 가르침을 받던 사람으로 한정하고 있는 것을 보면서, '왜 신라의 국학에서 배우는 사람만 학생이고 고려나 조선시대에는 학생이라는 용어를 사용하지 않았던 것인가', 또는

'전통시대에는 배우는 사람 혹은 가르침을 받는 사람을 무엇이라 불렀을까?'라는 의문이 생겨난다.

먼저 문헌상으로 우리나라에서 '학생'이라는 용어가 가장 먼저 등장하는 것은 『삼국사기』 선덕여왕 9년(640) 기사[5]로, 당의 국학(國學)에 왕의 자제들 입학을 청하면서 당나라 국자감(國子監)에서 가르침을 받는 사람을 의미하고 있었다. 640년을 전후하여 당나라 국학, 즉 국자감에 유학생을 파견한 것은 단지 신라뿐만 아니라 고구려와 백제도 포함된다. 또한 『삼국사기』 문무왕 15년(675) 기사에는 '숙위학생(宿衛學生)'이라는 표현도 등장[6]하는데, 여기서 숙위학생이란 "신라시대 중국 당나라의 국자감에 수학한 유학생"(한국민족문화대백과사전)이다. 이후 신문왕 2년(682)에는 신라에도 당나라의 제도를 모방하여 국학을 설치하여 운영하게 되었는데, 국학에서 공부하는 사람을 '학생'이라 불렀다. 흔히 도당유학생(渡唐留學生) 혹은 견당유학생(遣唐留學生)이라는 표현은 후대에 사용된 것으로 보이고, 『삼국사기』에서는 단지 학생, 국학생[7] 혹은 숙위학생이라는 표현만 확인된다. 다만 신라시대 국학의 입학자격을 보면, "모든 학생은 관등이 대사 이하로부터 관등이 없는 자로, 15세에서 30세까지인 사람을 들였다."[8]라고 되어 있다. '대사'는 신라 때, 17관등 가운데 12번째 등급의 벼슬이라는 점에서 국학 학생의 자격은 관직이 없거나, 혹은 있다고 하더라도 중하위 직급에 속하던 사람이었다. 이는 앞의 두 사전에서 확인한 것처럼 학생개념이 생사에 관계없이 "벼슬하지 못한 유생(儒生)"만은 아니었음을 확인해 주는 것이다.

한편, 고려시대의 학생개념과 관련해서는 『고려사』 예종 10년(1115) 7월 15일

---

5) "학생으로서 대경(大經) 가운데 하나 이상에 능통한 사람은 모두 관직을 맡을 수 있도록 하고, 학사(學舍)를 1천 2백 칸으로 늘려서 지었으며, 학생을 늘려서 3천 2백 6십 명에 차게 하였는데(學生能明一大經已上, 皆得補官, 增築學舍千二百間, 增學生滿三千二百六十員)." 『삼국사기』 권제5 신라본기 제5 선덕왕 9년(640).

6) "가을 9월에 설인귀가 숙위학생 풍훈(風訓)의 아버지 김진주(金眞珠)가 본국에서 목 베여 죽임을 당하였으므로(秋九月薛仁貴以宿衛學生風訓之父金眞珠伏誅於本)." 『삼국사기』 권제7 신라본기 제7 문무왕 15년(675).

7) "당나라 문종(文宗)이 홍려시(鴻臚寺)에 칙령을 내려 인질과 연한이 다 되어 귀국해야 하는 학생 105명을 돌려보내라 했다(唐文宗勅鴻臚寺放還質子及年滿合歸國學生共一百五人)." 『삼국사기』 권제11, 신라본기 제11 문성왕 2년(840).

8) 凡學生, 位自大舍已下至無位, 年自十五至三十, 皆充之. 『삼국사기』 권제38 잡지 제7.

기사에서 "삼가 학생 5인을 보내(謹遣學生五人)"라는 문장이 있고, 인종 10년(1132) 5월 17일의 기사에도, "국학생 정언백 등 50인이 상서하여 시험을 다시 볼 것을 청하였다."[9]라고 하여 학생이라는 단어가 보인다. 이 역시 중국의 태학에 파견하는 사람과 고려 국자감에서 배우는 사람을 지칭하고 있다는 점에서 신라시대의 학생개념과 마찬가지로 국가가 설립한 최고교육기관에서 '배우는 사람'을 의미하지만, 이들의 벼슬 유무는 명확하게 확인되지 않는다.[10]

이에 반해, 조선시대의 학생개념은 다음과 같이 크게 두 가지 의미로 사용되었다. 첫째는, 신라나 고려처럼 국가 최고 교육기관인 성균관에서 공부하던 태학생(太學生)이나 성균학생(成均學生)을 의미하는 경우이다. "성균관 학생과 부거생도 1,100여 명"[11]이라는 기사에서, 성균관에서 배우는 사람은 '학생'으로 지칭한 데 반해, 아직 과거에 합격하지 않아 응시하려[부거(赴擧)] 하는 사람은 '생도'라 표현하고 있다. 특히 성균관과 달리 향교, 의학·역학·산학·율학 등 잡학 교육기관에서 배우는 사람들은 모두 '생도'라 호칭하였다는 점[12]에서 주목할 필요가 있다.

둘째로, 『조선왕조실록』기사 용례에 나오는 '학생'은 성균관 유생(儒生)을 지칭하고 있지만, 사부학당을 포함하여 아직 성균관에 들어오지 못한 공부하는 사람을 지칭하는 경우도 보인다. "예조에서 계하기를, '평안도 학생 이화농(李華穠)이 성균관에 들어오기를 원합니다. 먼 지방에서 배우러 온 그 뜻이 가상하오니, 입

---

9) 又國學生 井彥伯等五十人上書, 請改試. 『고려사』인종 10년(1132) 5월 17일.

10) 고려시대에 '배우는 사람'에 관련된 용어를 단어검색해 보면, 학생 51건(『고려사』35건, 『고려사절요』16건), 생도 41건(『고려사』24건, 『고려사절요』17건), 학도 3건(『고려사』3건) 등으로 신라와는 달리 학생 이외에 생도, 학도 등의 용어도 사용되고 있었음을 확인할 수 있다. 국사편찬위원회 한국사데이터베이스, http://db.history.go.kr/KOREA

11) 成均館學生及赴擧生徒一千一百餘人. 『태종실록』태종 11년(1411) 2월 20일.

12) 예외적으로 다음과 같은 기사가 보인다. "예조에서 계를 올려 말하기를 '서울과 지방에 유구국(琉球國) 문자를 해득하는 자를 찾아서 사역원 훈도(訓導)로 차임하고, 왜학생(倭學生)에게 겸해서 익히도록 하기를 청합니다.' 하니, 그대로 따랐다(禮曹啓: '琉球國往往來聘, 而我國無通解其文者. 請令中外搜訪通解琉球國文者, 差司譯院訓導, 令倭學生兼習." 從之)." 『세종실록』세종 19년(1437) 11월 27일. 다만, 이 기사에서 '왜학생'은 '왜학생도'의 줄임말로 보인다. 참고로 『태종실록』태종 18년(1418) 5월 3일 기사를 포함하여 '왜학생도'라는 표현이 『조선왕조실록』에는 5회 등장한다.

학을 허하여 주시옵소서.' 하니, 그대로 따랐다."[13]라는 기사는 이러한 사례이다. 이는 앞의 『고법전 용어집』에서 보여 준 것처럼 벼슬하지 않은 유생의 개념으로 멀리서 올라와 배우려는 뜻이 가상한 유생을 지칭하는 경우라 할 수 있다. 다만 사부학당의 경우, 『조선왕조실록』을 보면 하나의 기사에서도 생도와 학생을 혼용하여 사용하는 경우를 볼 수 있다[14]. 특히 생원과 학생의 구분과 관련하여, 『태종실록』에는 "생원(生員)은 학문(學問)에 들어가는 문(門)이옵고 급제(及第)는 벼슬에 들어가는 길이옵니다. 그러므로 포의(布衣)를 입은 학생들이 향시(鄕試)에 합격한 뒤에 본시(本試)에 나아가는 것이온데, …"[15]라고 하여, 학문의 초입단계의 공부하는 사람을 '생원'이라 하고, 베로 지은 옷을 입고 있는 아직 벼슬하지 않은 사람으로 공부하는 사람을 '학생'이라 구분하고 있다.

다만 조선 초기에는 다음과 같이 성균관에서 배우는 사람을 때로는 '생도'로 부르기도 하였다.

예조 참판 유영(柳穎)이 계하기를, "신이 듣건대, 성균관에서는 근년 이래로 제술만 전용하고 강과는 시험하지 않으므로, 생도(生徒)들이 오로지 초록하여 모으는 것만 일삼고 경학에는 힘쓰지 않는다고 하니, 심히 옳지 못한 일입니다. 원컨대 구재(九齋)의 예에 따라 고강하여 차례대로 승진시킨다면 학생(學生)들이 자연히 학업에 부지런할 것이며 관(館)에 있을 사람도 많아질 것입니다." 하니, 임금이 말하기를, "다만 성균관뿐만 아니라 외방의 향학도 또한 그러하니, 변계량과 함께 자세히 의논하여 아뢰라." 하였다.[16]

---

13) 禮曹啓: "平安道學生李華穡等請入成均館. 邊方學生遠來赴學, 其志可尙, 許令入學." 從之. 『세종실록』 세종 1년(1419) 3월 7일.

14) "동·서부 학당(東西部學堂)의 생도를 내보냈다. 처음에 오부 학당(五部學堂)을 설치하고 횡사(黌舍=學舍)를 세우지 못하였기 때문에, 동부(東部)에서는 학생을 순천사(順天寺)에 모으고, 서부(西部)에서는 미륵사(彌勒寺)에 모았는데, (放東西部學堂生徒. 初, 設五部學堂, 未立黌舍, 故東部會學生於順天寺, 西部於(彌勒寺)." 『정종실록』 정종 2년(1400) 8월 21일.

15) "生員, 入學之門; 及第, 入仕之路, 故布衣學生入鄕試, 而後赴試" 『태종실록』 태종 5년(1405) 3월 5일.

16) 禮曹參判柳穎啓: "臣聞成均館, 近年以來, 專用製述, 不試講課, 生徒專事抄集, 不務經學, 甚不可也. 乞依九齋例考講, 以次升之, 則學生自然勤業, 居館者衆矣." 上曰: "非惟成均, 外方鄕學亦然. 其與卞季良熟議以聞." 『세종실록』 세종 10년(1428) 2월 12일.

이렇게 보면 조선시대에 성균관에서 배우는 사람은 신라 국학이나 고려 국자 감의 용례에 따라 학생으로 부르는 것이 일반적이지만, 부정적 맥락에서는 생도 라는 단어도 사용하였다고 볼 수 있다. 즉, 앞의 문장 속에서 생도는 "오로지 초록 하여 모으는 것만 일삼고 경학에는 힘쓰지 않는" 배우는 사람인 데 반해, 학생은 "자연히 학업에 부지런할 것이며 성균관에 있을 사람"으로 표현되고 있다는 점에 서 생도라는 표현은 학문에 들어가는 초입 단계로 학생보다 낮춰 부를 때 사용되 고 있음을 알 수 있다.

이상의 내용을 정리해 보면 『표준국어대사전』과 『고법전 용어집』에 나오는 학 생개념은 기본적으로 '배우는 사람'을 지칭하는 것으로, 신라시대 '국학'뿐만 아니 라 고려시대 '국자감'과 조선시대 '성균관'에서 공부하는 사람을 뜻한다. 다만 신 라시대 학생은 조선시대와는 달리 벼슬하지 않은 사람뿐만 아니라 낮은 직급의 벼슬하는 사람까지도 포함하고 있었다. 이를 통해 적어도 조선시대의 학생개념 은 성균관이나 오부학당 등 유학 교육기관에서 '학문을 닦는 사람'과 과거를 준비 하던 '벼슬하지 않은 유생'도 포함하는 것이었음을 알 수 있다.

3. 근대 '학생' 개념의 수용과 변천

1) 근대 초기 '학생' 개념

근대 시기 '배우는 사람들'에 대한 호칭은 학생, 생도, 학도, 학원, 학동 등 다양 하며, 태학생이나 유학생, 고학생과 같이 접두어가 붙어 그 의미를 다양하게 확 장하고 있다. 일반적으로 근대 시기는 개항기를 기준으로 강화도조약(1876)부 터 1945년 광복까지로 보고 있지만, 이 글에서는 고종 시대를 중심으로 살펴보고 자 한다. 먼저 『조선왕조실록』의 『고종실록』에 나오는 '학생' 기사는 모두 40건으 로 그중에 유학생(留學生; 遊學生 1건 포함)이 18건으로 가장 많고, 그다음으로 학 생(學生; 太學生 2건 포함)이 11건, 그리고 고학생(故學生) 10건, 유학생(幼學生) 1건 등이다. 그런데 고학생(故學生)이라는 표현은 1894년 갑오개혁 이후의 『고종실

록』에는 더 이상 등장하지 않고 있으며, 나머지 용례는 모두 성균관 학생과 해외
유학생만을 가리키고 있다.

먼저 성균관 학생과 관련하여 고종 6년(1869) 9월 29일 의정부에서는 성균관
직제 개혁을 위해 '태학별단(太學別單)'을 올리고 있는데, 그 제10조에 선왕(先王)
의 사례를 통해 '태학생'이라는 단어가 처음 등장한다. 즉, "성종조(成宗朝) 때에
태학생(太學生) 이목(李穆)이 벽송정(碧松亭)에서 기도를 드리는 무당을 매질하고
쫓아 버린 일이 있었습니다."[17]라고 되어 있다. 국사편찬위원회에서 나온 번역문
에는 원문의 태학생을 '성균관 유생'으로 번역하고 있지만, 앞 절에서 살펴본 것
처럼 당 이래로 태학생은 곧 성균관 학생이었다.

한편, 유학생과 관련해서는 고종 17년(1880) 7월 19일 일본에 수신사로 다녀
온 김홍집이 신행별단(信行別單)을 올리면서, 각국에 공사(公使)를 조속이 파견
할 것과 "또 학생을 파견하여 각국 언어를 배우도록 해야 할 것이라고 그들은 말
한다."[18]라고 보고하고 있다. 이후 고종 19년(1882) 처음으로 미국과 조미조약을
체결하면서, "제11관(款) 양국의 학생이 오가며 언어·문자·법률·기술 등을 배
울 때에는 피차 서로 도와줌으로써 우의를 두텁게 한다."[19]라고 하여, 다른 나라
에 배우러 파견되는 사람, 즉 유학생을 학생이라 부르고 있다. 하지만 갑신정변
(1884) 직후 해외 유학생 귀국령을 내려 이들을 국내로 송환하고자 할 때에는 학
생이라는 용어 대신 '생도'라는 단어를 사용하기도 하였다.[20] 이는 개화파의 개혁
이 실패하면서 당시 개화의식을 갖고 있는 유학생들을 부정적으로 인식하여 낮
춰 부르려던 시대 상황과 무관하지 않다고 생각된다.

이상의 내용을 정리해 보면 근대 초기 '학생' 개념은 대략 ① 벼슬하지 않은 유
생, ② 성균관 등에서 배우는 사람, ③ 해외 유학생 등으로 정리된다. 즉, 신라 이

---

17) 成宗朝太學生李穆, 杖碧松亭祈禳之巫而逐之.『고종실록』고종 6년(1869) 9월 29일.

18)『구한국외교문서』제1권 일안(日案) 50쪽. (문서번호 66호), 고종 17년 (1880) 7월 19일.

19) 第十一款, 兩國生徒往來學習語言, 文字, 律例, 藝業等事, 彼此均宜勸助, 以敦睦誼.『고종실록』고
    종 19년(1882) 4월 6일.

20)『七. 海外諸國을 遊覽한 生徒를 招還할 것".『승정원일기』고종 21년(1884) 5월 9일, "南部都事 趙
    寵熙·前司事 安宗洙 등을 日本國으로 差遣, 本國留學生徒를 帶還케 하다."「統理交涉通商事務衙
    門日記5」,『고종시대사』2집, 고종 22년 4월 20일.

래로 국가 최고 교육기관인 태학(국학, 국자감, 성균관 등)에서 배우는 사람을 기본으로 해외 유학생을 포함하되, 오늘날과 같이 생전에 벼슬 없이 돌아가신 분을 지칭하는 표현은 그냥 학생이 아니라 고(故)학생이었다. 그리고 맥락상 성균관 학생이나 해외 유학생을 부정적으로 보아 낮춰 부르고자 할 때는 '생도'라는 표현이 등장하고 있음도 주목되는 점이다.

2) 근대 '학생' 개념의 수용과 '생도(生徒)'와의 위계성

조선시대와 마찬가지로 근대 초기까지도 학생과 생도개념에는 어느 정도 위계적 중층성이 존재하고 있었는데, 근대 '학생' 개념의 수용과 관련해서는 다음 세 자료를 검토해 보고자 한다.

먼저, 1895년 7월 한성사범학교의 교재로 간행된 기무라 도모지(木村知治)의 『신찬교육학』이 있다. 이 책에는 주로 '생도'라는 표현이 등장하고 '학생'이라는 표현은 단 한 번 나온다. 즉, 제3장 지육론 '지정의(知情意)의 분별과 관계'를 비롯하여 '개념식(槪念識) 교수의 3칙(三則)', 제5장 덕육본론(德育本論) '덕육의 3능력' '여러 학문 진보의 토대' 등에서 생도라는 용어가 여러 번 나오는 데 반해, 학생은 제3장 지육론 '시감(視感)의 뜻과 시감 발육방법'에서 '근세학생'이라는 표현이 등장할 뿐이다. 기본적으로 교육학이라는 학문을 이용하여 가르쳐야 할 대상은 학문을 이수하려는 사람으로서 국가 최고 교육기관의 '학생'이기보다, 주어진 지식을 전수받아야 하는 수동적 존재로 간주하여 이를 '생도'라 표현한 것이라 생각된다.

이 같은 학생과 생도의 구별은 영어사전을 통해서도 확인된다. 영어로 우리말 '학생'에 해당하는 용어는 student 혹은 pupil이다. 하지만 영국 영어에서 student는 주로 대학생을 의미하는 데 반해, 미국 영어에서는 중·고등학생에게도 쓰이고 있다. 이에 반해 pupil은 학생, 제자 등의 의미를 갖는다(다음 영어사전). 옥스퍼드 대학에서 간행된 영어사전(『Oxford Dictionaries』)에서 student를 찾아보면, 첫 번째 의미로 "대학 또는 고등교육기관에서 공부하는 사람"이라 하였고, 이어서 1.1로 "학생(a school pupil)"이라 하며 특별히 고등학생을 의미하고 있다. 또한

1.2로 "특정 직업에 들어가기 위해 공부하는 사람을 의미"한다고 하였고, 1.3으로 "특정 과목에 관심을 갖고 있는 사람" 등으로 설명되고 있다.[21] 『다음 한국어사전』에서 말하는 단순히 '배우는 사람'보다는 『고법전 용어집』에서 말하는 '유생'이나 '학문을 닦는 사람'과 개념상 더 유사하다. 한편, 영어의 pupil은 "다른 사람으로부터 가르침을 받는 사람으로 특히 학동(學童) 혹은 교사와의 관계에서 제자"라 적고 있는데, 영국에서는 '법정 변호사 훈련생(a trainee barrister)' 개념도 포함하고 있다.[22] 즉, student가 대학생 혹은 고등학생인 데 반해, pupil은 초등학생인 학동 혹은 전문분야라 하더라도 특정 기능을 배우는 훈련생을 지칭하고 있다.

둘째, 1860년에 간행된 스펜서(H. Spencer)의 『삼육론(Intellectual, Moral, and Physical)』을 일본어로 번역한 책에서도 학생과 생도는 구분되고 있다. 미카사 오토히코(三笠乙彦) 번역의 『지육, 덕육, 체육론(知育・德育・體育論)』(1969)을 보면 일본어로 번역할 때 pupil은 '생도'로, student는 '학생'으로 구분하여 번역하였음을 확인할 수 있다. 스펜서의 『삼육론』이 일본에서는 1876년 문부성 교육잡지에 처음 번역 소개되었고, 중국에서도 이미 1880년에 일부 번역되고 있다는 점에서 당시 개화파 인사들이 이러한 번역본을 읽어 보았을 개연성은 매우 높다.[23]

리틀필드 아담스 출판사(Littlefield, Adams & Co.)에서 1969년에 재간행된 영어본 제1장 어떤 지식이 가장 가치있는가?(What Knowledge is of Most Worth?)의 내용 중에서 "students of social science"(Spencer, 1969: 51)는 미카사의 일본어 번역본에서 "사회과학 학도(學徒)"(三笠乙彦, 1969: 35)로 "students are instructed"(Spencer, 1969: 77)는 "학생들이 배우는"(三笠乙彦, 1969: 55)으로, "geological student"(Spencer, 1969: 86)는 "지질학 전공의 학생"(三笠乙彦, 1969: 62)으로 번역되어 있다. 한편, "with what making the pupil a mere passive recipient of

---

21) 1. A person who is studying at a university or other place of higher education, 1.1 A school pupil: high-school students, 1.2 [as modifier] Denoting someone who is studying in order to enter a particular profession, 1.3 A person who takes an interest in a particular subject. (http://www.oxforddictionaries.com/definition/english/student에서 2015년 12월 30일 인출).

22) 1. A person who is taught by another, especially a schoolchild or student in relation to a teacher, 1.1 British A trainee barrister. (http://www.oxforddictionaries.com/definition/english/pupil에서 2015년 12월 30일 인출). 참고로 커피를 전문적으로 만드는 사람은 barista로 철자가 다르다.

23) 보다 자세한 내용은 한용진・최정희의 연구(2014: 250-251) 참고.

other's ideas"(Spencer, 1969: 62)는 "생도는 다른 사람의 관념을 단순히 수동적으로 받아들이는 존재가 되고"(三笠乙彦, 1969: 89)라든가, "but the pupil is required to think out his own conclusions"(Spencer, 1969: 89)은 "이러한 단정은 의문의 여지가 없는 것으로 생도들에 의해 받아들여진다."(三笠乙彦, 1969: 64)라고 되어 있다. 즉, '학생' 및 '학도'는 고등수준의 전문학문을 배우는 사람인 데 반해, '생도'는 주어진 정보나 관념을 수동적으로 받아들이는 존재로 구분하여 번역하였다. 서구적 문물을 서둘러 받아들여야 하는 후발주자의 입장에서 주어진 정보나 관념을 의심 없이 서둘러 배우는 것은 근대화에 있어서 매우 긴급한 과제였다. 따라서 주어진 정보나 관념을 수동적으로 서둘러 습득하는 생도라는 용어는 이미 1880년대부터 육군생도[24], 조선생도[25], 교련생도[26] 등과 같이 군사나 기술 분야에서 우선적으로 사용되고 있다.

셋째, 근대 교육법규를 통해 배우는 사람의 호칭을 살펴보고자 한다. 전통시대부터 배우는 사람에 대한 위계적 중층 개념으로 학생과 생도를 구분하여 사용하는 입장은 기무라 도모지의 『신찬교육학』이나 스펜서의 『삼육론』에 그대로 나타나 있지만, 전통시대에 배우는 사람의 통칭으로도 사용되던 '생도'가 근대 교육법령에서는 배우는 사람을 통칭하는 법률용어로 채택되고 있다는 점은 주목할 만하다. 예를 들어, 갑오개혁기에 들어와서는 「법관양성소규정」(1895. 3. 25.; 칙령 제49호), 「외국어학교관제」(1895. 5. 10.; 칙령 제88호), 「훈련대사관양성소관제」(1895. 5. 16.; 칙령 제91호), 「종두의양성소규정」(1895. 11. 7.; 칙령 제180호), 「육군징계령」(1896. 1. 24.; 칙령 제11호), 「상공학교관제」(1899. 6. 24.; 칙령 제28호) 등 각종 학교에서 배우는 사람을 '생도'로 지칭하고 있는데, 심지어는 「성균관관제」(1895. 7. 2; 칙령 제136호)와 「한성사범학교와 부속소학교규칙」(1895. 7. 23.; 학부령 제1호)에서도 '생도'라는 용어를 사용하고 있다.

이러한 현상의 원인으로는 근대 '학생' 개념이 성균관에서 고상한 학문을 닦는

---

24) "陸軍生徒 朴裕宏·朴命和 등을 語學工夫次 日本 福澤諭吉의 私立學校에 留學케 하고".『사화기략(使和記略)』고종 19년(1882) 11월 3일.

25) "日本에 留學했던 …(중략)… 造船生徒 金亮漢 등 모두 所定의 過程을 마치고 卒業하다."『사화기략(使和記略)』고종 19년(1882) 11월 3일.

26) "敎鍊生徒出身 朴應學·尹泳寬·李建英 및 …"『일성록(日省錄)』고종 21년(1884) 8월 28일.

사람 혹은 해외 유학생에 한정되는 경향이 강한 데 반해, 서구적 근대화를 서둘러 이루기 위하여 주어진 정보나 관념을 의심 없이 수동적으로 받아들이는 존재로서 생도개념은 모든 근대 학교에서 보다 시급하게 요구되던 시대 상황을 상정해 볼 수 있다. 그만큼 '학생' 개념은 영어의 pupil과는 구분되는 student에 상응하는 것으로, 지향하는 바나 공부하는 내용이 상당히 고상하고 수준 높은 학문을 배우는 사람들을 지칭하는 용어였다.

3) 근대 '학생' 개념의 변용

하지만 손에 닿기 어렵게 느껴지던 학생이라는 용어가 갑오개혁과 아관파천을 거쳐 통감부시기에 이르는, 즉 1895년부터 1910년 무렵까지 대략 15년 사이에 급속히 변화되고 있다. 1896년의 시작은 제3차 김홍집내각에 의해 을미개혁이 진행되면서 음력에서 양력으로 전환되고, 전국적으로 단발령이 내려져 그에 대한 저항이 확대되던 때였다. 각 학교에서도 단발을 걱정하며 학생들이 등교를 거부하기도 하였다. 이 시기 학생개념의 변용을 살펴보면 다음과 같다.

첫째로, 갑오개혁 당시부터 학부 직할학교에서 배우는 사람을 학생으로 부르는 사례가 보이기 시작한다. 1895년 5월 1일에 외부대신 김윤식이 학부직할 일어학교의 배우는 사람을 '학생'[27]이라 지칭한 경우이다. 이는 1895년 3월 25일에 반포된 「학부관제」에서 외국에 파견하는 사람을 '유학생'이라 호칭한 것과 관련이 있겠지만, 같은 해 5월 10일에 반포된 「외국어학교관제」에서는 여전히 배우는 사람을 '생도'로 규정하고 있었던 것에 비하면, 확실히 변화된 의식을 보여 주는 것이다.

둘째로, 성균관에서 배우는 사람들에 대한 호칭이 기존의 학생 이외에 학도, 혹은 유생 등으로 불리며, 근대적 학문을 배우는 해외 유학생과 구분하려는 경향이 보인다. 예를 들어, 갑오개혁기의 「성균관관제」(1895. 7. 2.)에서는 배우는 사람을

---

27) "外部大臣 金允植이 駐日公使館事務署理 韓永源에게 照會하여 學部直轄日語學校學生 및 各道 聰明子弟 28人을 東京慶應義塾에 보내어 留學케 하니 이를 잘 保護할 것을 指示하다." 『구한국외교문서』 3 일안(日案) 3624호, 고종 32년(1895) 5월 1일.

'학도'라 표현하였지만, 학부령 제4호로 반포된 「성균관경학과규칙 개정」(1896. 7. 16.)에서는 다시 '학생'이라는 용어를 사용하고 있다. 즉, 제1조에 "성균관은 칙령 제136호에 의하여 학생으로 하여금 경학을 이습(肄習)하고 덕행을 수칙(修飭)하여 문명한 진보에 주의함을 요지로 함."이라 되어 있고, 이어서 제2조와 3조, 4조, 6조 등에서도 학생을 언급하고 있다.[28] 하지만 이 같은 학부령 제4호의 규정에도 불구하고 1897년 이후 『고종실록』에는 성균관 경학과의 '학생'을 유생(儒生)으로 적고 있다.[29]

셋째로, 1895년 11월의 학부령 제4호 「각종학교 퇴학생도의 학비환입조규(學費還入條規)」의 '퇴학생도'[30]가 다음 해 9월의 학부령 제6호 「무고 퇴학생의 학비환입규정(學費還入規程)」(1896. 9. 19.)에서 '퇴학생'[31]으로 표현되고 있다는 점이다. 비록 한 글자 차이라는 작은 변화이지만, 관제 문서에서 용어를 다르게 사용하고 있음은 매우 주목할 만하다. 하지만 앞에서 '왜학생'이 '왜학생도'의 줄임말로 추정되는 것처럼, 이는 용어의 변화가 아니라 단지 줄여 쓴 축약형이라 보는 것이 타당할 것이다.

넷째로, 해외에서 공부하는 사람들, 즉 유학생에 대한 용어는 갑신정변 직후의 '생도'에서 이 시기에는 대부분 '유학생' 혹은 '학생'으로 표기되고 있다. 광무 2년(1898) 3월 10일의 「독립신문」에 의하면 "동경 유학생 강우선·최만순이 일본 경

---

28) 學部令 第4號 「成均館經學科規則 改正」 『관보』 건양 원년/개국 504년(1896) 7월 16일.
　　第2款 學科 及 程度
　　第2條 成均館 經學科 學生의 課할 學科目은 三經·四書(幷諺解)·史書(左傳·史記·綱目·續綱目·明史 等)·本國史·本國地誌·萬國地理·歷史·作文·算術로 함.
　　但 時宜를 因하여 他 經傳 及 史·文을 肄習함도 可함.
　　第3條 學生 受業年限은 年終試驗 及 第로 爲準함.
　　第4條 學生은 館中에 留宿하여 課程을 勤篤함.
　　第5條 學級은 學生의 造詣을 隨하여 編制함.
　　第6條 學生이 他學校例를 依하여 冬夏兩期에 放學하되 或 學業에 銳意精進코자 하여 放學을 願치 아니하는 者는 그 願에 依하여 1年長課함도 可함.
29) "학부(學部)에서 성균관 경학 유생 시험의 출방을 행하였다(學部行成均館經學儒生試驗出榜)." 『고종실록』 고종 34년(1897) 9월 30일, "성균관 유생 경학과에서 이범주 등 7인이 선발되었다(成均館儒生經學科, 李範柱等七人, 被選)." 『고종실록』 고종 37년(1900) 11월 18일.
30) 「各種學校 退學生徒의 學費還入條規」 『관보』 개국 504년(1895) 11월 6일.
31) 「無故退學生의 學費還入規程」 『관보』 건양 원년(1896) 9월 24일.

무(警務) 규칙을 공부하러 일본 경무청에 들어가다."라는 기사가 나오며, 광무 3
년(1899) 6월 8일자 「독립신문」에는 "일본에 유학하는 한국 학생들이…"라는 기
사도 보인다. 하지만 같은 「독립신문」(1899. 1. 20.)에 실린 "외국 유학생도"[32]라는
논설을 보면 여전히 생도라는 용어를 사용하고 있다. 이 경우에는 배우는 사람의
학습 태도가 고상한 학문적인 성격보다 의심 없이 근대지식을 서둘러 익히는 것
을 더 강조하는 점에서 생도라는 용어를 의도적으로 사용한 것으로 생각된다.

　20세기에 들어오면 유학생이 단지 일본뿐만 아니라 미국과 러시아에도 진출
하게 된다. 광무 6년(1902) 10월 25일자 「황성신문」에 의하면, "목하(目下) 미국에
재류하는 한국 유학생은 뉴욕에 5명, 샌프란시스코에 8명, 각지에 산재한 인원이
10명 안팎이고, 또 오하이오대학교에 부인 1명이 있다더라."라고 하였다. 다음 해
1월 20일 「황성신문」은 「조선신보(朝鮮新報)」에 의거하여 "러시아 특파대사 웨베
르와 이근택(李根澤)이 (…중략…) 유학생 10명을 러시아에 파견"하는 것에 합의하
였다는 보도도 있다.[33] 또한 1908년 5월 16일자 「대한매일신보」에 실린 "학계의
꽃"이라는 논설에 "장하다, 저 열일곱 학생의 손가락 피여. 맹렬하다, 저 열일곱
학생의 손가락 피여."[34]라는 문장이 있다. 이에 대하여 이승원(2008: 17)은 "근대
전환기 학생의 표상을 극단적으로 밀어붙인 논설 중의 하나"라고 칭송하였다. 이
때 학생개념은 시대 개혁에 앞장서는 젊은이의 사명을 타고난 존재로 인식하게
되었다. 이제 근대 '학생' 개념은 기존의 성균관(=태학)이라는 국가 최고 교육기관
에서 배우는 사람을 '유생(儒生)'이라는 명칭으로 배제하고, 해외 유학생뿐만 아니
라 점차 국내 학교에서 사명감을 갖고 '배우는 사람'을 의미하게 되었다.

　다섯째, 근대 조선시대에 배우는 사람의 호칭으로 추가적으로 주목할 것은 학
도(學徒)와 학원(學員)이다. 비록 법률적으로 각종 근대 학교에서 배우는 사람들

---

32) "타국에 가는 생도가 다만 그 나라 말 마디나 배우고 오는 것은 공사에 무익하며, 또 본국에 시급
　히 쓸 재주를 공부 아니하면 오활하니, 소위 정치학이니 만국공법이니 하는 학문은 이름은 좋으
　나 대한에 시급히 쓸데없으니 돈 허비 식힐 것 업고, 우선 경무(警務), 사범(師範), 육군 교련과 군
　제(軍制), 의술, 법률, 우체, 측량, 광산, 농공 등 민국에 가장 급한 일만 먼저 힘써 배우는 일이 적
　당하겠도다.", 「독립신문」 광무 3년(1899) 1월 20일.
33) 「皇城新聞」 광무 7년(1903) 1월 20일.
34) 「논설: 學界의 花」 "장재(壯哉)라 십칠 학생의 지혈(指血)이여, 열재(烈哉) 십칠 학생의 지혈이여"
　「대한매일신보」 융희 2년(1908) 5월 16일.

의 일반 명칭은 여전히 생도였지만, 관찬 문서와 언론에서는 점차 '학도'라는 용어를 사용하는 사례가 늘어나고 있다. 특히, 학도라는 용어는『고종실록』에 많이 등장하지만, 조선 초기부터 지속적으로 사용되고 있었다. 이에 반해, 학원이라는 용어는 성종 때의 2건을 제외하면[35] 오로지 고종 때에만 16건의 기사가 보일 뿐이다. 〈표 9-2〉는『조선왕조실록』의 한자 단어검색을 통해 배우는 사람의 호칭을 조선전기(태조~선조)와 조선후기(광해군~순조), 그리고 고종 이후 대한제국까지로 구분하여 빈도를 정리한 것이다. 한자 검색이 한글 검색보다 숫자가 많은 것은 번역 과정에서 한자 단어를 풀어서 쓰거나, 다른 용어로 대체하여 생겨나는 현상이다.

〈표 9-2〉 학생, 생도, 학도, 학원   (괄호 속은 국역 빈도)

	學生(학생)	生徒(생도)	學徒(학도)	學員(학원)	비고
조선 전기(1392–1608)	557(318)	351(244)	64(38)	2(1)	216년간
조선 후기(1608–1863)	325(187)	77(59)	43(25)	–	255년간
고종 이후(1863–1910)	52(26)	29(20)	36(21)	16(9)	47년간
합계	934(531)	457(323)	143(84)	18(10)	518년

그리고 이러한 현상은 당시 여론을 형성하던 「독립신문」과 「대한매일신보」 등 언론과 다양한 학회 활동을 통해 확인할 수 있다. 먼저 1896년 6월 11일 「독립신문」에는 학부대신 신기선(申箕善)의 언행과 관련하여 다음과 같은 두 가지 기사 속에 학도라는 단어를 확인할 수 있다.

학부대신 신기선이 학교에 있는 학도들의 머리 깎고 양복 입는 것을 금한다고 한 것을 잘못이라 하고 (하략).[36]

---

35) 첫 번째 기사는 천문학 전공자이고, 두 번째 기사는 사부학당의 학생을 지칭하고 있다. "命賜天文學員李枝榮紬襦衣一領, 以十六日月食推步不差也."『성종실록』성종 18년(1487) 7월 17일, "四學訓導, 以承文院, 校書館權知分差, 令常仕則雖本學員有呈辭出使者".『성종실록』성종 24년(1493) 5월 5일.
36) 「독립신문」 논설(論說), 건양 원년(1896) 6월 11일.

학부대신 신기선이 한글 교수를 금하는 것에 항의하여 사범학교 학도들이 동맹퇴학원서를 제출하였다고 (하략).[37]

또한 1897년 2월 20일에는 아관파천에서 경운궁으로 돌아오는 고종을 환영하는 기사에서 '배재학당의 학도'라는 표현이 등장하고 있으며[38], 심지어 같은 해 4월 29일 「독립신문」에는 "서울 관공립소학교 학도들과 교원들만 근 1,000명이 훈련원에서 대운동회를 하다."라는 기사를 통해 소학교 '학도'라는 표현을 사용하고 있다. 또한 「황성신문」은 광무 9년(1905) 1월 26일자 기사에서 "서울 수하동에 사립법학교를 설립 개교하다. 학도는 전문 예과 합 111명이다."라는 기사를 통해 '학도'라는 단어를 쓰고 있다. 이 밖에도 광무 10년(1906) 6월의 양규의숙(養閨義塾)[39], 9월의 광흥학교(光興學校)[40], 광무 11년(1907년) 1월 일진회가 세운 광무학교(光武學校) 기사에도 학도라는 용어[41]가 보인다. 그런데 지방에 있는 학교로 진남포 소재 예수학교(耶蘇學校)[42]와 평안남도 평양부의 학회에서 세운 일신학교(日新學校)[43]의 경우에는 여전히 '생도'를 사용하고 있다. 이러한 차이 현상이 단지 수도권과 지방이라는 지역적 차별 때문인지 아니면 교통통신의 지연이라는 지리적 한계로 인한 문화지체 현상인지는 좀 더 면밀한 연구가 필요하다.

---

37) 「독립신문」 보도(報道), 건양 원년(1896) 6월 11일.

38) "이날 러시아 공사관에서 경운궁으로 가는 길 사이에는 친위대 정병(兵丁)과 순검(巡檢)들이 늘어서고 배재학당 학도(學徒)들이 독립신문사 건너편에 정제하게 늘어서 갓을 벗고 만세를 불렀으며 그중 세 학도(學徒)가 어가(御駕) 지나는 길에 꽃을 뿌렸다고 한다." 「독립신문」 건양 2년(1897) 3월 4일.

39) "新門밖 冷井洞 養閨義塾에서 開校式을 거행했는데, 學生은 20餘 名이다." 「황성신문」 광무 10년(1906) 6월 12일.

40) "西大門 밖 光興學校의 校長 鄭喬와 校監 李澤應은 學部에 청원 승인하여 英語夜學校를 漢城公立小學校에 설립하고 …(중략)… 10名의 學生으로서 우선 개학하고 계속 學生을 모집하기로 하다." 「대한매일신보」 광무 10년(1906) 9월 6일.

41) "一進會에서 設立한 光武學校는 諸般 學科는 처음부터 없고, 但 日本語만 敎授하는 까닭에 학도가 해체(解躰)하야 자퇴자가 다수라." 「대한매일신보」 광무 11년(1907) 1월 24일.

42) "鎭南浦 所在 耶蘇學校들이 新協約 破棄를 결의하기 위해 集合했다가 憲兵 및 守備隊에 의해 解散되고, 生徒 中 14名이 拘引되다." 駐韓日本公使館記錄 保護條約(2) 明治 38年(광무 9: 1905) 12월 5일.

43) "平安南道平壤府의 鍊學會는 城內 靑年 數十人이 鍊學하기 위해 조직된 것이었던바, 同會에서는 日新學校를 설립하고 敎科書를 열심히 敎授함으로써 生徒가 雲集하다." 「대한매일신보」 광무 10년(1906) 1월 13일.

한편 학원(學員)이라는 용어는 『고종실록』에 등장하는 16건의 기사 중 15건이 모두 육영공원에서 배우는 사람을 지칭하는 것이고, 단지 마지막 기사만이 종인학교(宗人學校)에 해당한다.[44) 또한 고종 시대의 「독립신문」과 「대한매일신보」 등에도 학원이라는 용어가 등장한다. 먼저 건양2년(1897) 6월 19일자 「독립신문」에는 영어학교의 대운동회를 소개하며, '학원'[45)이라는 용어를 사용하고 있으며, 광무 11년(1907) 1월 4일자 「대한매일신보」에 실린 한북의숙(漢北義塾)의 학생 모집 기사에도 학원이라는 용어를 사용하고 있다.[46)

4. 맺음말

오늘날 배우는 사람에 관한 일반적 명칭은 학교 급별에 관계없이 거의 '학생'이다. 그럼에도 아직도 우리의 언어 습관 속에는 '학생' 이외에도 '생도' '학도' 등의 기억이 남아 있고, 실제로 사관학교 등에서는 여전히 '생도'라는 용어를 사용하고 있다. 어떤 개념은 시대적 변화뿐만 아니라, 특정 개념을 사용하는 집단의 특성을 반영하기도 한다. 학생개념을 사전에서 찾아보면 국립국어원의 『표준국어대사전』과 『고법전 용어집』 사이에 차이가 발견되기도 한다. 특히 근대 시기 '학생' 개념은 오늘날 우리가 사용하는 개념과 동일한 것인가에 대한 문제의식에서 본 연구는 시작되었다. 그런 의미에서 본 연구의 목적은 전통시대의 '학생' 개념이 근대 시기에 어떻게 수용되고 변용되었는가를 개념사라는 역사연구방법론을 통해 고찰하는 것이다. 따라서 먼저 학생개념에 대한 사전적 의미와 전통시대의 용례 확인이 필요하였고, 근대 시기 관찬 사료 및 언론과 지식인들의 문서를 통해 학생개념이 어떻게 수용되고 변용되었는가를 확인해 보았다.

---

44) 『고종실록』에서는 고종 23년(1886) 8월 1일부터 고종 28년(1891) 5월 23일까지 약 5년간 육영공원 관련 내용(15건) 및 고종 37년(1900) 11월 3일의 「종인학교관제」(칙령 제55호)를 통해 '학원'이라는 용어를 사용하고 있다.

45) "영어학교 학원들이 훈련원에서 대운동회를 하다.", 「독립신문」 건양 2년(1897) 6월 19일.

46) "漢北興學會에서 漢北義塾을 설립하고 속성으로 敎師培養을 주의(注意)하여 다수 學員을 모집한다.", 「대한매일신보」 광무 11년(1907) 1월 4일.

이상의 본 연구내용을 통해 얻어진 의미를 정리해 보면 다음과 같다.

첫째, 전통시대 각 왕조의 최고 교육기관에서 고상한 학문을 닦는 사람에 한정하던 학생개념은 근대 초기인 갑오개혁 무렵까지도 여전히 지속되었다. 둘째, 학생개념의 수용이라는 관점에서 근대 시기 동아시아에서 영어 student는 학생으로, pupil은 '생도'로 각기 번역되고 있다. 이는 전통시대의 학생과 생도의 위계적 개념 차이가 유지되었기 때문으로 보인다. 셋째, 갑오개혁 무렵부터 성균관에서 유교적 학문을 공부하는 사람은 '유생'으로 불려지고, 대신 '학도'와 '생도'가 근대적 의미의 배우는 사람을 대표하는 보편적 용어로 사용되었다. 넷째, 해외 유학생의 증가와 근대적 학교가 널리 설립되면서 19세기 말부터 학생과 학도, 생도가 혼용되기도 하였는데, 학생개념은 자기주도적이고 적극적으로 학예를 배우고 학문을 닦는 '학계(學界)의 꽃'으로 비유되었다. 이러한 근대 '학생' 개념이 어떻게 학도나 생도를 포괄하는 모든 배우는 사람의 의미로 확장되었는지에 관해서는 향후 일제강점기와 해방 이후의 교육개념사 연구를 통해 밝혀져야 할 것이다.

📂 참고문헌

『고려사』.
『고종시대사』.
『구한국외교문서』 일안(日案).
『대한제국 관보』.
「독립신문」.
『사화기략』.
『삼국사기』.
『승정원일기』.
『일성록』.
『자료대한민국사』.

김용구(2008). 『만국공법』. 도서출판 소화.

나인호(2011). 『개념사란 무엇인가』. 역사비평사.

법제처 편(1979). 『고법전(古法典) 용어집』. 서울: 법제처.

오성철(2015). "유길준의 교육개념에 대한 연구". 『한국교육사학』 37(1).

이승원(2008). "근대전환기 교육담론과 학교 · 학생의 표상". 『역사와 문화』 16.

장지원(2014). "개념사와 형태론을 적용한 '교육적'의 의미 분석". 『교육사상연구』 28(1).

한용진(2014). "근대 교육 개념의 수용에 관한 개념사적 고찰". 『교육사상연구』 28(1).

한용진 · 김자중(2014). "19세기 영국에서의 '삼육' 개념의 형성과 전개". 『교육철학연구』 36(1).

한용진 · 김자중(2015). "근대 '교사' 개념의 수용과 변천에 관한 개념사적 고찰". 『한국교육사학』 27(3).

한용진 · 최정희(2014). "일본 메이지기 삼육(三育) 개념의 도입과 전개". 『비교교육연구』 24(1).

田中智志 編(1999). 『〈教育〉の解読』. 東京: 世織書房.

Spencer, H., 三笠乙彦 譯(1969). 『知育 · 德育 · 體育論』. 東京: 明治圖書出版.

Spencer, H.(1969). *Education: Intellectual, moral, and physical*. Totowa, New Jersey: Littlefield, Adams & Co.

국립국어원, http://www.korean.go.kr/.

국사편찬위원회 조선왕조실록, http://sillok.history.go.kr/.

국사편찬위원회 한국사데이터베이스, http://db.history.go.kr/.

다음 영어사전, http://dic.daum.net/index.do?dic=eng.

한국민족문화대백과사전, http://encykorea.aks.ac.kr/.

한국역사정보통합시스템, http://www.koreanhistory.or.kr/.

Oxford Dictionaries, http://www.oxforddictionaries.com/.

별장

일본국 군주 호칭에 관한 일고(一考)

이 장에서는 일본의 군주 호칭을 한국어로 어떻게 부르는 것이 타당한가에 대한 사회적 인식과 관련된 것을 다루고자 한다. 흔히 천황과 일왕을 주장하는 사람들의 논쟁점은 다음 세 가지이다. 첫째, 일본의 군주 호칭을 정할 때, 한일의 과거사를 의식하는가? 둘째, 언어적으로 '天皇'은 한자어인가, 외국어인가? 셋째, 문법적으로 '天皇'은 일반명사인가, 고유명사인가? 이를 다시 다음의 세 가지 쟁점(역사적, 언어적, 문법적)과 함께 균형 있게 고려했을 때 가장 적절하다고 생각되는 일본 군주 호칭은 천황과 덴노라 할 수 있다. 즉, 언어적·문법적 쟁점을 고려할 때, 관례적으로 사용하던 천황은 제2차 세계대전이 끝나는 1945년까지의 실질적 일본 군주로서 그대로 사용하되, 1945년 8월 이후의 상징적 통치자로서 일본 군주는 '덴노'로 구분하여 부르자는 것이다. 하지만 언어는 시대적 상황의 산물이기에 결국은 사람들이 용어의 의미를 의식할 때 변화될 수 있을 것이다.

주제어 일왕(日王), 천황(天皇), 덴노(天皇), 일황(日皇) 스메라미코토(天皇), 스메로키(天皇)

1. 머리말

우리는 일본을 잘 알고 있는 것처럼 생각하지만 예상외로 잘 모르는 나라가 일본이기도 하다. 즉, 우리나라는 민주공화국인 데 반해, 일본은 입헌군주국이다.

따라서 군주(君主)가 있는 나라이다. 통상 대통령(president)으로 대표되는 공화정 국가와 달리, 군주국에서 군주의 호칭은 나라마다 다를 수 있다. 대부분의 군주국에서는 왕(king) 혹은 여왕(queen)이라 부르지만, 일본은 '天皇(천황)'[1]이라는 단어를 사용하고 있다. 문제는 우리나라에서 이 단어를 읽는 방법이 통일되어 있지 않다는 점이다. 즉, 정부는 天皇을 우리 한자 발음으로 읽어 '천황'이라 하는 데 반해, 1990년대 후반부터 우리나라 언론은 天皇의 번역어로서 주로 '일왕'을 사용하고 있다.[2] 한자문화권에서 한자 단어는 발음대로 읽으면 된다고 생각할 수도 있지만, 일본 도쿠가와 막부(德川幕府)의 우두머리인 '將軍'의 한국어 표기는 '장군'이 아니라 '쇼군'이다.[3] 또한 몽골의 '칸(khan)', 이슬람의 '칼리프(caliph)', 터키의 '술탄(sultan)', 그리고 러시아의 '차르(tsar)' 등 각국의 군주 호칭은 왕이나 황제로 번역하지 않고, 그 역사적 의미를 충분히 전달하기 위하여 발음 그대로 적는다. 다만 중국의 경우에는 요(堯)와 순(舜)[4]은 '임금'이라 통칭하고 있는 데 반해, 진시황(秦始皇)은 황제(皇帝)로 적고 있다. 임금은 순우리말로 왕(王)의 번역어이고, 황제는 한자 발음을 우리말로 적은 경우이다.

그렇다면 「일본국 헌법」 제1조에서 "일본국의 상징이며 일본 국민통합의 상징"[5]

---

1) 이 글은 일본의 군주 호칭인 天皇(tenno)을 한국어로 어떻게 읽을 것인가를 다루는 것이기에, 부득이하게 본문 속에 한자를 그대로 적는다. 다만, 다른 사람의 글을 인용할 때에는 저자의 표기 방식을 그대로 유지하여 표기하되, 본문 속에서 天皇의 발음은 중립적 관점에서 일본국 군주의 준말인 '일군(日君)'으로 간주하여 기술하고자 한다. 이는 天皇을 천황으로 읽을 때와 덴노로 읽을 때의 조사가 서로 다르기 때문으로, 조사에 입각하여 필자가 천황으로 발음하는 것은 아님을 나타내기 위함이다. 일본에서 天皇의 발음이 '스메라미코토' '스메로키' '덴노'였던 점을 고려한다면, 발음이란 특정 시대와 지역의 산물이기도 하다.

2) 노재현은 「'일왕'과 '천황' 사이」라는 글에서, "10여 년 전부터 한국 언론은 (… 중략 …) 천황, 일황, 심지어 일본 발음인 '덴노'로 표기하자는 주장도 나왔지만 '일왕'으로 낙착됐다."라고 하였다. 「중앙일보」 2009. 9. 17. http://news.joins.com/article/3781531에서 2015년 12월 21일 인출.

3) 국립국어원 『표준국어대사전』 http://stdweb2.korean.go.kr/main.jsp 에서 2016년 5월 5일 인출.

4) 국립국어원 『표준국어대사전』에서 삼황오제(三皇五帝) 중 '오제'에 대한 설명을 보면 "중국 고대 전설상의 다섯 성군(聖君). 소호(少昊), 전욱(顓頊), 제곡(帝嚳), 요(堯), 순(舜)을 이르는데, 소호 대신 황제(黃帝)를 넣기도 한다."라고 되어 있다. 요와 순은 제(帝)이지만, 임금으로 적고 있다. http://stdweb2.korean.go.kr/ main.jsp에서 2016년 6월 15일 인출.

5) 「일본국 헌법」 http://law.e-gov.go.jp/htmldata/S21/S21KE000.html에서 2015년 12월 5일 인출. 1946년(昭和21) 11월 3일에 공포되고, 다음 해인 1947년 5월 3일부터 시행되었다. 통상 일본에서 5월 3일은 헌법기념일로 더 유명하지만, 1946년 이 날은 도쿄전범재판이 시작된 날이기도 하다.

이라고 적혀 있는 天皇을 우리나라에서는 어떻게 읽어야 할 것인가? 그동안 별다른 고민 없이 천황으로 읽던 일본의 군주 호칭에 대하여 왜 지금 이 같은 문제 제기를 하는 것일까? 기본적으로 피식민지로부터 해방된 지 70여 년이 지났음에도 불구하고, 여전히 한일 간에는 해결되지 않은 숙제(宿題)[6]가 남아 있다. 최근 주한 일본대사의 직무를 마치고 귀국하게 된 벳쇼 고로(別所浩郎) 대사는 2012년 10월 부임할 당시 "일한관계가 더 이상 나빠질 일은 없다. 앞으로 좋아지기만 할 테니 행운아다."(연합뉴스, 2016. 6. 17.)라는 말을 들었을 정도로 한일 관계는 좋지 않았던 것이 사실이다. 어쩌면 한일 관계의 숙제 중의 하나가 일본 군주의 한국 방문이라 할 수 있다. 노재현은 2009년 기사에서, 이명박 대통령이 "천황 방한이 내년 중에라도 이뤄질 수 있으면"이라는 말과 관련하여, "일왕이 방한하더라도 국민들이 '지난해에는 엘리자베스 2세 여왕이 오더니 올해는 천황이 오네' 정도로 심상하게 넘기는 풍경일 것이다. 이런 모습이야말로 최소한 20년은 더 흘러야 가능하겠지만."(노재현, 2009)이라고 전망하고 있다. 금년 초 필리핀을 방문하였던 일본 天皇의 한국 방문은 요원하게 느껴지는 것이 현실이다. 호칭 문제가 해결된다고 이러한 문제가 모두 풀릴 수 있다고는 생각되지 않지만, 적어도 일본 군주를 천황이라 부르는 것을 꺼리는 한국인의 민족감정과, 우리가 일왕이라 불렀을 때 일본인들이 느끼는 섭섭함을 당당하게 설득할 수 있는 방법을 찾아보려는 노력은 필요하다. 그런 의미에서 일본 군주 호칭에 관한 대립되는 논쟁점이 무엇이며, 이를 어떻게 해결할 수 있을 것인가를 생각해 보는 계기를 갖고자 이 글을 작성하게 되었다.

　기존의 일본 군주에 관한 선행 연구들은 주로 연구 동향이나 인식(박진우, 1999: 159-194; 박진우, 2011; 71-91), 역사적 변모 과정(백운룡, 2007: 399-421), 그 성립이나 원적(原籍)(최재석, 1988; 신카와 도키오, 2006; 야노 다카요시, 2009 등) 등 역사적 관점에서 올바른 이해[7]를 구하려는 접근이 많이 있었지만, 일본의 군주 호칭을 한국어로 어떻게 표기할 것인가에 대하여 고찰하는 논문은 찾아보기 어려웠

---

6) 국립국어원의 『한국어표준대사전』을 찾아보면, 숙제(宿題)의 두 번째 뜻으로 "두고 생각해 보거나 해결해야 할 문제"라고 되어 있다. http://stdweb2.korean.go.kr/main.jsp에서 2016년 6월 15일 인출.

7) 이 논문의 영문 제목은 "For proper understanding of Tenno"라고 하고 부제에 "the Japanese Emperor System in Modern times"라 하여 천황의 영문 표기를 Tenno와 Emperor의 두 가지로 표기하고 있다(이영미, 2011).

다. 그런 면에서 박선영(2013)의 "상징천황제와 한국언론"은 「동아일보」의 쇼와 천황 보도를 중심으로'라는 부제를 달고, 직접적으로 호칭문제를 다루고 있다는 점에서 의미가 있다. 또한 강용자(2006)의 "만엽집 '天皇'考"는 『만엽집』안에 나오는 天皇 표현이 당시 일본에서 어떻게 발음되었는가를 밝히고 있다.

기본적으로 본 연구의 목적은 일본의 군주 호칭이 천황과 일왕으로 불일치되어 있는 상황에 대한 사회적 인식을 높이고, 무엇이 문제인지를 알게 하려는 것이다. 먼저 2절에서는 전통시대 일본의 군주 호칭을 한국과 일본에서는 각기 어떻게 불렀는가를 간단히 살펴보고, 3절에서는 20세기 이후 우리나라에서 진행된 일본 군주 호칭 변화와 그 근거 논리를 탐구하고, 마지막 4절에서는 일본 군주 호칭의 쟁점을 정리하며, 바람직한 대안이 무엇인가를 찾아보고자 한다. 다만 어떤 용어의 사용을 한두 사람이 주장한다고 갑자기 용례가 바뀐다고 생각하지는 않기 때문에, 단지 시대적 흐름 속에서 특정 단어에 대한 타당성과 적절성을 공감할 수 있도록 기존의 논리와 쟁점을 점검해 보고, 이를 바탕으로 하나의 대안을 제시해 보고자 한다.

2. 전통시대 일본의 군주 호칭

1) 天皇의 일본어 발음 변천

일본에서 군주 호칭으로 天皇이라는 단어가 처음 사용되기 시작한 것은 7세기 말엽이다. 이근우는 그동안 쓰다 소키치(津田左右吉)의 연구에 의해 수이고(推古: 592-628 재위) 天皇부터라는 주장이 통설로 받아들여졌지만, 근년에 들어와서는 100여 년 정도 뒤늦게 나타난 「아스카기요미하라령(飛鳥淨御原令)」에 皇后·皇子 등의 칭호가 나타난 것으로 보아 天皇이라는 용어도 이 시기부터 비로소 사용되었을 것으로 추정하고 있다.[8] 이 율령은 덴무(天武: 673-686 재위) 天皇이 681년에

---

8) 이근우의 연구에서는 이 법령의 이름을 한자로만 표기하였으나, 이 글에서는 고유명사 부분의 발음은 일본 발음으로, 마지막 령(令)이라는 글자는 일반명사로 간주하여 표기하였다(이근우,

편집을 명령하고, 지토(持統: 686-697 재위) 天皇이 689년에 시행한 것이다.[9] 이를 뒷받침해 주는 또 하나의 결정적인 증거는 1999년에 발굴조사가 끝난 아스카(飛鳥) 연못 유적에서 나온 '天皇'이라는 글자가 적힌 목간(木簡)이다(신카와 도키오, 2006: 85). 적어도 7세기 후반에서 8세기 전반에 걸친 시기, 즉 덴무ㆍ지토 시기에 天皇이라는 용어가 일본에서 사용되었음을 입증해 주고 있다. 아무튼 일본에서 天皇이라는 용어 사용은 대륙의 영향을 받아 수용된 것으로, 4-5세기의 5호 16국 시대 이래로 중국에서는 북방계 유목민족들이 천왕(天王)이라는 용어를 사용하였고, 당나라도 이 영향을 받아 고종(高宗) 때인 상원(上元) 원년(674)부터 약 100년 간 천황(天皇)이라는 호칭을 사용(김채수, 2014: 221)하였는데, 이것이 일본에 영향을 준 것으로 추정된다.

문제는 한자로 적혀 있는 天皇이라는 글자를 일본에서는 어떻게 발음했는가를 확인하는 일이다. 크게 세 가지 발음이 있었던 것으로 보인다. 첫째는, 670년에 국호를 왜(倭)에서 일본(日本)으로 바꾸면서, 7세기 말 무렵에 새롭게 도입된 天皇의 당시 일본어 발음(熊谷公男, 2001: 339)인 '스메라미코토(スメラミコト)'가 있다. 이때 일본인들은 군주 호칭을 음독(音讀)이 아니라 일본어 훈독(訓讀)으로 읽고 있는데, 견당사(遣唐使)를 중국에 보낼 때 외교문서에는 감히 한자로 천황(天皇)이라 표기하지 못하고, '일본국왕(日本國王) 스메라미코토(主明樂美御德)'로 보냈다는 것이다.[10] 즉, 외교문서에 한자로 적힌 主明樂美御德는 天皇의 일본어 발음 스메라미코토에 해당하는 것이다. 이처럼 외교문서를 통해 대외적으로는 일본국왕이라 표기하면서도 내부적으로는 "정치적ㆍ종교적으로 성별(聖別)된 신적 초월성을 갖는 특수한 존칭"(熊谷公男, 2001: 339)인 天皇의 지위를 갖는 내황외왕(內皇外王)의 외교정책을 고려한다면, 과연 이것만으로 일본 내에서의 天皇 발음이 음독인 '천황'이 아니라, 외교문서와 같은 훈독인 '스메라미코토'였는가를 확신하기는 어렵다.

2002: 25).

9) 小學館 デジタル大辞泉の解説(여기서는 飛鳥靜御原令이 아니라 飛鳥靜御原律令이라 적고 있다). https://kotobank.jp/word/%E9%A3%9B%E9%B3%A5%E6%B5%84%E5%BE%A1%E5%8E%9F%E5%BE%8B%E4%BB%A4-424778 에서 2016년 5월 8일 인출.

10) 일본어로 '미코토'는 神子, 皇子, 皇女, 巫(女) 혹은 尊, 命 등으로 표기된다(熊谷公男, 2001: 346).

하지만 훈독을 뒷받침해 주는 또 다른 자료로 바로 비슷한 시기에 간행된『만엽집(万葉集)』의 天皇 표기와 그 발음이 있다. 즉, 둘째로, '스메로키(スメロキ)'라는 발음을 들 수 있다. 강용자는『만엽집』에 등장하는 天皇 표현은 12수(29, 79, 167, 230, 543, 948, 973, 1032, 4214, 4331, 4360, 4408)인데, 이 표현에 대한 여러 주석서의 훈독은 크게 '오오키미(オホキミ)'와 '스메로키(スメロキ)'로 나뉘어진다고 하였다.[11] 그리고 강용자는『시대별국어대사전 상대편(上代編)』에서 스메로키를 찾아보면 '天皇 · 皇祖'로 표기되는 데 반해, 오오키미는 '大君 · 大王'으로 표기되어 있다는 것이다.『만엽집』은 629년부터 759년경까지 약 130년간의 작품 4516수를 모은, 일본의 가장 오래된 가집(歌集)으로 총 20권으로 이루어져 있다(이연숙 역해, 2012: 8).『한국어역 만엽집』에는 만엽가나(萬葉仮名), 일본어 훈독, 가나문 그리고 한글 등의 4개 문체가 나란히 표기되어 있는데, 스메로키와 오오키미의 한글 번역어는 '천황'과 '대왕(님)'으로 구분하여 번역하고 있다.[12] 따라서 7-8세기 무렵 天皇의 일본어 훈독은 '스메라미코토' 혹은 '스메로키'였음을 알 수 있다.

셋째는, 근대 메이지유신 이후에 天皇을 음독으로 읽는 '덴노(tenno)'를 들 수 있다. 사실상 헤이안시대(平安時代: 781-1185) 중엽부터 봉건제가 시작되면서 天皇의 권위는 무력화되었고(백운룡, 2007: 410), 13세기 가마쿠라(鎌倉) 막부 시대로부터 약 500여 년간 일본국 군주의 호칭으로 '天皇'은 제대로 사용되지 않았다. 19세기 초반 국학파의 등장과 메이지유신을 통해 왕정복고가 이루어지면서 天皇은 다시 일본 군주로서의 위상을 세워가기 시작하였다. 유신 이전의 일본인이 충성을 바칠 대상은 오로지 자신들이 속한 번의 번주(藩主)였기에 대다수 일본인들은 天皇의 존재조차 모르는 경우가 많았다(다카시로 고이치, 2006: 134). 1889년「대일본국헌법(大日本國憲法)」, 즉 메이지헌법 제3조에 "天皇은 신성하여 침해하여서는 아니 된다."라는 문장이 등장하면서 일본 군주의 신격화는 더욱 강조되었

---

11) 강용자(2006: 172-173)는 '오오키미'도 한자로 天皇이라 하였지만, 이는 후대 사람들에 의해『만엽집』에 기록된 것이라고 입증하였기에, 이 발음은 天皇의 훈독으로는 채택하지 않는다.

12)『한글어역 만엽집1』에서 29, 167, 230에 나오는 すめろき(天皇)는 '천황'으로, 79에 나오는 おほきみ(天皇)는 '대왕님'으로 번역되어 있다(이연숙 역해, 2012).

고, 이는 국가 신도화(神道化) 정책과 맞물려 마침내 '天皇'이라는 호칭은 신성불가침의 용어가 되었다. 특히 1890년 「교육칙어(教育勅語)」가 반포되면서 메이지 유신 이전까지는 전혀 天皇의 존재를 의식하지 않았던 일본인들이, 마치 과거부터 天皇의 신하였던 것처럼 받아들이게 되었다는 것이다(가리야 데쓰, 2007: 50). 박균섭도 "교육칙어는 학교교육을 통하여 天皇에 대한 존경과 숭배 사상을 키우도록 하기 위해 보급"(박균섭, 1999: 556)되었다고 하였는데, 일본에서 교육을 통해 天皇 이데올로기를 주입하게 된 것은 대략 120여 년에 불과하다는 것이다.

2) 조선시대의 일본 군주 호칭

서기 670년에 '왜국'이 '일본'으로 나라 이름을 고쳤지만[13], 여전히 조선시대에는 임진왜란(壬辰倭亂)이라는 명칭에서 볼 수 있는 것처럼 일본의 국호를 '왜'라고 부르는 경우가 많았다. 이에 따라 조선시대 일본 군주 호칭도 크게 3가지로 구분하여 사용되고 있다. 첫째는, '왜주(倭主)' '왜왕(倭王)'과 같이 '왜'라는 국호에 '왕'이나 '주'를 붙여 부르는 경우이다. 주로 일본과의 관계가 좋지 않을 때 사용되는 것으로 보이는데, 국립국어원의 『표준국어대사전』에도 왜왕(倭王)은 "예전에, 일본의 왕을 낮잡는 뜻으로 이르던 말"이라 되어 있다. 그 사례로는 『조선왕조실록』 세종 13년(1431) 5월에 "왜주(倭主)가 두 번이나 실례를 하였으니 그 청을 듣지 않는 것이 마땅하지만"[14]이라 하였고, 여기서 '주(主)'는 위나라 사례를 보아도 임금을 의미하는 것임을 알 수 있다.[15] 또한 세종 15년(1433) 6월에는 "통사 김원(金元)을 왜왕(倭王)에게 보내어 호소하게 하였는데"[16]라 하여, 2년 만에 '왜주'라는 표현 대신에 일본 군주를 '왜왕'으로 호칭하고 있다. 16세기 말인 선조 27년(1594)에도 "왜왕이 심유경에게 약속하기를"[17]이라는 표현이 등장한다. 한동안 왜주라는 표현은 사용되지 않다가, 19세기 후반 고종 시대에 다시 왜국과 왜주라는 표

13) 倭國更号日本, 『삼국사기』 권제6 신라본기 제6 문무왕 10년(670) 12월(음).
14) 倭主再爲失禮, 不從其請宜矣, 『세종실록』 세종 13년(1431) 5월 27일.
15) 같은 기사에서 "위(魏)나라 임금 조예(曹睿)"를 '석위주예(昔魏主睿)'로 표기하고 있다. 위의 글.
16) 使通事金元, 赴訴倭王, 『세종실록』 세종 15년(1433) 6월 7일.
17) 倭王與沈惟敬約曰, 『선조실록』 선조 27년(1594) 9월 11일.

현이 나타나고 있다.[18] 즉, 고종 10년(1873) 『승정원일기』에는 고종이 일본의 메이지(明治) 天皇을 '왜주'라 부르고 있다.

> 임금이 말하기를 왜국은 지금 관백이 없는데, 서양 오랑캐가 왜와 통교하는 것은 바로 왜주(倭主)가 맡았는가? 이근필이 답하기를 왜주는 서양을 끌어들여 그 힘을 빌려 관백을 제거하였습니다.[19]

둘째는, '일본왕' '일본국왕(日本國王)' 등의 호칭이다. 『태종실록』의 "일본 왕소(王所)에 도달할 수 있다."[20]라든가, 『명종실록』의 "내년에 일본왕의 사자(使者)가 올 것인데"[21]와 같은 기사를 통해 국호 '일본'과 함께 군주 호칭으로 '왕'을 사용하고 있음을 알 수 있다. 그런데 일본왕이라는 호칭은 당시 일본의 정치체제가 막부의 실권자(實權者)와 명목상 군주라는 이중구조로 되어 있었기에 약간의 혼란을 낳게 되었다. 특히 『선조실록』의 내용을 보면, 당시 명목상의 군주이며 '일본왕'으로 지칭되던 문록(文祿)을 대신하여, 명에서는 도요토미 히데요시(豊臣秀吉)를 일본왕으로 책봉하려 하였다.[22] 비록 이러한 시도는 도요토미가 거절하여 성사되지 못하였지만, 17세기 도쿠가와 막부(德川幕府)에 들어와서 일본국왕은 바로 실권자 도쿠가와 이에야스(德川家康)를 지칭하는 용어로 사용되었다.

> 비변사가 아뢰기를, "지금 박대근(朴大根)이 귤지정(橘智正)과 문답한 것을 보니, 지정이 '글을 통하는 일은 스스로 전규(前規)가 있으니 다시 물을 것이 없고 일

---

18) 『승정원일기』 고종 10년(1873) 8월 13일, 고종 10년(1873) 9월 3일, 고종 11년(1874) 6월 29일, 고종 17년(1880) 8월 28일 등. 국사편찬위원회 한국사데이터베이스 '倭主' 단어검색 『승정원일기』

19) 上曰, 倭國今無關白, 則洋夷之通倭, 乃是倭主之所爲耶? 根弼 曰, 倭主引入洋酋, 藉其力而除去關白, 『승정원일기』 130책 고종 10년(1873) 8월 13일.

20) 可達日本王所 『태종실록』 태종 14년(1414) 2월 1일.

21) 明年間日本王使出來 『명종실록』 명종 10년(1555) 12월 15일.

22) '문록(文祿)은 일본의 임금이요, 관백(關白)은 조선을 점거하려고 왔는데, 지금 대명이 관백을 봉하여 일본의 임금을 삼고자 하므로 문록은 이를 알고 좋아하지 아니하며, 관백 역시 "내가 책봉을 받아 임금이 되면 문록은 어느 곳에 두느냐?"고 한다. '文祿卽日本王, 而關白欲占朝鮮來. 今大明封關白爲日本王, 文祿知之不悅. 關白亦以爲: "我受封爲王, 則置文祿於何地乎?", 『선조실록』 선조 29년(1596) 2월 18일.

본국왕(日本國王)이라고 써야 한다.' 하였습니다. 박대근이 묻기를 '너희 국왕이
누구냐?' 하니, 지정이 말하기를, '가강(家康)이다.' 하고, 대근이 묻기를 '네가 비
록 가강이 국왕이라고 하지만 일본 사람들이 국왕이라고 부르지 않는 것은 무엇
때문인가?' 하니, 지정이 '국왕이라고 부르지 않지만 그 직책은 국왕이다.'라고 하
였습니다."[23]

일본에서 온 사절이 직접 17세기 일본국왕은 과거의 명목상 군주가 아니라 실
권을 가지고 있는 도쿠가와 이에야스(德川家康)임을 분명하게 말해 주고 있다.

조선시대 우리나라에서 일본 군주를 지칭하는 세 번째 표현으로는 '천황국왕
(天皇國王)'이 있다. 이 역시 일본 막부시대의 기형적인 권력구조로 인하여 외교적
으로 군주 호칭의 혼란을 피하기 위해 만들어진 것으로 보인다. 즉, 실제 권력을
가진 막부의 쇼군을 일본국왕으로 부르기 위해 명목상 군주를 천황국왕으로 불
러 주고 있다. 15세기인 성종 10년(1479)의 실록 기사를 보면 "일본국왕(日本國王)
이 누차 신사(信使)를 보내었으므로, 예(禮)로는 마땅히 보답하여 사신을 보내어
야 하겠으나"[24]라는 내용이 있고, 같은 기사 중에, "천황국왕의 나이와 자식의 많
고 적음, 궁궐의 복식, 계승할 자의 나이와 명호(名號), 그리고 계승은 반드시 장
자(長子)가 하는지의 여부를 상세히 묻도록 할 것."[25]이라는 표현이 보인다. 여기
서 첫 문장에 나오는 일본국왕은 무로마치 막부(室町幕府: 1336-1573)의 제8대 쇼
군 아시카가 요시마사(足利義政: 1449-1474 재위)를 지칭하는 것이고, 천황국왕이
란 고쓰지미카도(後土御門: 1464-1500 재위)를 지칭하는 것이다. 15세기 당시에
'미카도'란 일본 군주를 지칭하는 호칭으로, 본래 왕궁의 문을 가리키는 '어문(御
門)'으로 실권이 없는 당시 군주를 완곡하게 지칭하였던 것이다.[26]

---

23) 備邊司啓曰: "今見朴大根, 與橘智正問答, 智正以爲: '通書之事, 自有前規, 不須更問, 以日本國王書
之可也.' 大根問: '爾國王誰耶?' 則智正曰: '家康也.' 大根問: '爾雖以家康爲國王, 日本之人不稱國王,
何也?' 智正曰: '雖不稱國王, 其任則國王.' 云, 『선조실록』 선조 39년(1606) 5월 12일.

24) 日本國王屢遣信使, 禮當報聘, 『성종실록』 성종 10년(1479) 3월 25일.

25) 天皇國王年歲與子息多小·宮闕服飾·承襲人年歲名號及承襲必以長子與否, 詳問之, 『성종실록』
성종 10년(1479) 3월 25일.

26) 가리야 데쓰(雁屋哲) 외, 앞의 책, 63쪽에서 에도시대 天皇은 거의 궁중 밖으로 나가지 않았기에
긴리사마(禁裏樣), 다이리사마(內裏樣)라고 불리게 되었다고 한다. 중세의 일본 군주는 "미카도

게다가 임진왜란 직전 우리나라에서는 일본의 天皇 호칭을 못마땅하게 여겨 일본 측이 여러 번 사신을 보내왔음에도 조선은 사신을 보내지 않기로 결정하였고, 이로 인해 사신으로 왔던 귤강광(橘康廣)은 일본에 돌아가 멸족(滅族) 당하였고 5년 뒤에 임진왜란이 발발하게 된다. 선조 20년(1587)의 실록 기사는 이러한 분위기를 잘 보여 주고 있다.

> 일본에 천황(天皇)이 있어 참람하게 기원을 호칭하나 국사에는 간여하지 않고 국사는 관백(關白)이 청단한다. 관백을 대장군(大將軍)이라 부르기도 하고 대군(大君)이라 부르기도 한다. 황(皇)과 왕(王)의 칭호가 같기 때문에 관백을 왕이라 부르지 못하는 것이다. 원씨(源氏)가 관백 노릇한 지 2백여 년이 되었는데 평수길(平秀吉)이 그를 대임하였다.[27](밑줄 인용자)

이처럼 조선 조정은 일본의 군주 호칭을 적을 때, 명목상의 군주와 실질적 군주가 공존하는 데서 오는 혼란을 피하기 위해 호칭에 매우 예민하였는데, 사대교린(事大交隣)의 외교정책을 채택하고 있던 조선의 입장에서 일본 군주가 天皇이라 불리는 것은 참람(僭濫)하다고 본 것이다. 즉, 일본 군주의 호칭에 天皇이라는 단어를 사용하는 것은 '참람'이라는 단어가 뜻하는 것처럼 "분수에 넘쳐 너무 지나친"[28] 표현이라 생각하였던 것이다.[29]

[帝], 미카도[御門], 긴리[禁裏], 다이리[內裏], 긴츄[禁中], 고쇼[御所] 등" 다양하게 불렀다. 일본 위키피디아 '天皇' 단어검색, https://ja.wikipedia.org/wiki/%E5%A4%A9%E7%9A%87에서 2015년 12월 20일 인출.

27) 日本有天皇, 僭號紀元, 而不預國事, 國事聽於關白. 關白稱大將軍, 或稱大君, 以皇王同稱, 故關白不得稱王. 源氏爲關白二百餘年, 而平秀吉代之.『선조실록』선조 20년(1587) 9월 1일.

28) 국립국어원『표준국어대사전』http://stdweb2.korean.go.kr/main.jsp에서 2016년 5월 10일 인출.

29) 이 같은 논란은 대마도 도주에 의해 외교문서인 국서의 군주 호칭을 조작하는 사건을 통해서도 알 수 있으나, 이 글에서는 생략한다(하창민, 2017 참조).

3. 20세기 이후 일본 군주 호칭의 변화

1) 신문과 잡지에 나타난 용어 변천

국사편찬위원회에서 제공하는 한국사데이터베이스를 통해 일본 군주 호칭을 검색해 보면, 20세기에 들어와서도 다양한 표현이 있었음을 알 수 있다. 1945년 해방 이전까지 신문이나 잡지 등의 정기간행물에 나타난 일본 군주의 호칭은 〈표 1〉에서 볼 수 있는 것처럼 가장 압도적으로 많이 표기되던 天皇이라는 글자 이외에도 '일황' '왜왕' '일왕' '왜황' 등이 보인다. 조선시대와 마찬가지로 여전히 일(日)과 왜(倭)를 혼용하고 있다. 당시 자료들은 『독립신문』과 같이 특별한 경우가 아니면, 기본적으로는 한글보다 한자로 표기되어 있었지만 때로 한글(한자)로 병기하기도 하였다.

〈표 1〉 해방 이전 일본 군주 호칭에 대한 단어검색[30] (天皇은 제외)

시기 용어	대한제국기 (-1910. 8. 29.)	일제 강점기 (1910-1945. 8. 15.)
일황(日皇) 23건	「공립신보」(1907. 8. 30.), (1908. 8. 5.), 「서우」제4호(1907. 3. 1.), 제13호(1907. 12. 1.), 제16호(1908. 3. 1.), 「대한유학생회학보」제1호(1907. 3. 3.), 「호남학보」제3호(1908. 8. 25.), 「대한협회회보」제8호(1908. 11. 25.), 10호(1909. 1. 25.), 「대동학회월보」제12호(1909. 1. 25.), 「대한흥학보」제3호(1909. 5. 20.), 「서북학회월보」제17호(1909. 11. 1.)	「신한민보」(1912. 7. 29.) (倭皇, 日皇 모두 사용), 「동아일보」10건[31]

---

30) 한국사데이터베이스 해당 단어 개별 검색 http://db.history.go.kr/에서 2016년 5월 5일 인출.

31) 1920년 4월 30일 日皇太子 기사를 비롯하여, 1921년 11월 20일까지 7건이 집중되고, 이후 3건은 1927.1.1과 1937.8.31., 1938.6.26. 등이다. http://db.history.go.kr/search/searchResultList.do?sort=&dir=&limit=20&page=1&setId=3767733&totalCount=60&kristalProtocol=&itemId=npda에서 2016년 5월 5일 인출.

왜왕(倭王) 9건	「태극학보」 제19호(1908. 3. 24.)	「신한민보」 7건[32] 「별건곤」 제18호 (1929. 1. 1.)
일왕(日王) 8건	「서우」 제11호(1907. 10. 1.) 「호남학보」 제5호(1908. 10. 25.),	「개벽」 제29호 (1922. 11. 1.), 「동아일보」 5건[33]
왜황(倭皇) 1건		「신한민보」(1912. 7. 22.) (왜왕, 倭皇 모두 사용)

한편, 1945년 8월 해방 직후 언론에 나타난 일본 군주에 대한 호칭은 보다 다양하다. 박선영의 논문에 의하면 당시 일본 군주의 호칭은 "일황(日皇), 일제(日帝), 왜황(倭皇), 일본 천황, 일왕, 왜왕, 일본임금, 소위 천황, 裕仁[34]" 등 9가지나 되었는데, 1946년 5월 이후에는 일본의 군주 호칭을 다시 천황으로 사용하기 시작하였다는 것이다(박선영, 2013: 52-56). 그는 이처럼 다양한 호칭이 난무하게 된 이유를 "해방 이후 한국의 분위기는 물론 GHQ(연합군 최고사령부) 점령 아래 天皇制 존폐를 둘러싼 일본 사회의 어지러운 분위기와 연동된 것"(박선영, 2013: 52)으로 보았는데, 기본적으로는 동아시아의 냉전체제 고착과 함께 '히로히토'에 대한 맥아더 정권의 면죄부와 맥을 같이하는 것으로 보인다. SBS 최호원 기자는 1946년 5월 3일부터 1948년 11월 4일까지 2년 6개월 동안 열린 도쿄 전범재판을 통해 도조 히데키(東條英機) 전 총리 등 7명에게 교수형이 선고되고 16명에게는 종신형이 선고되었지만, 재판관 11명 중 2명은 재판 종료 후 개인 의견서를 통해 검찰 측이 히로히토 일왕을 기소하지 않은 것을 강력히 비판하였다고 하였다(최호원, 2016).

---

32) 한국사데이터베이스에서 '왜왕'으로 검색된 「신한민보」 기사는 1910년 10월 5일자부터 1912년 7월 22일까지 5건, 1932년 5월 5일자 및 1945년 5월 31일자 각 1건 등 총 7건이다. http://db.history.go.kr/search/searchResultList.do?sort=&dir=&limit=20&page=1&setId=3768852&totalCount=7&kristalProtocol=&itemId=npsh에서 2016년 5월 5일 인출.

33) 한국사데이테베이스 단어검색으로 「동아일보」는 8건이 검색되는데, 식민지기인 1928. 9. 13.에서 1930. 1. 1.까지가 5건이고, 나머지 3건은 1946. 12. 21., 1946. 12. 23., 1946. 2. 9. 등이다. http://db.history.go.kr/search/searchResultList.do?sort=&dir=&limit=20&page=1&setId=3771342&totalCount=8&kristalProtocol=&itemId=npda에서 2016년 5월 5일 인출.

34) '裕仁'은 1926년부터 1989년까지 일본 군주로 군림하며 만주사변을 비롯한 중일전쟁과 태평양전쟁 등을 수행한 '히로히토'를 지칭한다.

특히 같은 시기 전 세계 49개 법정에서 일본의 전쟁 범죄가 다뤄지면서, 일본 밖에서만 5천 600여 명이 전범 혐의로 기소되어 4천 400여 명이 유죄판결을 받고 1천여 명이 사형을 당한 것에 비하면, 만주의 731부대의 생체실험 만행이나 전쟁에 협조한 일본 기업들에 대한 기소가 이뤄지지 않았던 것은 연합군 최고사령부가 추가 재판을 하지 않겠다고 선언하면서 사실상 사면을 주었기 때문이라는 것이다.

그런데 1946년 5월 이후 '천황'이라는 용어를 일관되게 사용하던 우리나라 언론계에 변화의 조짐이 나타난 것은 1970년대 후반부터이다. 즉, 1978년 「중앙일보」에는 일본천황의 준말이지만 '천(天)'을 생략한 '일황'이라는 표현을 사용하고 있다.[35] 아주 사소한 변화일 수도 있지만, 기본적으로는 천황이라는 단어에 대한 고민이 다시 시작되었음을 상징적으로 보여 주는 사건이라 할 수 있다. 즉, '천(天)'이라는 글자를 생략함으로써 일황은 단지 '일본이라는 나라에 한정된 황제(皇帝)'를 지칭하는 효과를 낳기 때문이다. 특히 1984년 전두환 대통령의 일본 방문을 계기로 일본 군주 호칭에 대한 언론의 고민이 다시 본격적으로 시작되면서, 천황 대신에 '일황'을 사용하는 기사가 늘어나고 있다.[36]

1990년대에 들어오면 신문 등 언론 환경이 한글 전용으로 바뀌게 되면서, 더 이상 그냥 天皇이나 日皇으로 표기하기 곤란하게 되었다. 이로 인해 1994년 이후에는 천황이나 일황이 아니라 '일왕'이라는 표현을 다시 사용하기 시작한다. 즉, 「조선일보」는 1994년 1월 25일자에 "일왕 히로히토"라 하였고[37], 「동아일보」는 1997년 3월 10일자로 "일왕 히로히토"[38]라는 표현을 사용하고 있다.

---

35) 「미국의 소리」 방송을 담당하였던 황재경 아나운서의 회고록 형식의 글에서 '왜적'이나 '일황 히로히토'와 같은 표현이 보인다. 「중앙일보」 1978.10.14. http://news.joins.com/article/1494345에서 2016년 5월 5일 인출.

36) 「동아일보」 1984. 9. 7. '히로히토 일황'(박선영, 2013: 60)을 비롯하여, 「중앙일보」 1986. 6. 9.에도 "지난 84년 「히로히토」(유인) 일황이 전두환 대통령을 위한 궁중 만찬에서(하략 …)"라는 표현이 나온다. http://news.joins.com/article/2053786에서 2016년 5월 5일 인출.

37) 강호철, "큰 손과 골동품", 「조선일보」 1994. 1. 25. http://news.chosun.com/svc/content_view/content_view.html?contid=1994012573104에서 2016년 5월 5일 인출.

38) 이광표, 「이봉창의사 삶 65년만에 『햇빛』 … 첫 傳記 출간」, 「동아일보」 1997. 3. 10. http://news.donga.com/3/all/19970310/7238301/1에서 2016년 5월 5일 인출.

하지만 1998년 김대중 대통령의 방일을 계기로 우리나라 외교부에서는 '천황' 호칭을 공식적으로 사용하기 시작하였고, 이후 외교적 언사는 천황 혹은 천황폐하로 통일되었다. 그런데 정치외교적 상황과 달리 "아이러니하게도 1990년대 후반에 한국 언론에서의 일본 군주 호칭은 오히려 '일왕'으로 정리되었다."(노재현, 2009)고 한다. 실제로 언론을 대표하는 한국기자협회 조사에 의하면, 2001년 시점에 일왕이라고 표기하는 언론사는 경향신문, 국민일보, 세계일보, 조선일보, 중앙일보, 한겨레 등이며, 천황이라고 표기하는 곳은 동아일보, 한국일보, MBC 등이라 하였다. 또 대한매일, 문화일보, KBS, SBS는 일왕, 천황, 일황 등 여러 호칭을 사용하고 있다[39]고 하였다. 최근 동아일보나 한국일보 등은 천황과 일왕을 혼용하고 있으며, 한국일보 황영식 논설실장은 "국내에서는 아직 '천황'에 대한 거부감이 강하다."[40]고 하여, 언론이 '천황' 표현 대신 '일왕'이라 표기하는 이유를 설명하고 있다.

2) 학술지와 단행본에 나타난 용어 분석

오늘날 우리나라에서는 신문과 잡지 방송 등 언론계가 '일왕'을 주로 사용하는데 반해, 정치외교 분야에서는 공식적 용어로 '천황'이라는 표현을 사용하고 있다. 그렇다면 학술지와 학위논문, 단행본 등의 연구업적에서는 일본 군주 호칭과 관련하여 어떤 용어를 많이 사용하고 있을까? 한국교육학술정보원의 자료를 단어 검색하여 살펴보면 다음 〈표 2〉와 같다. 특히 학계에서는 '천황'이라는 단어가 압도적으로 많이 사용되고 있는데, 기타 연구보고서(93.0%)에서의 사용 비중이 가장 높고, 학술지(85.9%), 단행본(81.1%), 학위논문(72.3%)의 순서로 그 비중이 점차 낮아지고 있다. 하지만 전체적으로 보면 대략 80% 이상의 문헌들이 일본 군주를 '천황'으로 표기하고 있음을 알 수 있다. 이는 天皇이라는 용어가 처음 등장한 『일본서기

---

39) 「사단법인 한국기자협회」, 2001. 4. 21., 박주선, "일왕인가, 천황인가: 언론, 일본국왕 표기 제각각", http://www.journalist.or.kr/news/article.html?no=2610에서 2015년 12월 21일 인출.

40) 황영식, 「[지평선] 천황(天皇)」, 「한국일보」 2015. 8. 18., http://www.hankookilbo.com/v/797fd06fe8214986b4b1e8e8c7a3a0b6에서 2016년 1월 10일 인출.

(日本書紀)』나 『고사기(古事記)』 등을 비롯하여 기본적으로 한자와 가나(히라가나와 가타가나)로 적혀 있는 일본 문헌을 기반으로 연구를 하게 되고, 기타 정치학이나 사회학, 문학 등 다양한 분야의 일본 연구자들이 기존의 학술적 관행과 편의성에 따라 천황이라는 한자어를 그대로 한글로 옮겨 사용하고 있기 때문으로 보인다.

두 번째로 많이 사용되는 표현은 단어 이중 검색(군주로 먼저 검색한 후, 상세 검색 단어로 일본 추가)을 통해 찾아낸 '군주/일본'(이하 군주)이다. 특이한 점은 학위논문의 거의 1/4인 148편(23.9%)이 '군주'라는 용어를 사용하고 있다는 점이다. 이는 학술지 논문의 8.5%만이 군주를 사용하고 있는 데 비한다면 거의 3배에 달하는 수치이며, 단행본의 12.2%에 비해서도 두 배에 가깝다. 이는 학위논문을 작성하는 과정에서 일본 군주의 호칭에 대한 고민이 더 치열하였던 것이 아닐까 생각된다.

〈표 2〉 일본국 군주 호칭에 관한 빈도표[41]

호칭	학위논문	학술지	단행본	기타	합계
천황(天皇)	448 (72.3%)**	1,400 (85.9%)	6,194 (81.1%)	279 (93.0%)	8,321 (81.7%)
군주/일본*	148 (23.9%)	139 (8.5%)	936 (12.2%)	12 (4.0%)	1,235 (12.1%)
일왕(日王)	11 (1.8%)	37 (2.3%)	263 (3.4%)	1 (0.3%)	312 (3.1%)
왜왕(倭王)	10 (1.6%)	46 (2.8%)	83 (1.1%)	5 (1.7%)	144 (1.4%)
일황(日皇)	–	5 (0.3%)	97 (1.3%)	1 (0.3%)	103 (1.0%)
덴노	2 (0.3%)	2 (0.1%)	69 (0.9%)	2 (0.7%)	75 (0.7%)
합계	619 (99.9%)	1,629 (99.9%)	7,642 (100.0%)	300 (100.0%)	10,190 (100.0%)

* 먼저 '군주'로 검색하고 이후 '일본'으로 상세 검색함.
** 소수 둘째 자리에서 반올림함.

---

41) 한국교육학술정보원 http://www.riss.kr에서 2016년 6월 20일(현재) 검색 인출하였기에, 추가된 논문들에 의해 변화가 있을 수 있다.

세 번째로는 일왕이 많이 검색되었고, 이어서 왜왕과 일황, 덴노의 순서이다. 한 가지 흥미로운 것은 일황이라는 표현의 학위논문은 전혀 없고, 학술지도 매우 적은 편이지만 단행본은 왜왕보다 더 많이 검색되고 있다. 또 하나 흥미로운 것은 '덴노'로 분류된 단행본 69권 중에서 8권을 제외한 나머지는 모두 1992년 이후 자료라는 점이며, 한국어로 간행된 22권 이외의 47권의 일본책이 있는데, 일본어 책자의 제목이나 내용에 나오는 天皇을 우리식 한자 발음인 천황이 아니라 일본어 발음인 '덴노'로 분류하고 있다는 점이다. 비록 학위논문이나 학술지에서 '덴노'라는 표현은 각기 2건에 불과하지만, 1990년대 이후 출판되는 단행본 책자의 저자들은 점차 天皇을 '덴노'로 표기하거나 분류하고 있음을 알 수 있다.

3) 일본 군주 호칭 결정의 기본 논리

그렇다면 일본 군주 호칭에 대한 표기 원칙을 정할 때 근거로 삼을 기본 논리는 무엇인가? 해방 직후에 일본 군주에 대한 다양한 호칭이 난무하였던 것에 비하면, 비록 〈표 2〉에서는 '천황'과 '군주'가 전체의 약 94%를 차지하고 있지만, 최근의 일상적 관심에는 대체로 '천황'과 '일왕(일본 국왕 포함)' '덴노'[42] 정도로 그 호칭이 정리된 듯하다. 국립국어원의 『표준국어대사전』에서 '천황(天皇)'을 검색해 보면, "① 옥황상제, ② 천자(天子), ③ 일본에서, 그 왕을 이르는 말"이라 되어 있고, 왜왕(倭王)을 검색해 보면, "예전에, 일본의 왕을 낮잡는 뜻으로 이르던 말"이라 되어 있다. 원래 '왜(倭)'라는 표현은 7세기 이전 일본의 공식적인 국가 호칭이었음에도 불구하고, 우리나라에서는 '왜'가 일본을 낮춰 부르는 말로 인식되는 경향이 있는데, 이는 앞에서 살펴본 바와 같이 조선시대의 일본 군주 표기 방식과도 무관하지 않은 것으로 보인다.[43] 그리고 일왕이나 왜황, 일황, 덴노 등은 검색되지 않았다. 이제 기존의 일본 군주 호칭으로 널리 알려진 천황과 일왕이라는 표

---

42) 비록 〈표 2〉에서 덴노의 빈도수는 가장 적지만, 일본 도서명에 나오는 天皇을 도서관에서 덴노로 분류하는 경향이 늘고 있으며, 언론사 일본 특파원 중에서 안준용(2014)의 기사에서는 덴노라는 표현을 우선적으로 사용하는 경우도 보인다.

43) 필자가 어렸을 때까지도 '일제시대'보다 '왜정시대'라는 표현을 더 자주 들었던 것으로 기억하는데, 역사적으로 양국 관계가 좋지 않을 때일수록 '왜'라는 용어를 자주 사용하였음을 알 수 있다.

현을 주장하는 사람들이 내세우는 논리를 살펴보면 다음과 같다.

(1) '천황' 표기 주장의 논리

먼저 '천황'으로 표기하여야 한다고 주장하는 사람들의 논리는 크게 다음 세 가지로 보인다. 첫째는, 외교통상부에서 주장하는 바와 같이 "미국의 대통령, 중국의 주석처럼 각국 원수급에 대해서는 각국에서 사용하는 대로 쓰는 게 바람직하다."라는 원칙을 일본의 군주 호칭에도 그대로 적용하여야 한다는 것이다. 둘째는, "천황이라고 부르는 게 글자 뜻 그대로 '황제 위의 황제, 하늘의 황제'를 가리키는 일반명사가 아니라 대통령, 주석과 마찬가지로 단순히 직함을 나타내는 고유명사로 봐야 하기 때문"(박주선, 2001)이라는 것이다. 그리고 셋째는, 한일 양국의 미래지향적인 관계를 고려하여, 이제는 천황으로 불러 주어야 한다는 주장으로, 조갑제는 자신의 칼럼에서 다음과 같이 논하고 있다.

> 우리 언론이 日王이라고 표기한다고 해서 일본 언론이 한국 대통령을 中統領으로 부르진 않는다. 언론이 天皇이라고 부른다고 해서 갑자기 권위가 높아지는 것이 아니고 日王이라고 格下(격하)한다고 해서 권위가 내려앉는 것도 아니다. 한국인의 기개나 불만을 감정적으로 표출하는 데는 日王 표현이 맞지만 兩國 관계를 미래지향적으로 가져가는 데는 부적절하다(조갑제, 2013).

그는 이어서 "특별한 사유가 없을 때는 호칭은 불러 달라는 대로 불러 주는 것이 원칙"이라 하면서, "언론이 약 20년간 천황을 일왕으로 불러 한국인의 불만을 보여 주었으니 이제는 국가의 공식호칭과 일치시키는 것이 어떨까 생각된다."(조갑제, 2013)라고 글을 맺고 있다. 이와 유사한 논리로 이운봉은 "미운 건 미워도 사실 왜곡 오도는 안 된다. 일왕(日王) 아니라 천황(天皇)…"이라든가, "천황은 '국가원수' 맞다. 세계가 천황이라 하는데 왜 우리만 왕인가? 지나친 쇼비니즘, 국제사회 동의 못 얻어"(이운봉, 2012: 36-49)라고 주장하였다.

이 밖에도 이미 세계사를 통해 일본의 군주를 천황으로 배운 세대에게 있어서는 기존의 용어를 굳이 바꿔야 할 필요성을 그다지 느끼지 못한다는 것도 하나의 이유가 될 수 있을 것이다. 하지만 이처럼 '천황'으로 표기하여야 한다고 생각하는 사람들의 주장에는 몇 가지 고려해 볼 사항이 남아 있다. 첫째로, 외교통상부의 주장은 기본적으로 한자문화권에서의 지도자 호칭은 중국의 주석(主席)처럼 해당 국가가 요구하는 호칭을 그대로 우리식 한자 발음으로 읽어 주자는 것이지만, 동아시아에서 천황이라는 단어는 왕보다 상위개념이라는 역사적 배경을 갖고 있다. 또한 국민 여론을 선도하려는 사명감과 함께 판매 부수와 관련하여 국민 정서에 민감할 수밖에 없는 언론에서 군이 천황 대신에 일왕을 사용하는 현실적 이유를 고려하지 않을 수 없을 것이다.

둘째로, 문화방송의 주장처럼 일본의 군주 호칭인 '天皇'이라는 단어가 일반명사가 아니라 고유명사라면, 오히려 외래어표기법에 따라 우리식 한자 발음이 아니라 일본식 한자 발음으로 적어 주어야 한다. 이 경우, '천황'이 아니라 '덴노'가 된다. 이는 막부시대의 쇼군을 비롯하여 서론에서 살펴본 바와 같이 각국의 군주 호칭을 그 나라 발음에 맞춰 불러 주는 방식이기에 오히려 외교부의 해당 국가가 요구하는 호칭을 사용하자는 논리와도 일치한다.

셋째로, 한일 양국의 미래지향적 관계를 고려하자는 조갑제의 주장은 우리 언론이 일왕으로 부르는 것을 단지 한국인이 일본의 식민지배에 대한 묵은 감정이나 불만의 표출로 간주할 수 있는가의 문제이다. 외국어를 자국어로 번역할 때, 어떤 단어를 사용할 것인가는 국가마다 다를 수 있으며, 특히 고유명사에 대한 번역어는 역사적 배경과 사회적 맥락을 무시할 수 없기 때문이다. 이러한 맥락에서 그동안 역사 과목을 통해 일본의 군주를 천황이라고 배운 젊은 세대가 일본 군주 호칭에 대해 별다른 고민이 없었던 것은 교과서 저자의 관점을 그대로 답습한 것이기에, 오히려 군주 호칭에 대한 논리적 고민을 이제부터 함께 해 볼 수 있는 기회를 제공해 주는 것이 교육적일 것이다.

(2) '일왕' 표기 주장의 논리

언론에서 일본의 군주를 '일왕'으로 표기하여야 한다고 주장하는 사람들의 논리는 다음과 같다. 첫째로, "천황은 군국주의 색채를 띠며, 그 나라 국민이거나 속국(屬國)의 국민이 사용하는 호칭으로 우리의 국민 정서에도 부합하지 않는다."(엄민용, 2001)라는 역사적 배경이 강하게 남아 있다. 여전히 식민지 시대의 상처가 완전히 치유되지 않은 사람들에게, 혹은 직간접적 경험을 통해 군국주의의 만행과 부조리함을 배운 세대에게 천황이라는 단어는 군국주의의 상징이며 아픈 상처를 덧나게 하는 호칭이 아닐 수 없다는 것이다.

둘째는, 한국일보 이장훈 기자가 "조선시대의 군주를 '왕'으로 부르고 있는 우리가 일본의 군주를 왕보다 한 단계 높은 천황이라고 불러야 하는가"[44]라는 지적처럼, 천황과 왕의 위계성 문제가 있다. 중국에서 국가 최고 통치자를 천자(天子)라고 부르게 된 것은 주나라 때부터이다. 당시 봉건제하에서 최고 우두머리는 '천자'라 불렸고, 제후국들의 최고 우두머리는 '왕'이라 불렸다. 『조선왕조실록』에도 "천지 사이에 천자가 가장 위대하다. 국왕이 그다음이고 공(公)·후(侯)·백(伯)이 또 그다음"[45]이라 하여, 천자가 국왕이나 공·후·백보다 우위에 있음을 밝히고 있다. 이러한 주장은 앞에서 살펴본 바와 같이 조선시대 일본과의 외교 관계에서 일본 군주와 쇼군 중 누구를 일본 국왕으로 불러야 하는가의 고민에서도 엿볼 수 있었다. 특히 1897년에 고종이 대한제국을 선포하고 황제라는 명칭을 사용한 적이 있기에, 우리나라 사람들의 마음속에 남아 있는 왕과 황제(혹은 천황)에 대한 위계적 의식 역시 천황 호칭을 꺼리게 되는 이유라 할 수 있다.

셋째로는, 국립국어연구원에서 나온 『표준국어대사전』에 의거한 논리로, 이른바 쇼와천황(昭和天皇)인 "히로히토(裕仁)에 대해 제124대 일본국왕으로 표기"[46]하고 있다는 것이다. 즉, 사전에 등재된 표기는 번역어로서 사회적 보편성을 반영하는 것이기에, 일본 사람들이 자신들의 왕을 받들기 위한 표현으로 어떤 용어를 사용하더라도, 우리 입장에서는 일본 군주를 '일왕'으로 적는 것이 타당하다는 논리이다.

---

44) 한국일보 이장훈 국제부 차장은 2001년 4월 12일자 칼럼을 통해 "일본의 왕을 천황이라고 호칭하는 것은 비상식적"이라 주장하며, 이같이 지적한 바 있다(박주선, 2001 재인용).

45) 天地之間, 天子爲大, 國王次之, 公侯伯又其次也, 『선조실록』 선조 26년(1593) 4월 1일.

46) 1991년 1월에 설립된 국립국어연구원은 2004년 국립국어원으로 개명하였다. 국립국어원 발자취 http://www.korean.go.kr/front/page/pageView.do?page_id=P000166&mn_id=74에서 2016년 1월 8일 인출. 그런데 2016년 1월 현재 국립국어원의 『표준국어대사전』에서는 '히로히토'와 '裕仁' 등이 검색되지 않는다. 이 논리는 엄민용의 주장으로, 2001년 이 글을 쓸 당시와 현재의 사전의 내용이 달라졌을 가능성이 있다(박주선, 2001).

하지만 이처럼 '일왕'으로 표기하여야 한다고 생각하는 사람들의 주장에도 몇 가지 고려해 볼 사항이 남아 있다. 먼저, 전전(戰前)의 군국주의적 천황제에 대하여 전후의 일본 군주는 상징천황제의 인간화 선언을 한 상태이기에 더 이상 천황이라는 단어를 군국주의적 상징으로 받아들일 필요는 없다는 점이다. 둘째로, 왕과 천황의 위계성도 이미 우리나라는 더 이상 왕정이 아닌 공화정 국가이기에 군주 호칭에 따른 위계성이 무의미하며, 외교적 관계에서 상대국 호칭을 존중하는 것이 국익에 더 부합될 수도 있을 것이다. 셋째로, 일본 언론이 로마 가톨릭 교회의 수장을 교황(敎皇; Pope)이 아니라 굳이 '법왕(法王)'이라 부르는 것이 그다지 적절해 보이지 않는다면, 우리도 언제까지 일본 군주 호칭을 일왕으로 불러야 하는가의 문제이다. 즉 일본에서 로마 교황에 대한 번역어는 '법왕(法王)'과 '교황(敎皇)'의 두 가지가 있는데, 전자는 주로 언론에서 사용하는 용어이고 후자는 성당에서 사용하는 용어이다.[47]

중앙일보의 노재현 논설위원은 이제는 '일왕'과 '천황' 사이의 간극을 줄이고 "한번 촉발되면 다른 모든 사안들을 덮어 버리는 과거사 문제의 '과잉 대표성'을 우리가 진지하게 성찰할 때"(노재현, 2009)라고 하였다. 이러한 호칭에 대한 고민은 언론계에 종사하는 사람들, 특히 일본 특파원들이 보다 예민하게 느끼는 문제일 수 있다. 그런 점에서 일본 군주의 호칭 문제는 동아시아의 화해와 번영을 위해서도 언젠가는 해결되어야 할 문제이다.

4. 맺음말

패전 이전에 일본인 사학자 쓰다 소키치(津田左右吉)는『일본서기』와『고사기』가 "천황가의 일본 통치 정당성을 높이기 위한 정치적 목적으로 8세기에 편찬되

---

47) 1981년 2월 요한 바오로 2세가 일본을 방문하기 전까지는 일본 가톨릭 교단에서도 교황과 법왕을 혼용하였었는데, 교황의 일본 방문을 계기로 일본 가톨릭 사교단에서는 교황이라는 단어를 사용하기로 결정하였다. カトリック中央協議會,「『ローマ法王』と『ローマ教皇』, どちらが正しい?」 http://www.cbcj.catholic.jp/jpn/memo/pope.htm에서 2016년 5월 15일 인출.

었다고 주창해 유죄 판결"(호사카 유지 외, 2011: 113)을 받은 적도 있다고 할 정도로 군국주의 시대에 천황제의 폐해는 매우 컸다. 이 글은 우리나라에서 일본의 군주 호칭을 어떻게 불러야 하는가를 결정하기 이전에, 현재 나타나고 있는 천황과 일왕의 호칭 불일치 현상의 기본 논리가 무엇인가를 확인해 보고 싶었다. 먼저 전통시대 이래로 일본과 한국에서 일본 군주 호칭에 대한 내용을 정리해 보면 다음과 같다.

첫째, 일본에서 天皇이라는 단어의 표기 방식은 대략 세 가지였다. 7세기 말엽 이후 이 단어가 처음 소개되었을 때에는 주로 훈독으로 읽어 '스메라미코토', 혹은 '스메로키'라고 발음하였지만, 메이지유신과 함께 왕정복고가 되었을 때에는 음독에 의거하여 '덴노'로 통일되었다.

둘째, 전통시대 우리나라에서는 일본의 군주를 '왜왕' '왜주' '일본왕' '일본국왕' 등으로 불렀고, 조선시대에는 일본왕으로 지칭되는 쇼군과 구분하기 위하여 때로 '천황국왕(天皇國王)'이라는 용어도 보인다. 하지만 조선시대에는 일본이 天皇이라는 용어를 사용하는 것을 참람하다고 보았다.

셋째, 해방 직후 우리나라 언론계는 일황(日皇), 일제(日帝), 왜황(倭皇), 일본 천황, 일왕, 왜왕, 일본임금, '소위 천황', 裕仁(히로히토) 등 다양한 호칭을 사용하였다. 그러나 이처럼 다양하던 언론의 일본 군주 표기방식은 미군정기인 1946년 5월 이후 주로 한자 '天皇'으로 정리되었다.

넷째, 1989년 김대중 대통령의 일본 방문을 계기로 우리 정부는 일본의 군주 호칭을 천황으로 부르기로 하였지만, 언론에서는 오히려 '일왕'이라는 용어를 더 많이 사용하게 되었다. 이는 신문의 한글화로 인해 '天皇'이라는 글자를 대신할 호칭에 국민 일반의 정서가 반영된 것으로 보인다.

다섯째, 학계에서 간행된 자료의 80% 이상은 일본 군주 호칭으로 '천황'을 쓰고 있지만, 학위논문에서는 '군주'라는 단어를 쓰는 비율이 상대적으로 높게 나타나고 있다. 또한 최근에는 단행본을 정리하는 도서관에서 일본어로 된 서적의 天皇을 '덴노'로 분류하는 경향이 나타나고 있다.

2015년은 일본으로부터 해방된 지 70년이 되는 해였다. 이는 식민지 경험 35년의 두 배에 해당하는 오랜 시간이다. 그럼에도 불구하고 한일 간에는 여전히 다른 나라에 비해 미묘한 역사적 앙금이 남아 있다. 그 이유에 대하여 여러 가지로 말할 수 있겠지만, 적어도 한일 관계에 관심을 갖고 있는 사람들이라면 일본의 군주 호칭에 대한 핵심적 논쟁점과 기본 논리가 무엇인가를 스스로 답할 수 있어야 할 것이다. 그런 점에서 일본의 군주 호칭은 한일 관계를 풀어내는 하나의 시금석(試金石)이 될 수 있다. 최근 일본 군주의 호칭에 대한 논의가 활발해지는 것은 일본 아베 정권의 보수우경화 과정에서 이러한 문제의식이 다시 주목받게 되었기 때문이라 생각된다.

그런 의미에서 천황과 일왕을 주장하는 사람들이 갖고 있는 기본 논리의 쟁점을 중심으로 정리해 보면, 다음 세 가지 가정과 이에 따른 대략 10가지 기본 논리를 들 수 있을 것이다. 첫째는, '역사적 관점'으로 일본의 군주 호칭을 정할 때, 한일의 과거사를 의식하는가, 의식하지 않는가? 즉, 피식민지 경험을 갖고 있는 우리나라의 입장에서 과거사 문제는 매우 중요하다. 하지만 이제는 아픈 역사로부터 벗어나 한일 양국 미래지향적인 관계를 더 중요시할 수도 있을 것이다. 결국 개개인이 생각하는 역사적 관점의 차이가 호칭에 영향을 끼친다고 할 수 있다. 예를 들어, 과거사를 더 이상 의식할 필요가 없다고 생각한다면, 상대국가가 요구하는 호칭인 천황으로 불러 줄 수도 있을 것이다. 하지만 과거사로부터 아직 자유로울 수 없다고 생각하는 사람이라면 다시 둘로 나뉘어 천황은 절대 안 된다고 보는 입장과 그래도 일왕이라 부르는 것은 상대국에 대한 예의가 아니라고 생각하는 입장으로 나뉠 수 있을 것이다. 전자는 일왕을 선호하며 천황을 연상시키는 일황이나 덴노에 대해서는 부정적일 것이다. 이에 반해 후자의 사람들은 천황이라는 용어는 좀 꺼리겠지만, 적어도 직접적 표현이 아닌 일황이나 덴노라는 호칭은 수용할 수 있을 것이다.

둘째는, '언어적 관점'으로 '天皇'이라는 단어를 한자어로 볼 것인가 아니면 외국어로 볼 것인가의 문제이다. 한자어로 간주한다면 이를 우리나라 발음으로 읽을 것인지, 아니면 일본 발음으로 읽을 것인지를 선택해야 한다. 적어도 이를 중국식 발음인 '티엔황'으로 읽자고 할 사람은 아마도 없을 것이다. 외교부에서 말하는 상대국에서 사용하는 용어를 그대로 불러 준다는 논리는 그 발음을 한국어로 적고 있지만, 상대국에서 사용하는 발음은 일본어 '덴노'이다. 한편, 天皇이라는 단어를 한자어라기보다 단지 일본에서 한자를 이용하여 표현하고 있는 하나의 외국어로 간주한다면, 당연히 적절한 번역어를 고민해야 할 것이다. 이때 어떤 단어를 선택할 것인가는 각 나라의 역사적·문화적 배경을 고려하여 결정하면 된다. 그리고 이 단어를 외국어로 간주하되 '칸'이나 '술탄'처럼 외래어로 수용하고자 한다면, 일본식 발음을 기준으로 삼으면 될 것이다.

셋째는, '문법적 관점'으로 '天皇'은 일반명사인가, 고유명사인가의 여부이다. 일반명사로 본다면 '천황'이라고 읽으면 될 것이고, 고유명사로 본다면 일본식 발음을 존중하여 '덴노'라 읽으면 된다. 그러나 문법적 측면에는 관례적 사용도 무시할 수 없다. 즉, 관용의 허용이다.[48] 우리는 아직도 관례적으로 도쿄대학(東京大學)을 동경대학이라 부르는 경우가 있다. 지명으로서 도쿄는 고유명사이며, 고등교육기관으로서 대학은 일반명사이기에 이를 원칙대로 읽는다면 '도쿄대학'이라 해야 하지만, 관용으로 동경대학도 허용하고 있다.

마찬가지 논리로 이제까지 흔히 사용하던 메이지천황(明治天皇)이라는 표현도, 1868년부터 1912년까지의 일본 연호(年號)였던 메이지는 당연히 고유명사로 간주하기에 문제가 없으나, 일본국의 상징으로서 군주를 지칭하는 天皇이라는 단어를 관례적 용법에 따라 '천황'으로 읽을 것인지, 아니면 특정시기 일본의 군주를 지칭하는 고유명사로 보아 '덴노'라고 부를 것인지의 문제는 단순히 문법적 원칙 이외에도 관용을 무시할 수 없다는 고민이 있다. 이상의 내용을 정리해 보면 〈표 3〉과 같다.

---

48) 국립국어원 「외래어 표기법」 제1장 제5항 "이미 굳어진 외래어는 관용으로 존중하되, 그 범위와 용례는 따로 정한다.", 제4장 제4항 "중국 및 일본의 지명 가운데 한국 한자음으로 읽는 관용이 있는 것은 이를 허용한다." 정해진 용례에 따라 東京은 도쿄, 동경으로 모두 표기할 수 있게 되었다. http://www.korean.go.kr/front/page/pageView.do?page_id=P000146&mn_id=97에서 2016년 6월 15일 인출.

〈표 3〉 일본 군주 호칭 결정의 쟁점과 논리

기본 쟁점	가정(假定)	10가지 기본 논리	적절한 단어
역사적 (과거사를)	의식하지 않는다면?	한자 발음을 그대로	천황
	의식한다면?	그렇기에 천황 호칭은 부적절	일왕 선호
		그럼에도 일왕 호칭은 부적절	일황 혹은 덴노
언어적	한자어(漢字語)?	그래서 한국식으로 발음해야	천황
		그렇지만 일본식으로 발음해야	덴노
		따라서 중국식으로 발음해야?	티엔황(tiānhuáng)
	외국어(外國語)?	사회문화적 배경을 고려한 적절한 번역어는?	일왕, 일황, 덴노, 천황, 기타(왜황, 왜왕 등)
		외래어(外來語)로 수용한다면?	덴노
문법적	일반명사로 본다면?	당연히 관용을 중시하여야	천황
	고유명사로 본다면?	문법적 원칙을 중시하여야	덴노

　　결국 어떤 단어를 선택하고 사용하는 과정에는 그 단어가 갖는 역사적 배경과 사회적 맥락, 그리고 시대 상황으로서 상대국가와의 원만한 교린(交隣)을 위한 정치 · 경제적 고려 등이 복합적으로 작용하게 된다. 〈표 3〉에서 나온 적절한 단어들을 빈도로만 본다면, 덴노가 5회로 가장 많고, 천황이 4회, 그다음으로 일왕과 일황이 각기 2회이다. 중국식 발음인 티엔황을 선택할 사람은 없을 것이다. 적절한 단어라는 표현 자체가 상당히 자의적일 수 있고, 역사적 · 언어적 · 문법적 쟁점에 대한 가정과 또 해당 기본 논리를 각자가 스스로 선택하는 방식이기에 빈도수 자체는 그다지 중요하지 않을 수 있다. 다만 일왕이나 일황을 적절하다고 보는 경우는 역사적 관점에서 과거사를 강하게 의식하고, 天皇이라는 단어를 외국어로 간주하고 있기에 당연히 사회문화적 맥락에서 적절한 한국어로 번역해야 한다고 믿는 사람들이라는 점에 주목할 필요가 있다.

　　동아시아의 화해와 번영을 고려하여 장기적으로 한일 간에 미래지향적인 관계를 만들어 가기 위해서는 과거사 문제가 원만히 해결되어야 할 것이다. 혹자는 각 시대의 용어는 그 시대의 산물이기에 역사적 관점에서 벗어날 수 없다고 주장하는 사람을 이해하기 어려울 수도 있다. 그럼에도 불구하고 어떤 대안을 찾고자 한다면, 적어도 〈표 3〉의 3가지 쟁점을 모두 균형 있게 고려하여야 할 것이며, 그런 점에서 '천황'과 '덴노'라는 두 가지 표현이 그나마 논리적으로는 중요한 대안이 될 수 있다고 생각된다. 즉, 천황은 역사적 관점이 부족하다는 단점은 있지만, 언어적 관점에서는 한자어로서 한국식 발음이기에 익숙하다는 점과 문법적 관점에서는 일반명사로 지금까지 사람들이 관용적으로 가장 많이 사용하여 왔다는 장점이 있다. 이에 반해 덴노는 역사적 관점에 대하여 일정 부분 고려하고 있으며, 언어적 관점에서는 한자어의 일본어 발음으로 외교적 논란을 종식시킬 수 있고, 만약 외국어라 하더라도 선택할 수 있는 번역어의 하나이며, 특히 외래어로 차용할 때에는 유일한 대안이다. 그리고 문법적 관점에서는 국립국어원의 외래어 한글 표기원칙에도 부합한다는 장점이 있다.

　〈표 3〉의 논리적 귀결로 대두되는 이 두 가지 표현을 모두 살리는 방안으로는 1945년을 기준으로 그 이전의 일본 역사 속의 天皇은 '천황'으로 그대로 사용하되, 인간 선언을 하며 오늘날에는 정치적 권력 없이 상징적 존재로만 남아 있는 현재의 일본 군주는 일본어 발음을 존중하여 '덴노'로 구분하여 부르는 방법이다. 즉, 관례적으로 사용하던 천황이라는 표현은 제2차 세계대전이 끝나는 1945년까지의 실질적 일본 군주로서 그대로 사용하고, 1945년 8월 이후의 상징적 통치자로서 일본 군주는 '덴노'로 구분하여 부르는 방법이다. 물론 히로히토라는 동일 인물을 전전과 전후에 따라 다르게 부르는 것이 부적절할 수도 있지만, 전후 天皇의 인간선언(1946. 1. 1.)이 일본인들에게 남겼던 충격을 고려한다면, 오히려 한자로는 구분되지 않는 전전과 전후의 동일하지 않은 天皇의 개념을 한글로는 천황과 덴노로 구분하여 표현할 수 있다는 점에 의미부여를 할 수 있다.

　이는 중국의 경우, 1912년 신해혁명을 기준으로 그 이후의 인명과 지명 등 고유명사는 현지 발음으로 부르되, 공자나 맹자, 장안(長安)처럼 역사 속의 중국 고유명사는 한자어 발음으로 부르는 국립국어원 「외래어 표기원칙」과도 일치할 수 있다는 장점이 있다.[49] 이 규정에는 중국 인명 표기에서 과거인과 현대인을 언제

---

49) 국립국어원 「외래어 표기원칙」 제4장 제1항에는 "중국 인명은 과거인과 현대인을 구분하여 과거인은 종전의 한자음대로 표기하고, 현대인은 원칙적으로 중국어 표기법에 따라 표기하되, 필요한 경우 한자를 병기한다."라고 되어 있으며, 제3항에는 "일본의 인명과 지명은 과거와 현대의 구분

부터 구분할 것인가에 대한 원칙이 적혀 있지 않지만 학계의 일반 원칙은 신해혁명이며, 통상 신해혁명 당시 활동하던 사람들은 그 이전에 태어났다고 하더라도 현대인으로 간주하여 중국어 표기를 한다. 현재 일본 天皇은 국립국어원의「외래어 표기원칙」에 따라 '덴노'로만 적어야 하지만, 1945년을 기준으로 천황과 덴노로 구분하는 원칙만 정해 준다면 큰 문제는 없을 것이다. 어쩌면 단순할 수도 있는 일본 군주 호칭을 보다 현명하게 결정하기 위하여 우리 모두의 집단 지성이 요구되는 이유이기도 하다. 표기원칙이 있음에도 제대로 지켜지지 않는 상황을 조속히 해결하여야 할 것이다.

🗀 참고문헌

「동아일보」.
『삼국사기』.
『승정원일기』.
『조선왕조실록』.
「조선일보」.
「중앙일보」.
「한국일보」.
「헤럴드 경제」.

가리야 데쓰(雁屋哲) 외(2007). 김원식 역.『일본인과 천황』. 서울: 길찾기.
강용자(2006). "만연집".『일어일문학』29.
김채수(2014).『알타이문명과 요하문명론』. 서울: 박이정.
다카시로 고이치(高城行一) (2006). "신국사상과 메이지정부의 국가신도화 정책".『일본사상』11.
박균섭(1999). "교육칙어와 일본근대교육".『일본학보』43.

없이 일본어 표기법에 따라 표기하는 것을 원칙으로 하되, 필요한 경우 한자를 병기한다."라고 되어 있다. http://www.korean.go.kr/front/page/pageView.do?page_id=P000146&mn_id=97에서 2016년 6월 15일 인출.

박선영(2013). "상징천황제와 한국언론".『일본연구논총』38.

박진우(1999). "近代天皇制 研究의 動向과 課題".『일본사상』창간호.

박진우(2011). "일본 천황제와 역사인식".『계명사학』22.

백운룡(2007). "일본 천황제의 역사적 변모 과정에 관한 연구」.『동북아 문화연구』13.

신카와 도키오(新川登龜男, 2006). "'천황(天皇)'의 성립".『일본연구』6.

야노 다카요시(矢野尊義). "천황의 기원과 한국".『평화학연구』10(4).

이근우(2002). "古代天皇制의 성립과 변질".『일본역사연구』16.

이연숙 역해(2012).『한국어역 만엽집1』, 서울: 박이정.

이영미(2011).「근대 천황의 올바른 이해를 위한 서술 분석」, 이화여자대학교 교육대학원
    석사학위논문.

이운봉(2012).『한국논단』276.

최재석(1988). "日本古代天皇原籍考".『한국학보』14(2).

하창민(2017).「아메노모리 호슈(雨森芳洲)의 교린교육에 관한 연구」. 고려대학교 대학원
    석사학위논문.

호사카 유지 · 한성례(2011). "게이타이 천황과 그 시대".『일본연구』49.

熊谷公男 (2001).『大王から天皇へ』. 東京: 講談社.

강호철. "큰 손과 골동품",『조선일보』1994. 1. 25., http://news.chosun.com/svc/content_
    view/content_view.html?contid=1994012573104.

국립국어원, http://www.korean.go.kr/.

국립국어원.『표준국어대사전』, http://stdweb2.korean.go.kr/search/List_dic.jsp.

국사편찬위원회 한국사데이터베이스, http://db.history.go.kr/.

노재현. "[노재현의 시시각각] '일왕'과 '천황' 사이",『중앙일보』2009. 9. 17., http://news.
    joins.com/article/3781531.

박주선. "일왕인가, 천황인가: 언론, 일본국왕 표기 제각각", 사단법인 한국기자협회, 2001,
    http://www.journalist.or.kr/news/article.html?no=2610.

안준용. "'일왕'과 '후쿠시마(지진발생지)'와 '코피 만화'",『조선일보』2014. 5. 13., http://
    premium.chosun.com/site/data/html_dir/2014/05/13/2014051303443.html.

연합뉴스. 2016년 6월 17일, 벳쇼 "부임시 '한일 더 나빠질 게 없어 행운아'라는 얘기 들어"
    http://www.yonhapnews.co.kr/bulletin/2016/06/17/0200000000AKR20160617127600014.
    HTML?input=1179m.

조갑제. "天皇과 日王",『언론닷컴』2013. 10. 18., http://unron.com/2155.

최호원. "[월드리포트] 도쿄 전범재판 70년 … '한국'은 없었다", SBS뉴스 2016. 5. 3. http://
news.sbs.co.kr/news/endPage.do?news_id=N1003555695&plink=ORI&cooper=DAUM.

한국교육학술정보원, http://www.riss.kr.

황영식. "[지평선] 천황(天皇)", 「한국일보」 2015, http://www.hankookilbo.com/v/797fd0
6fe8214986b4b1e8e8c7a3a0b6.

カトリック中央協議會. 「'ローマ法王'と'ローマ教皇', どちらが正しい？」 http://www.
cbcj.catholic.jp/jpn/memo/pope.htm.

小學館 デジタル大辞泉の解説: 飛鳥浄御原律令(아스카기요미하라율령) https://
kotobank.jp/word/%E9%A3%9B%E9%B3%A5%E6%B5%84%E5%BE%A1%E5%8E%9F
%E5%BE%8B%E4%BB%A4-424778.

日本國憲法, http://law.e-gov.go.jp/htmldata/S21/S21KE000.html.

日本 ウィキペディア '天皇', https://ja.wikipedia.org/wiki/%E5%A4/A9%E7%9A%87.

부록

부록 1

「홍범14조」

홍범(洪範)[1]

1. 청나라에 의존하는 생각을 끊어 버리고 자주독립의 터전을 튼튼히 세운다.

1. 왕실의 규범을 제정하여 왕위계승 및 종친과 외척의 본분과 의리를 밝힌다.

1. 임금은 정전에 나와서 시사를 보되 정무는 직접 대신들과 의논하여 재결하며 왕비나 후궁, 종친이나 외척은 정사에 관여하지 못한다.

1. 왕실에 관한 사무와 나라 정사에 관한 사무는 반드시 분리시키고 서로 뒤섞지 않는다.

1. 의정부와 각 아문의 직무와 권한을 명백히 제정한다.

1. 백성들이 내는 세금은 모두 법령으로 정한 비율에 의하고 함부로 명목을 더 만들어 불법적으로 징수할 수 없다.

1. 조세나 세금을 부과하는 것과 경비를 지출하는 것은 모두 탁지아문에서 관할한다.

1. 왕실의 비용을 솔선하여 줄이고 절약함으로써 각 아문과 지방 관청의 모범이 되도록 한다.

1. 왕실 비용과 각 관청 비용은 1년 예산을 미리 정하여 재정 기초를 튼튼히 세운다.

1. 지방 관제를 빨리 개정하여 지방 관리의 직권을 제한한다.

1. 나라 안의 총명하고 재주 있는 젊은이들을 널리 파견하여 외국의 학문과 기술을 전습받는다.

1. 장관을 교육하고 징병법을 적용하여 군사제도의 기초를 확정한다.

1. 민법과 형법을 엄격하고 명백히 제정하여 함부로 감금하거나 징벌하지 못하게 하

[1]『고종실록』고종 31년(1894) 12월 12일(음력)

여 백성들의 생명과 재산을 보호한다.

1. 인재등용에서 문벌에 구애되지 말고 관리들을 조정과 민간에서 널리 구함으로써
   인재등용의 길을 넓힌다.

一, 割斷附依淸國慮念, 確建自主獨立基礎。

一, 制定王室典範, 以昭大位繼承暨宗戚分義。

一, 大君主御正殿視事, 政務親詢大臣裁決, 后嬪宗戚, 不容干豫。

一, 王室事務與國政事務, 須卽分離, 毋相混合。

一, 議政府及各衙門職務權限, 明行制定。

一, 人民出稅, 總由法令定率, 不可妄加名目, 濫行徵收。

一, 租稅課稅及經費支出, 總由度支衙門管轄。

一, 王室費用, 率先減節, 以爲各衙門及地方官模範。

一, 王室費及各官府費用, 豫定一年額算, 確立財政基礎。

一, 地方官制, 亟行改定, 以限節地方官吏職權。

一, 國中聰俊子弟, 廣行派遣, 以傳習外國學術技藝。

一, 教育將官, 用徵兵法, 確定軍制基礎。

一, 民法, 刑法嚴明制定, 不可濫行監禁懲罰, 以保全人民生命及財産。

一, 用人不拘門地, 求士遍及朝野, 以廣人才登庸。

부록 2

「교육강령」[2]

조령(詔令)을 내리기를,

"짐(朕)이 생각해 보면 우리 조종(祖宗)이 나라를 세우고 정통(正統)을 물려준 것이 이제는 504년이 지났으니, 실로 우리 열성조의 교화와 은덕이 사람들의 마음속에 깊이 스며들고 또 우리 신하와 백성들이 충성과 사랑을 능히 다한 것에 말미암는 것이다. 그래서 짐은 한없는 큰 대운(大運)를 물려받고 밤낮으로 공경하고 두려워하면서 오직 조종의 가르침을 이어 나갈 뿐이다. 너희들 신하와 백성은 짐의 마음을 체념하라. 오직 너희들 신하와 백성의 선조는 우리 조종이 돌보고 키워 준 어진 신하와 백성이었으니, 너희들 신하와 백성들도 너희 선조의 충성과 사랑을 능히 이어서 짐의 돌봄과 키움을 받는 어진 신하와 백성들이다. 짐은 너희들 신하와 백성들과 함께 조종의 큰 기반을 지켜 억만 년의 아름다운 운수를 이어 나갈 것이다.

아! 백성을 가르치지 않으면 나라를 굳건히 하기가 매우 어렵다. 세상 형편을 돌아보면 부유하고 강성하여 독립하여 웅시(雄視)하는 여러 나라는 모두 그 나라 백성들의 지식이 개명(開明)하고 지식이 개명함은 교육이 잘됨으로써 말미암은 것이니, 교육은 실로 나라를 보존하는 근본이다. 그러므로 짐이 임금과 스승의 자리에 있으면서 교육하는 책임을 스스로 떠맡고 있다. 교육에는 또한 그 방도가 있으니, 허명(虛名)과 실용(實用)의 분별을 먼저 세워야 할 것이다. 책을 읽고 글자를 익히어 고인(古人)의 찌꺼기만 주워 모으고 시대의 큰 형국에 어두운 자는 문장(文章)이 고금(古今)보다 뛰어나더라도 쓸모가 전혀 없는 서생(書生)이다. 이제 짐은 교육하는 강령(綱領)을 제시하여 허명을 제거하고 실용을 높인다. 덕양(德養)은 오륜(五倫)의 행실을

---

2) 『고종실록』 고종 32년(1895) 2월 2일. 「교육입국조서」라고도 한다.

닦아 풍속의 기강을 문란하게 하지 말며, 풍속과 교화를 세워 인간 세상의 질서를 유지하고 사회의 행복을 증진시킬 것이다. 체양(體養)은 동작에는 일정함이 있어서 부지런함을 위주로 하고 안일을 탐내지 말며 고난을 피하지 말아서 너의 근육을 튼튼히 하며 너의 뼈를 건장하게 하여 병이 없이 건장한 기쁨을 누릴 것이다. 지양(智養)은 사물의 이치를 연구하는 데서 지식을 지극히 하고 도리를 궁리하는 데서 본성을 다하여 좋아하고 싫어하며 옳고 그르며 길고 짧은 데 대하여 나와 너의 구별을 두지 말고 상세히 연구하고 널리 통달하여 한 개인의 사욕을 꾀하지 말며 대중의 이익을 도모하라. 이 세 가지가 교육하는 강령이다.

짐이 정부(政府)에 명하여 학교를 널리 세우고 인재를 양성하는 것은 너희들 신하와 백성의 학식으로 나라를 중흥(中興)시키는 큰 공로를 이룩하기 위해서이다. 너희들 신하와 백성은 임금에게 충성하고 나라를 사랑하는 심정으로 너의 덕성, 너의 체력, 너의 지혜를 기르라. 왕실의 안전도 너희들 신하와 백성의 교육에 달려 있고 나라의 부강도 너희들 신하와 백성의 교육에 달려 있다. 너희들 신하와 백성에 대한 교육이 훌륭한 경지에 이르지 못하면 짐이 어찌 나의 정사가 성공했다고 하며 짐의 정부가 어찌 감히 그 책임을 다하였다고 말할 수 있겠는가? 너희들 신하와 백성들도 교육하는 방도에 마음을 다하고 힘을 협조하여 아버지는 이것으로 그 아들을 이끌어 주고, 형은 이것으로 그 동생을 권하며, 벗은 이것으로 도와주는 도리를 실행하여 그치지 않고 분발해야 할 것이다. 나라의 한에 대적할 사람은 오직 너희들 신하와 백성이요, 나라의 모욕을 막을 사람도 너희들 신하와 백성이며, 나라의 정치제도를 닦아 나갈 사람도 너희들 신하와 백성이다. 이것은 다 너희들 신하와 백성의 당연한 직분이지만 학식의 등급에 따라 그 효과의 크기가 결정된다. 이러한 일을 하는 데서 조그마한 결함이라도 있으면 너희들 신하와 백성들도 오직 우리들의 교육이 명백치 않기 때문이라고 말하면서 상하가 마음을 합치기에 힘쓰라. 너희들 신하와 백성의 마음은 또한 짐의 마음인 만큼 힘써야 할 것이다. 이러해야 짐은 조종의 덕을 드러내어 천하에 빛내고 너희들 신하와 백성들도 너희 조상의 효성스러운 자손으로 될 것이니, 힘써야 할 것이다. 너희들 신하와 백성들이여, 짐의 이 말대로 하라." 하였다.

(初二日. 詔曰: "朕惟我祖宗이 業을 創호사 統을 垂호심이 玆에 五百四年을 歷有호시니 實

我 列朝의 敎化와 德澤이 人心에 浹洽ᄒ심이며 亦我臣民이 厥忠愛를 克殫홈을 由홈이라. 이 럼으로 朕이 無疆ᄒ 大歷服을 嗣ᄒ야 夙夜에 祗懼ᄒ야오작 祖宗의 遺訓을 是承ᄒ노니 爾臣 民은 朕衷을 體홀지어다. 오작 爾臣民의 祖先이 我祖宗의 保育ᄒ신 良臣民이니 爾臣民도 亦 爾祖先의 忠愛를 克紹ᄒ야 朕의 保育ᄒᄂ 良臣民이라. 朕이 爾臣民으로 더부러 祖宗의 丕基 를 守ᄒ야 萬億年의 休命을 迓續ᄒ노니 嗚呼라 民을 敎치 아니면 國家를 鞏固케ᄒ기 甚難ᄒ 니 宇內의 形勢를 環顧ᄒ건디 克富ᄒ며 克强ᄒ야 獨立雄視ᄒᄂ 諸國은 皆其人民의 知識이 開明ᄒ고 知識의 開明홈은 敎育의 善美홈으로 以홈인 則敎育이 實로 國家保存ᄒᄂ 根本이 라. 是以로 朕이 君師의 位에 在ᄒ야 敎育ᄒᄂ 責을 自擔ᄒ노니 敎育도 또ᄒ 其道가 有ᄒ지 라. 虛名과 實用의 分別을 先立홈이 可ᄒ니 書를 讀ᄒ고 字를 習ᄒ야 古人의 糟粕만 掇拾ᄒ 고 時勢의 大局에 矇昧ᄒ 者ᄂ 文章이 古今을 凌駕ᄒ야도 一無用ᄒ 書生이라. 今에 朕이 敎 育ᄒᄂ 綱領을 示ᄒ야 虛名을 是祛ᄒ고 實用을 是崇ᄒ노니 曰'德養'은 五倫의 行實을 修ᄒ야 俗綱을 紊亂치 勿ᄒ며 風敎를 扶植ᄒ야써 人世의 秩序를 維持ᄒ고 社會의 幸福을 增進ᄒ라. 曰'體養'은 動作에 常이 有ᄒ야 勤勵홈으로 主ᄒ고 惰逸을 貪치 勿ᄒ며 苦難을 避치 勿ᄒ야 爾筋을 固케 ᄒ며 爾骨을 健케 ᄒ야 康壯無病ᄒ 樂을 享受ᄒ라. 曰'智養'은 物을 格ᄒ미 知를 致하고 理를 窮ᄒ미 性을 盡ᄒ야 好惡、是非、長短에 自他의 區域을 不立ᄒ고 詳究博通ᄒ야 一己의 私를 經營치 勿ᄒ며 公衆의 利益을 跂圖ᄒ라. 曰此三者ᄂ 敎育ᄒᄂ 綱紀니 朕이 政府 를 命ᄒ야 學校를 廣設ᄒ고 人材를 養成홈은 爾臣民의 學識으로 國家의 中興大功을 贊成ᄒ 기 爲홈이라. 爾臣民은 忠君、愛國ᄒᄂ 心性으로 爾德、爾體、爾智를 養ᄒ라. 王室의 安全 홈도 爾臣民의 敎育에 在ᄒ고 國家의 富强홈도 爾臣民의 敎育에 在ᄒ니 爾臣民의 敎育이 善 美ᄒ 境에 抵치 못ᄒ면 朕이 엇지 곬으디'朕의 治가 成ᄒ다'ᄒ며 朕의 政府가 엇지 敢히 곬으 디'其責을 盡ᄒ다'ᄒ리오? 爾臣民도 敎育ᄒᄂ 道에 心을 盡ᄒ며 力을 協ᄒ야 父가 是로써 其 子에게 提誘ᄒ고 兄이 是로써 其弟에게 勸勉ᄒ며 朋友가 是로써 輔翼ᄒᄂ 道를 行ᄒ야 奮發 不已홀지어다. 國家의 愾를 敵홀 이 惟爾臣民이며 國家의 侮를 禦홀 이 惟爾臣民이며 國家의 政治制度를 修述홀 이 亦惟爾臣民이니 此皆爾臣民의 當然ᄒ 職分이어니와 學識의 等級으로 其功效의 高下를 奏ᄒ닉니 此等事爲上에 些少ᄒ 欠端이라도 有ᄒ거든 爾臣民도 亦惟曰호디 '我等의 敎育이 不明ᄒ 然故라'ᄒ야 上下同心ᄒ기를 務ᄒ라. 爾臣民의 心은 쏘ᄒ 朕의 心이 니 勖홀지어다. 若玆홀진디 朕이 祖宗의 德을 揚ᄒ야 四表에 光홀지며 爾臣民도 亦惟爾祖先 의 肖子孝孫이 되리니 勖홀지어다. 爾臣民이여 惟朕此言.)

부록 3

중학교 관련 규정

1.「중학교관제 청의서(中學校官制請議書) 제3호」[3]

발신자: 의정부 찬정 학부대신(議政府贊政學部大臣) 신기선(申箕善)
발신일: 광무(光武) 3년(1899) 3월 27일
수신자: 의정부 의정임시서리 찬정 학부대신 신기선 각하 사조 (議政府議政臨時署
　　　　理贊政學部大臣 申箕善 閣下 查照)

가만히 보건대 나라를 위해 학교를 세우고 인재를 육성하는 것보다 중요한 것이 없
는데, 우리나라를 돌아보면 약간의 학교가 설립되어 있으나 단지 어학이나 소학교에
불과하고 실학 교육이 없음은 항상 안타깝게 생각하는 바였다. (마침) 작년 이후 소
학교 졸업생이 수십 명이 되었는데 중학교가 없어 진학할 곳이 없는지라. 금년도 예
산에 중학교비를 이미 편성하였고 장차 학교를 설립하여 실제로 학업을 가르치게 하
고자 중학교관제 칙령안을 회의에 제출한다. 칙령 제 호
(竊維爲國이 莫先於興學育才여늘 顧我國에 略有學校之設立이나 只是語學 小學이
오 迄無實學之敎育ㅎ야 常所慨歎이온바 昨年以後小學校卒業生이 爲幾十人 而旣
無中學校ㅎ야 就學이 無處ㅎ온지라 本年度預算에 中學校費를 已爲編入ㅎ고 行將
設校ㅎ야 實地學業을 敎授케 ㅎ깃기로 中學校官制勅令案을 會議에 提出事. 勅令
第 號)

---

3) 各部請議書存案 10, http://db.history.go.kr/item/level.do?itemId=mk&setId=1718239&positi
on=0.

2.「중학교관제(中學校官制)」(1899. 4. 4. 칙령 제11호)[4]

제1조 중학교는 실업에 나아가고자 하는 인민에게 정덕이용후생하는 중등교육을 보통으로 교수하는 곳으로 정한다.

제2조 중학교에 심상과와 고등과를 나누어 설치한다.

제3조 중학교의 수업연한은 7년으로 정하여 처음 4년은 심상과로 졸업하고, 뒤의 3년은 고등과로 졸업한다.

제4조 중학교의 학과 및 정도와 기타 규칙은 학부대신이 정한다.

제5조 중학교에 다음과 같은 직원을 둔다.

학교장	1인	주임
교관	7인 이하	주임 혹은 판임
서기	1인	판임

제6조 학교장은 학부대신의 명령을 받아 모든 교무를 관장하고 소속 직원과 학도를 감독한다.

제7조 교관은 학도의 교수를 관장하며 또 학도를 감독한다.

제8조 서기는 상관의 명령을 받아 서무회계에 종사한다.

제9조 학교장은 시의에 따라 학부 주임관으로 겸임할 수도 있다.

제10조 교관은 때로 외국인을 고용하여 충원할 수 있으니 그 인원수는 학부대신이 상황에 따라 적절히 정한다.

제11조 교관을 외국인으로 충원할 때에는 가르치는 일만 관장한다. 제12조 지방 정황에 따라 중학교를 지방에도 설립할 때에는 심상과만 먼저 설치한다.

제13조 지방에 중학교를 설립할 때에는 장소를 해당 군의 향교로 한다.

제14조 지방 중학교를 설립할 때에는 각 학교에 교장, 교관, 서기를 두되 인원수는 규모에 맞게 정한다.

제15조 지방중학교 교장 및 서기는 지방 관원 중에서 겸임하게 할 수도 있다.

---

4) 대한제국『관보』광무 3년(1899년) 4월 6일.

제16조 지방에 공립중학교와 사립중학교 설치하는 것도 상황에 따라 허가한다.

제17조 본령은 반포일로부터 시행한다.

第一條 中學校는 實業에 就코져ᄒᆞ는 人民에게 正德利用厚生ᄒᆞ는 中等敎育을 普通으로 敎授ᄒᆞ는 處로 定흠이라.

第二條 中學校에 尋常科와 高等科을 分ᄒᆞ야 置흠이라.

第三條 中學校에 修業年限은 七年으로 定ᄒᆞ야 初四年은 尋常科에 卒業ᄒᆞ고 後三年은 高等科에 卒業흠이라.

第四條 中學校에 學科及程度와 其他規則은 學部大臣이 定흠이라.

第五條 中學校에 左開ᄒᆞᆫ 職員을 置흠이라.

學校長	一人	奏任
敎官	七人以下	奏任或判任
書記	一人	判任

第六條 學校長은 學部大臣의 命令을 承ᄒᆞ야 一切校務를 掌理ᄒᆞ며 所屬職員과 學徒를 監督흠이라.

第七條 敎官은 學徒의 敎授를 掌ᄒᆞ며 또 學徒를 監督흠이라.

第八條 書記는 上官의 命을 承ᄒᆞ야 庶務會計에 從事흠이라.

第九條 學校長은 時宜를 因ᄒᆞ야 學部奏任官으로 兼任흠도 得흠이라.

第十條 敎官은 或外國人을 雇用ᄒᆞ야 充흠을 得ᄒᆞ니 其員數는 學部大臣이 從宜妥定흠이라.

第十一條 敎官을 外國人으로 以ᄒᆞ야 充흘 時에는 敎授만 掌흠이라.

第十二條 地方情況에 依ᄒᆞ야 中學校를 地方에도 設立흘 時는 尋常科만 先置흠이라.

第十三條 地方에 中學校를 設立ᄒᆞ는 時에는 處所를 該郡鄕校로 흠이라.

第十四條 地方中學校를 設立ᄒᆞ는 時는 每校에 校長 敎官 書記를 置ᄒᆞ되 員數는 量宜ᄒᆞ야 定흠이라.

第十五條 地方中學校 校長及書記는 地方官員中으로 兼任케흠도 得흠이라.

第十六條 地方에 公立中學校와 私立中學校 設置흠도 從宜ᄒᆞ야 許흠이라.

第十七條 本令은 頒布日노부터 施行흠이라.

〈출전 일람〉

제1부 '교육'의 개념사적 접근

제1장 한용진(2014). "근대 교육 개념의 수용에 관한 개념사적 고찰".『한국교육사상연구』 28(1), 한국교육사상연구회, 337-359.

제2장 강성훈·최승현·조문숙(2016). "한국의 근대적 교육개념 형성:「교육입국조서」와 개화 지식인".『한국교육학연구』22(2), 안암교육학회, 191-212.

제3장 한용진(2017). "조선왕조실록에 나타난 교육 관련 용어 분석".『민족문화연구』74, 고려대학교 민족문화연구원, 357-380.

제4장 이명실(2017). "'도야' 개념의 수용에 관한 일 고찰".『한국교육사학』39(4), 한국교육사학회, 61-90.

제2부 교수·학교·교사·학생의 개념사

제5장 한용진·김자중(2016). "근대 '교수(敎授)' 개념의 수용에 관한 개념사적 고찰".『한국교육학연구』22(4), 안암교육학회, 43-61.

제6장 강성훈(2016). "『조선왕조실록』의 교수행위 관련 개념 분석".『한국교육학연구』 22(1), 안암교육학회, 165-181.

제7장 한용진·조문숙(2017). "근대 '학교' 개념의 수용에 관한 개념사적 고찰: 대한제국기 중학교 개념을 중심으로".『한국교육사학』39(2), 한국교육사학회, 153-173.

제8장 한용진·김자중(2015). "근대 '교사' 개념의 수용과 변천에 관한 개념사적 고찰".『한국교육사학』37(3), 한국교육사학회, 103-121.

제9장 한용진(2016). "근대 '학생' 개념의 수용과 변천에 관한 고찰".『교육문제연구』29(1), 고려대학교 교육문제연구소, 337-357.

〈별장〉

한용진(2016). "일본국 군주 호칭에 관한 일고".『한국교육사학』38(2), 한국교육사학회, 55-78.

찾아보기

인명

내용

저자 소개

한용진(Hahn Yong-Jin)
고려대학교 대학원 교육사철학 전공(교육학 박사)
전) 한국교육사학회 회장, 한국일본교육학회 회장
현) 고려대학교 사범대학 교육학과 교수

강성훈(Kang Seong-Hun)
고려대학교 대학원 교육사철학 전공(교육학 박사)
전) 고려대학교 교육대학원 조교수
현) (주)HIK 대표

김자중(Kim Ja-Joong)
고려대학교 대학원 교육사철학 전공(교육학 박사)
전) 가톨릭관동대학교 교직과 초빙교수
현) 홍익대학교 박사후 연구원

이명실(Lee Myung-Sil)
일본 쓰쿠바대학 교육기초학 전공(교육학 박사)
현) 숙명여자대학교 기초교양학부 교수
　　한국교육사학회 회장

조문숙(Jo Moon-Sook)
일본 니혼대학 교육학과(학부)
고려대학교 대학원 교육사철학 전공(교육학 석사)
현) 고려대학교 대학원 교육사철학 박사수료

최승현(Choi Seung-Hyun)
고려대학교 대학원 교육사철학 전공(교육학 박사)
전) 고려대학교 교육문제연구소 연구교수
현) 충북대학교 사범대학 교육학과 교수

근대한국 교육 개념의 변용

– 교육개념사 1 –

Transition of Education Concept in Modern Korea

2020년 3월 10일 1판 1쇄 인쇄
2020년 3월 15일 1판 1쇄 발행

지은이 • 한용진 · 강성훈 · 김자중 · 이명실 · 조문숙 · 최승현
펴낸이 • 김진환
펴낸곳 • (주) 학지사

04031 서울특별시 마포구 양화로 15길 20 마인드월드빌딩
대표전화 • 02)330-5114   팩스 • 02)324-2345
등록번호 • 제313-2006-000265호

홈페이지 • http://www.hakjisa.co.kr
페이스북 • https://www.facebook.com/hakjisa

ISBN 989-89-997-2081-9 93370

정가 22,000원

이 도서의 국립중앙도서관 출판시도서목록(CIP)은 서지정보유통지
원시스템 홈페이지(http://seoji.nl.go.kr)와 국가자료공동목록시스템
(http://www.nl.go.kr/kolisnet)에서 이용하실 수 있습니다.
(CIP 제어번호: CIP2020008463)

출판 · 교육 · 미디어기업 학지사

간호보건의학출판 학지사메디컬 www.hakjisamd.co.kr
심리검사연구소 인싸이트 www.inpsyt.co.kr
학술논문서비스 뉴논문 www.newnonmun.com
원격교육연수원 카운피아 www.counpia.com